BIRKENHAUER:
ERDKUNDE II

DIDAKTIK

Schriftenreihe für den Unterricht
an der Grund- und Hauptschule
Herausgegeben
von Prof. Dr. Werner Faber
und Prof. Dr. Siegfried Oppolzer

Josef Birkenhauer

ERDKUNDE II

EINE DIDAKTIK
FÜR DIE SEKUNDARSTUFE I

Pädagogischer Verlag Schwann

Düsseldorf

© 1971 Pädagogischer Verlag Schwann Düsseldorf
Alle Rechte vorbehalten. 4. überarbeitete Auflage 1975
Umschlaggestaltung Paul Effert
Gesamtherstellung Express-Druckerei Düsseldorf
ISBN 3-590-14514-5

Inhalt

BAND II

IV. Unterrichtsformen

1. Entwickelnd-fragender Unterricht 9
2. Der Arbeitsunterricht 10
   a) Subjekt und Objekt 11
   b) Bedeutung des Arbeitsunterrichts für die Erdkunde 12
      aa) Festgefügte Arbeitsfolgen 12
      bb) Motivation 13
      cc) Planungdes Arbeitsweges 13
      dd) Der Lehrer – spezifische Situationen – Themen 17
   c) Abschluß 20

3. Der Gruppenunterricht 21
   a) Allgemeines und Schwierigkeiten 21
   b) Erdkunde als Paradepferd des Gruppenunterrichts? 23
   c) Lösungen der Problematik 26
   d) Südafrika als Beispiel 28
   e) Abschließende Überlegungen 30

4. Der lernzielorientierte Unterricht 31

5. Programmiertes Lernen 32
   a) Allgemeines 32
   b) Anwendungsschwierigkeiten und Lösungen
      im geographischen Unterricht 33
   c) Beurteilung von Programmen 36

6. Planspiele 38
   a) Einordnung 38
   b) Die Ziele des Planspiels 39
   c) Die besondere Eignung der Planspiele
      für den geographischen Unterrich 40
   d) Formal-strukturelle Elemente, Nachteile und Beispiele 40

V. Prinzipien der Stoffauswahl

1. Allgemeine Übersicht 43
   a) Die psychologische Angemessenheit 43
   b) Die Stellung im Bildungsganzen 43
   c) Das exemplarische Prinzip 44

2. Das exemplarische Prinzip in der Erdkunde
   und seine Problematik 44
   a) Das Exemplarische in der Allgemeinen Didaktik
      und seine Übernahme in die Erdkundedidaktik 44
   b) Die Zuordnung von ›dynamischem Prinzip‹
      und ›exemplarischen Arbeiten‹ in der Erdkunde 46
   c) Die Möglichkeiten zum Exemplarischen
      im Erdkundeunterricht 47
   d) Anforderungen an den Lehrer 49
   e) Grenzen des Exemplarischen in der Erdkunde 50
   f) Lernpsychologische Bedenken 51
   g) Der Beitrag verschiedener fachdidaktischer Autoren
      zur Frage des Exemplarischen in der Erdkunde 52

VI. Die Medien (Arbeitsmittel) des geographischen Unterrichts

A. Der Begriff ›Arbeitsmittel‹ 58

B. Die Arbeitsmittel im einzelnen 60

1. Die Arbeitsmittel der originalen Begegnung 61
   a) Geländearbeit und Beobachtungsaufgaben –
      Gegenstände 61
   b) Das Dia 66
   c) Der Film 72
   d) Übrige Bilder 76

e) Bericht und Schilderung – ›originale Begegnung‹
durch das Wort 80
f) Der Globus – das Tellurium 84

2. Der Sandkasten – Modelle 86

3. Abstrahierende Arbeitsmittel 87
   a) Karte und Atlas – thematische Karten 87
   b) Skizzen und Transparente – Zeichnungen 96
   c) Profil, Kausalprofil, Blockdiagramm, Landschaftsquerschnitt 100
   d) Zahlen und Statistik 104
   e) Diagramme 108
   f) Lehrbücher 110
   g) Schülerreferate 112
   h) Frageimpulse – Anstöße – Hausaufgaben 113

4. Systematik der geographischen Fertigkeiten 114

VII. Vorbereitung und Anlage einer Unterrichtseinheit

1. Die Orientierung über die Lehr- und Lerninhalte 117

2. Die Ordnung der Ziele, Inhalte, Wege und Medien 118

3. Die Ordnung der Unterrichtsschritte als Zuordnung
   von Medium, Verfahren, Inhalt und Ziel 119

4. Der Einstieg 120

VIII. Kontrolle des Lernerfolgs 123

IX. Beispiele für Unterrichtseinheiten

1. Skandinavien: Beispiel einer Unterrichtseinheit nach dem
   länderkundlichen Schema (6. Schuljahr) 129

2. Der Mittelrhein. Beispiel für a) Unterrichtsvorbereitung,
   b) ›Originale Begegnung‹ (5./6. Schuljahr) 131

3. Mexiko: Beispiel für vollen Arbeitsunterricht (7./8. Schuljahr) 135

4. Südafrika: Beispiel für Gruppenunterricht (7./8. Schuljahr) 137

5. Indien: Beispiel für ›dynamischen‹ Unterricht (7./8. Schuljahr) 141

6. Unser Wetter: Beispiel einer Unterrichtseinheit im 9. Schuljahr
   für
   a) Transparenz,
   b) Induktiv-erschließenden Unterricht,
   c) Umwandlung von Stoff – in einer Unterrichtsgliederung,
   d) Impulsunterricht im arbeitsunterrichtlichen Sinne 145

Literaturverzeichnis (Bd. 1 u. 2) 151

Autoren- und Personenverzeichnis (Bd. 1 u. 2) 167

Sachregister (Bd. 1 u. 2) 170

IV. Unterrichtsformen

1. Entwickelnd-fragender Unterricht

Um zu verdeutlichen, was damit gemeint ist, stellen wir zunächst ein erdkundliches Unterrichtsbeispiel voran. (Dieses Beispiel ist nicht erfunden.) Zu behandeln ist Niederbelgien im 6. Schuljahr. (Ein nicht-länderkundlicher Unterricht verläuft bei dieser Unterrichtsform prinzipiell ähnlich, wie ein – nicht erfundenes – Beispiel über den »Gletscher« deutlich machen könnte.) Behandelt wurden vorher Hoch- und Mittelbelgien. Das »Unterrichtsgespräch« dazu läuft folgendermaßen ab (L = Lehrer; S = Schüler). L: Wir gehen jetzt weiter nach Westen. (Zeigt zur Karte.) Wie wird das Land dann? S: Flach. L: Wo sind wir jetzt nah daran? S: Küste! S.: Meer! L: Was können wir daraus schließen? S: Es wird sumpfig. L: Nein, das wollte ich nicht. Ich meine: fürs Klima? S: Ein mildes, feuchtes Klima. L: Und jetzt könnt ihr sagen, was ihr für den Boden schließt! S: Moorig! S: Feucht! S: Auch sandig! L: Welche Folge hat ein solcher Boden? S: Er ist schlecht. L: Das ist doch keine Folge, das ist nur eine zusätzliche Beschreibung. S: Also, dann für die Landwirtschaft. L: Richtig. Und welche Bedeutung hat dies für die Leute? S: Sie sind arm. (Was aber nicht stimmt!) L: Gut – in welcher Landschaft sind wir denn? S: –. L: Na, dann schaut mal auf die Karte! S: Flandern. L: Sagt uns das noch etwas? S: –. L: Woher ist es euch denn noch bekannt? S: –. L: Schaut euch doch mal die Städte an! Welche gibt es? S: Antwerpen, Gent, Brügge. L: Was können wir aus ihrer Lage ablesen? S: –. L: Na, wo liegen sie denn? S: Ach so, an der Küste! L · Na also? S: Es sind vielleicht Hafenstädte. L: Gut. Antwerpen ist noch heute eine sehr große Handels- und Hafenstadt. Vor 300 Jahren... (folgt Bericht über die Entwicklung des flandrischen Handels und vom Reichtum der Städte, ferner Stadtbild). L: So, wiederholt mal. S: (Wiederholung). L: So, welche große Stadt in Belgien haben wir noch nicht kennengelernt heute? S: Brüssel. L: Richtig. An welchem Fluß liegt sie? Usw.

Diese Form des Unterrichtens findet man in der Erdkunde häufig, nicht nur bei Anfängern. Der Unterrichtende ist der Auffassung, daß er alles mit den Schülern »erarbeitet« habe, denn diese haben auf fast jede Frage eine Antwort gefunden. Daß dies jedoch nicht genügt, wird nicht gesehen. Denn im Grunde leistet in einem solchen »Unterrichtsgespräch« der *Lehrer alles* und legt in seine Frage bereits die Antwort hinein. Der Unterricht wird *engschrittig*. Er riegelt daher den Blick auf das Gesamtziel der Stunde ab, er führt zu keiner Gesamtübersicht. Die Aufmerksamkeit des Schülers ist immer nur auf einen kleinen Ausschnitt gerichtet; er braucht sich nicht anzustrengen, da er nicht das Ganze von vornherein im Auge zu behalten braucht. Der Lehrer gibt ständig die neuen Impulse und liefert das wichtigste Element der Stunde Schritt um Schritt: den gesamten Aufbau des Unterrichtskomplexes. Der Schüler wird total eingeengt, die Formulierung seiner Antwort vorweggenommen; seine Aufmerksamkeit kann *selektiv* bleiben; nichts zwingt ihn zum ständig mitvollziehenden, durchdringenden Mittun. Oft genügt nur ein einziges Wort als Antwort. Den Schüler aufzufordern, doch mit einem ganzen Satz zu antworten – was vielfach geschieht –, ist im Grunde sinnlos.

Aus dieser nur kurzen Analyse ist wohl schon deutlich geworden, daß der fragend-entwickelnde Unterricht *keine hohe Kunst* des Unterrichtens bedeutet, da das Eigentliche, die originale Begegnung mit dem Gegenstand, sich nicht vollzieht. Gerade aber wegen der Schwierigkeit des Erdkundestoffes wird gern zu dieser Unterrichtsform in der Erdkunde gegriffen. Diese Unterrichtsform ist – dauernd angewendet – aber *der Tod* des Erdkundeunterrichts und trägt mit bei zur Unansehnlichkeit des Fachs.

2. Der Arbeitsunterricht

Diese Unterrichtsform ist der völlige Gegensatz zum lehrend-entwickelnden Tun. In dieser Form und mit ihr wird beabsichtigt, das eigene Tun und Denken des Kindes anzuregen. Wie dies geschehen kann, stellt das eigentliche Problem dar. Es handelt sich um das Problem, den Schüler als Subjekt mit dem geographischen Stoff als dem Objekt in eine fruchtbare Beziehung zu versetzen.

a) Subjekt und Objekt

Der Arbeitsunterricht lenkt den Blick auf diese zwei wesentlichen Gesichtspunkte, die durch die Arbeitsform zu einer angespannten *Einheit* werden sollen. Dazu ist es wichtig, diese beiden wesentlichen Seiten des unterrichtlichen Geschehens genauer ins Auge zu fassen. (Vgl. neuerdings: König-Riedel, Unterrichtsplanung als Konstruktion.) Zunächst wird der Lehrer in dieser Arbeitsform gezwungen, sich intensiv die Frage vorzulegen, wie die *Motivation* gerade dieses Subjekts zu gerade diesem Objekt am besten zu erreichen sein wird: Wie wird es möglich, die gesamte Persönlichkeit einschließlich ihrer seelischen Antriebe in das Unterrichtsgeschehen einzubeziehen? Einige wichtige Bedingungen sind zu erfüllen: Der Unterricht muß Befriedigung über das eigene Tun verschaffen; der Schüler als ›Lernsystem‹ muß also miterleben können, wie eine Einsicht über ein Objekt entsteht, wie er selber mit dem Objekt ringt und selber an der entstehenden Einsicht darüber arbeitet; die Arbeitskraft der Schüler wird geweckt und damit der Arbeitswillen. Das setzt allerdings schon das Erfolgserlebnis einer solch geglückten Stunde voraus. Ohne dieses Erfolgserlebnis muß der Lehrer zunächst einmal versuchen, für den Gegenstand selbst Interesse zu erwecken, in dieser Form den Unterricht zu motivieren und zu initiieren. Hier kommt dem *Einstieg* eine ganz besondere Bedeutung zu. *(Vgl. dazu* dynamisches Prinzip; Prinzip der Aktualität; Prinzip der originalen Begegnung; heimatkundliches Prinzip.) Der Einstieg kann anknüpfen an den persönlichen Umständen der Schüler unter Berücksichtigung des soziologischen Bedingungsfeldes; er kann anknüpfen an die gegenwärtigen Interessen (Bildungsstufe) unter Berücksichtigung des psychologischen Bedingungsfeldes; er kann anknüpfen an bereits im Unterricht Erarbeitetes; er kann ein *Problembewußtsein* erzeugen, aus dem heraus Interesse geweckt wird, dieses Problem zu lösen und zu verstehen. (Vgl. die Unterrichtseinheiten Mittelrhein, S-Afrika.)

Was in der Idee des Arbeitsunterrichts aus allgemeinen Lehrerfahrungen heraus allmählich entwickelt worden ist, ist durch die Lernpsychologie bestätigt worden: Je besser der Gegenstand, das Problem, um das es geht, bewußtgemacht wird, und zwar von vornherein, je kognitiver also das Unterrichten fundiert ist, um so effektiver ist das Lernen und Behalten. Dazu aber muß der Schüler von vornherein wissen, worum es geht, d. h. *welchen Zweck* dieser Unterricht haben soll, welche Funktion der Gegenstand hat.

Damit kommen wir zu der anderen Seite, zum Gegenstand, dem ›Operationsobjekt‹: Je stärker es um den Gegenstand geht, je weniger der Lehrer den Blick darauf verstellt (vgl. das Beispiel Niederbelgien), desto besser wird das sachgerechte Umgehen mit dem Objekt selbst möglich. Nur so wird die richtige *Arbeitshaltung* gewonnen, lernt der Schüler, sich selbständig ein Ziel zu setzen, das Ziel im Auge zu behalten und es auch mit den richtigen Mitteln anzustreben. Er muß also wissen, warum er eine Sache macht, zu welchem Zweck; nur so gewinnt er ein ›Problemwissen‹, ein ›Aufgabenwissen‹. Das heißt, er muß eine Aufgabe, die zu unternehmen und zu lösen ist, erst selbst gesehen haben; dann kann er an ihrer Lösung arbeiten. (Vgl. auch Aebli, 1966, S. 90). An der Lösung arbeiten kann er ferner aber nur, wenn er auch die Mittel dazu besitzt; hat er die richtigen Mittel, so muß er wissen, wie er mit ihnen umgeht, welche Verfahren dabei zum Ziel führen. Die methodische Grundvoraussetzung des Arbeitsunterrichts schlechthin ist also die *Beherrschung der Fertigkeiten,* der selbständige Umgang, das selbständige *Einsetzen der Arbeitsmittel.* Genau daran aber fehlt es im Erdkundeunterricht vielfach. Der Lehrer führt vielfach gar nicht in die Arbeitsweisen und in den Umgang mit den Arbeitsmitteln ein. Die Folge davon ist, daß er andauernd selbst angeben muß, womit nun gearbeitet wird: Seht euch das jetzt an, schlagt die Karte auf, betrachtet auf dieser Karte dieses, dann jenes...

Fassen wir noch einmal zusammen: In der Unterrichtsform des Arbeitsunterrichts geht es darum, wie *erstens* das eigene ›Forschen‹ des Kindes angeregt werden kann, wie das Kind *zweitens* auf das gewünschte Ziel gelenkt werden kann (Motivation des Subjekts); es geht *drittens* darum, die Sache selbst genau zu betrachten, und *viertens,* die Mittel zu beherrschen, mit denen eine Aufgabe sach- und problemgerecht angegangen werden kann, mit denen die Voraussetzungen dazu geschaffen werden (Repräsentation des Objekts). Bei der ›Repräsentation des Objekts‹ geht es also darum, die Beobachtungsfähigkeit des Subjekts zu schulen, so daß es alle Erscheinungen tatsächlich auch sieht. (Vgl. die Einheit »Unser Wetter« und die Untersuchungen Stückraths 1965 zum kindlichen Beobachten). Erst wenn die kennzeichnenden Eigenarten des Objekts alle erfaßt sind, ist auch eine selbständige Erfassung der Zusammenhänge möglich. Die genaue Betrachtung stellt bereits eine Vorformung der Lösung dar.

Die *Subjekt-Objekt-Spannung* steht demnach phänomenologisch im

Vordergrund. Der Erdkundeunterricht hat dafür zu sorgen, daß alles das, was den Stoff von diesem Phänomenologischen her klar strukturiert, ganz stark im Unterricht vollzogen wird: das dynamische Verfahren, das induktive Verfahren, die originale Begegnung. (Vgl. Bollnow, 1964, S. 237: Die phänomenologische Methode hat in der Pädagogik noch viel zu wenig Eingang gefunden mit allem, was dazu gehört: der Blick auf die Besonderheit der Erscheinungen, die angemessene Erfassung der Strukturen durch die ihnen angemessenen Kategorien.)
Der Gedanke des Arbeitsunterrichts ist hervorgegangen aus der Arbeitsschulbewegung, die in der konsequentesten Form den Umgang mit einem Handwerksstück in den Mittelpunkt stellte. Das kann durchaus auch auf das *geistige Tun* übertragen werden (Scheibner). Auch hier ist die Kenntnis des Arbeitsvorgangs und der Arbeitsmittel wesensnotwendig, des *Operationskomplexes* (Aebli, 1966, S. 92 ff.). Der Schüler muß lernen, die Grundbeziehungen, die einen Operationskomplex kennzeichnen, selbst herzustellen; er muß diesem die Teiloperationen einordnen können, indem die Aufgaben, das Problem, um die es geht, ständig im denkenden Tun des Schülers lebendig sind. (Im Grunde nimmt der Arbeitsunterricht die Idee des lernzielorientierten, operationalisierenden Unterrichts lange vor dem Auftreten dieser Begriffe vorweg.)
Gerade hier sieht sich nun die Erdkunde vor besondere *Schwierigkeiten* gestellt. Die Beispiele, an denen Aebli die Forderungen verdeutlicht, sind fast alle der Mathematik entnommen. Der Erdkunde bescheinigt er die komplexeren Sachverhalte und meint dazu, daß das eigene Forschen und Suchen des Schülers hier notwendig begrenzter wird, da »die komplexe Natur der Erscheinungen die Ableitung eines Zustandes aus einem anderen schwieriger macht«. Für die ähnlich komplex strukturierte Geschichte empfiehlt er das Studium von Originaltexten; sinngemäß müßte an ihre Stelle im Erdkundeunterricht die Reiseschilderung treten, das Dia, auch die Karte. Vor allem für die Geographie empfiehlt er, von den Tätigkeiten des Menschen auszugehen, von der Art zu leben, zu arbeiten; bei den unbelebten Objekten ebenfalls die dynamische Seite in den Vordergrund zu stellen: ihre Funktionen, ihre Veränderungen (S. 103). Es ist erfreulich, 1. wie hier von lernpsychologischen Erwägungen her sowohl die Schwierigkeiten des erdkundlichen Stoffes gesehen und gewürdigt werden und 2. daß als Lösung im Grunde genau das angegeben wird, was die unterrichtlichen Erfahrungen nahegelegt ha-

ben (vgl. alles, was von Hinrichs angeregt worden ist, was wir beim ›dynamischen Prinzip‹ und beim anthropologischen Prinzip dargelegt haben).

b) Bedeutung des Arbeitsunterrichts für die Erdkunde

Im vorigen Abschnitt sind dazu Hinweise bereits gemacht worden. Es gilt, bestimmte Aspekte noch besonders zu betonen.

aa) Es müssen *festgefügte Arbeitsfolgen* erarbeitet werden, die der Schüler ein für allemal kennt; sie sind das A und O. (Dabei hat der Lehrer zu beobachten, *wie* die Schüler es machen: Allgemein ist dieses Gebiet noch wenig erforscht.) Als solch festgefügte Arbeitsfolgen sind zu nennen:

- Herstellung eines Profils, eines Kausalprofils (Beispiele: Schweiz und Höhenstufen, Profil durch das Oberrheintal, die Kölner Bucht).
- Herstellung eines Blockdiagramms.
- Umgang mit Klimadiagrammen und Klimatabellen.
- Herstellung einer Skizze als motorisch-visuell vergleichendes Tun. (Topographie kann nicht ›sitzen‹, wenn die Schüler die wahrnehmende Erkundung, die zur Assimilation der Lagebeziehungen und der Lagegestalt operatorisch notwendig sind, nicht ausgeführt haben; das verlangt eine intensive Wahrnehmungstätigkeit im ständigen Vergleichen zwischen Karte und Skizze. Vgl. Aebli, 1966, S. 118).
- Üben des Gebrauchs der Atlaskarten und des Umgangs mit ihnen. (Voraussetzung: die Karten müssen brauchbar sein, d. h. vom Maßstab her groß genug sein, genügend Differenzierungsmöglichkeiten enthalten!)
- Maßstabverständnis und Maßstabverhältnisse im Umzeichnen von Situationen.
- Lösen von Arbeitsaufgaben thematischer Art mit Hilfe der thematischen Atlaskarten. Beispiel: Standortfaktoren der Industriegebiete; Anbauverhältnisse und ihre Bedingungen, Bevölkerungsdichte und ihre Bedingungen; Lösen der besonderen ›Problemgruppen‹. (Vgl. Abschnitt II, 4a.)

Natürlich muß der Lehrer zunächst solche Arbeitsfolgen mit den Schülern erarbeiten, sie ihnen bewußtmachen, erst dann ist an weiteren Aufgaben ein selbständiges ›Überlernen‹ notwendig. (Vgl. Corell, 1967). Programme zu solchen instrumentalen Lernzielen können eine wesentliche Hilfe darstellen.

bb) Es muß ständig auf mögliche *Motivationen* reflektiert werden: Wie wird der Schüler dazu gebracht, daß er von selbst mehr über eine Sache wissen will? (Einstieg!)

- Das Problemfinden vom Schüler her: Er muß sich stets die Frage stellen: Warum ist es *hier* so, *dort* so?
- Das ständige Vergleichen vom Schüler aus: Er selbst muß mit eigenen Erfahrungen, Kenntnissen, Wissen aus früheren Stunden operieren – nicht erst durch den Lehrer aufgefordert werden.
- Ausgehen von aktueller Zeitungsnotiz, aktueller Fernsehsendung.
- Ausgang von Schilderung und Reisebericht.
- Dia und Film sind nicht um der bloßen Anschauung willen da, sondern damit an ihnen etwas geschieht; die anschauliche Darbietung allein hilft nicht weiter, wenn sie nicht zu geistig-seelischer Aktivität führt; vom Bild als bloßer Illustration ist keine geistige Operation zu erwarten (vgl. Aebli, 1966) – erst recht nicht, wenn diese Illustration, wie so oft, erst im nachhinein, im Anschluß an den verbal gehaltenen Unterricht erfolgt; Dia und Film sind nicht Mittel der Erläuterung, sondern erdkundliche Mittel zur beobachtenden Erarbeitung.

cc) Die *Planung des Arbeitsweges* mit den Schülern vollzieht sich in fünf Schritten, denen auch der Unterricht folgt. (Vgl. dazu die Unterrichtseinheit Mexiko.) Diese fünf Hauptschritte sind:

I. Setzung des Arbeitszieles und Motivation. (Dieses Land, in dem das und das stattgefunden hat, wollen wir etwas genauer kennenlernen.)
II. Sammlung der bereits vorhandenen Kenntnisse, Ordnung, Feststellen dessen, was noch fehlt, worüber man nichts Genaues weiß, worüber man noch mehr wissen möchte.
III. Planung des Weges, Planung der Reihenfolge stofflich und methodisch, Planung der notwendigen Schritte, Überlegen, welche Hilfsmittel notwendig sind.
IV. Beschreiten des Weges: Ausführen; Lösung; Ergebnis. Beobachten der Schüler beim ›Lösungsverhalten‹.
V. Überprüfung des Ergebnisses und Einordnung des Ergebnisses in den Zusammenhang des bereits Gewußten bzw. als Erweiterung, Einblick in die möglichen Auswirkungen für das eigene Wissen und für das menschliche Tun an dieser Erdstelle, wie auch an anderen.
(Vgl. das Flußdiagramm S. 16)

Dieser letzte Punkt wird gern und leicht vergessen; er ist aber ungeheuer wichtig für die Motivation des weiteren Arbeitsverhaltens. Es muß dis-

Flußdiagramm des ›Arbeitsweges‹

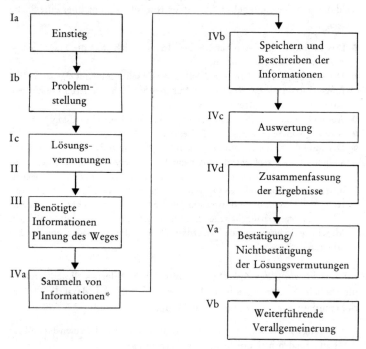

*Quellen: Karten, Zahlen, Berichte...; Arbeitstechniken: Zeichnungen, Diagramme, Auswertung... – vgl. IV, 2b)

kutiert werden, welche Fehler man gemacht hat und warum, wie man es besser machen muß. Was haben uns die Hilfsmittel zeigen können und was nicht, warum. Welche Karten am Atlas haben uns besonders geholfen und warum, welche nicht. Können wir besser auf den Atlas verzichten oder auf Bücher und Lexika? War der Weg im ganzen richtig, die Planung? Nicht nur die Hauptschritte (als die formalen Teile), sondern auch der Stoffplan (als ganzer) muß für den Schüler als *Gesamtaufbau durchsichtig* und verständlich sein und werden, ein *begriffener Operationskomplex* (Aebli, 1966). Dazu muß der Schüler selbst nachträglich die Grundbeziehungen herstellen, die diesen besonderen Operationskomplex gekennzeichnet haben; er muß die Teiloperationen in ihn einordnen können.

dd) Der *Lehrer ist* ist bei dieser Auffassung von Arbeitsunterricht durchaus nicht ausgeschaltet, er ist nicht überflüssig geworden; seine Aufgabe besteht vielmehr darin, alle Seiten des Objekts so stark wie nur möglich zum Leuchten zu bringen, damit seine Struktur voll erkannt werden kann. In dieser helfenden Aufgabe tritt der Lehrer *nicht zwischen* das Objekt und das Subjekt, sondern gewissermaßen *hinter* das Objekt. Je mehr er es versteht, auch die dem Schüler verborgenen Seiten an der Struktur des Objekts herauszuheben, um so mehr kommt der Schüler zum »Aha-Erlebnis«, um so besser sieht der Schüler die Frage- und Problemstellung, um so besser kann er sie selbsttätig lösen, um so mehr kann er später die gewonnene Erkenntnis anwenden. Das bedeutet, daß Arbeitsunterricht immer da geschieht, wo der Lehrer hilft, das Objekt besser zu verstehen, indem er die Fragen vom Objekt her aufleuchten läßt – selbst wenn dies von häufigen Impulsen des Lehrers begleitet ist und damit scheinbar der Lehrer im Unterricht dominiert. Das ist oft bei einem solch komplexen Gegenstand wie dem erdkundlichen Stoff nicht zu vermeiden. (Vgl. Unterrichtsbeispiel Unser Wetter; vgl. aber auch die Bestätigung durch Aebli). Die Hauptsache ist, daß das passiert, was Roth (1964) so formuliert: »... daß der Lehrer durch seine Vermittlung das Kind mit dem Gegenstand ins Gespräch bringt«, daß dann der Gegenstand selbst da ist, Ereignis wird, hereinleuchtet.

Der Lehrer muß weiterhin helfen, das *Ziel* im Auge zu behalten, eine Sache, die trotz des von Anfang an herzustellenden Gegenstands- und Aufgabenbewußtseins den Schülern beim komplexen Erdkundestoff nicht leicht möglich ist – vor allem, wenn sich die Entfaltung notwendigerweise über mehrere Stunden erstreckt. Auch hierbei ist es wieder wichtig, daß nicht das Tun des Lehrers als solches im Vordergrund steht, sondern das Ziel, auf das sich alle vorher geeinigt haben, zu dem der Lehrer jeweils *nur* die neue notwendige *Hilfestellung* gibt; solange das Bewußtsein des gemeinsamen Schüler-Lehrer-Bemühens um ein gemeinsames Ziel und ein gemeinsames Objekt vorhanden ist, so lange ist dieses Bemühen Arbeitsunterricht. Ob das nun in einem entwickelten Impulsunterricht erfolgt oder in einem Erlebnisunterricht als vollkommener, selbsttätiger Form (Jannasch-Joppich), das hängt mehr von den Schwierigkeiten des Stoffes und den Möglichkeiten der Schüler ab. Auch hier sollte die *Selbsttätigkeit* schlechthin *nicht verabsolutiert* werden und nur unter einem solchen Unterricht Arbeitsunterricht verstanden werden. Im Arbeitsunterricht findet die Selbständigkeit dort ihre

Grenze, wo die Schüler anfangen, stümpern zu müssen. An dieser Stelle hat dann der entwickelnde Impulsunterricht einzusetzen, der aber, arbeitsunterrichtlich verstanden, etwas ganz anderes ist – und auch ganz anders verläuft – als der entwickelnd-fragende Unterricht. Der arbeitsunterrichtliche Impulsunterricht engt nämlich nicht ein, er läßt auch ›Sackgassen‹ zu, an denen erst recht gelernt wird; auch nimmt er in der Formulierung, die in der Form einer allgemeinen Arbeitsanweisung erfolgen sollte, nicht schon die Antwort vorweg.

Nach Jannasch-Joppich sind vor allem drei *Situationen* fruchtbar für einen Arbeitsunterricht:

- Aufstellen einer Behauptung, die bewiesen werden soll. »In Grönland wachsen Apfelsinen.« (Schwierig aber bei komplizierten Definitionen: »Wetter ist:...«!)
- Vorzeigen eines Anfangs- und eines Endzustandes einer Entwicklungsreihe: Das inzwischen Geschehene ist durch den Vergleich (!) beider Bilder zu interpolieren. Beispiel: Brandungshohlkehle oder Prallhang – heruntergestürzte Gesteinsmassen.
- Vergleich einer Darstellungsreihe am Beispiel etwa eines Profils von Westen nach Osten im Oberrheingebiet. Zuerst werden die land- und forstwirtschaftlichen Gegebenheiten eingetragen; diese werden mit den klimatischen Verhältnissen verglichen.

Man kann noch weitere Situationen anfügen:

- Die entwickelnde Problemstellung (unser Wetter).
- Die direkte Problemstellung, etwa von einer ›echten geographischen Zahl‹ aus.

Der Schüler lernt an diesen Beispielen einige typische und echte erdkundliche Ansätze kennen, d. h. solche, die den Erdkundeunterricht ganz allgemein betreffen; dazu gehören auch die fünf wichtigsten erdkundlichen *Problemgruppen* II, 4 a. Dazu muß er die Lösungstechniken kennenlernen (mit der Einsicht in die große Bedeutung des geographischen Vergleichens) und die angemessenen auswählen lernen und die diesen angemessene Antwort formulieren.

Weitere *spezifisch erdkundliche Situationen und Lösungswege* wären folgende:

1. Wissen wollen, wie es irgendwo aussieht, bzw. wissen wollen, wie die Menschen irgendwo leben, wohnen, arbeiten, sich ernähren. Bild, Bericht, Schilderung, Film müssen selbständig ausgewertet werden können; man muß wissen, worauf man zu achten hat. Man muß wissen, daß man den ›Warum-Hin-

tergrund‹ auffüllen kann, und muß mit den Dichtekarten, den Wirtschaftskarten, den Klimakarten umgehen können. Man muß beurteilen können, was daran relevant ist, *welche* thematische Karte im Hinblick auf *diese* Frage am weitesten führen kann. Hinsichtlich der Frage »Wissen wollen, wo die Menschen wohnen und wie« gibt z. B. die physikalische Karte die Antwort auf die Lage der Siedlung und die Bedeutung der Lage, die Stadtkarte über die Stadtviertel und ihre Bedingungen, der Beobachtungsgang die notwendige Anschauung.

2. Wissen wollen, wie sich die Dinge im Raum einordnen. Gibt es Überlagerungen (›Ballungen‹) und warum? Ausschließungen? Leitlinien für die Einordnung? Wie sind diese verknüpft? Die Problemlösung erfolgt wiederum durch das Vergleichen (!) der thematischen Karten.

3. Stets nach allem Meßbaren fragen (Größe, Weite, Fläche, Niederschlag, Temperaturen, Dichte[n]) und stets alles Meßbare umsetzen in maßstabsgerechte Skizzen, in Diagramme (Kurven und Säulen).

Anschließend sind *einige wichtige Themen* zu nennen, zu denen es z. T. bisher noch keine akzeptierten Lösungstechniken für die selbständige Erarbeitung durch den Schüler gibt, begründet in der Unzulänglichkeit der vorhandenen Arbeitsmittel, teilweise auch in der Schwierigkeit des Objekts:

Wie wird ein Gebiet angegangen, das aus verschieden hohen, voneinander abgesetzten Relieftiefen besteht?
Wie kommt man zu einer Vorstellung der Aufteilung eines Staatsraumes oder eines kontinentalen Teilraumes nach Landschaftszonen?
Was ist Wald in Afrika – im Mittelmeerraum – bei uns?
Wie erarbeitet man die Funktionen einer Stadt?
Wie erarbeitet man die räumliche Arbeitsteilung?
Wie versorgt sich ein Industriegebiet – wie sind die Landwirtschaftsgebiete um es herum spezialisiert und warum?
Wie macht man die scheinbare Wanderung der Sonne und ihre Bedeutung mit Sicherheit und Nachhaltigkeit klar?
Die Bedeutung des Formenwandels und der ›geographisch-ökologischen Lage‹.
Die Formen der Intensität.
Die Wasserversorgung und Bewässerungsprobleme.
Das Windsystem auf der Erde und das Verständnis dafür.
Energieversorgung und Wirtschaftlichkeit.
Die günstigsten Industriestandorte.
Geologisches Verständnis.

Es würde zu weit führen, aus den Erfahrungen für jedes Thema eine Konzeption zu entwickeln. Immerhin wird von verschiedenen fachdidaktischen Forschungsgruppen an der Lösung der Probleme gearbeitet; doch der Lehrer sollte sich der Schwierigkeit und der Bedeutung dieser Themen bewußt sein. Bei diesen Themen besonders – wie aber auch bei den einfacher scheinenden – ist ersichtlich, wieviel *der Lehrer selbst* wissen muß, wie sehr er sich selbst mit diesem Stoff auseinanderzusetzen hat auf den Sachverhalt hin, auf dessen bildende Werte hin, auf die Lernziele hin, auf die diesem Stoff gemäßen Arbeitsweisen und die notwendigen Arbeitsmittel. Der Lehrer muß darüber hinaus bei allen diesen Themen ein ›Hintergrundwissen‹ haben über das ›Objekt der Geographie‹ und über die geographischen Methoden.

Als ein Beispiel für einen arbeitsunterrichtlichen Impulsunterricht ist breit ausgeführt worden das Thema »Unser Wetter« (zugleich als Beispiel für Transparenz, induktives Prinzip und Begriffsschulung bzw. Schulung in Definitionen). Als ein Beispiel für einen möglichst selbsttätigen Unterricht möge »Mexiko« beigegeben sein (Kap. IX,3).

Doch auch hier ergeben sich Schwierigkeiten: etwa bei der Erarbeitung der den Schülern unbekannten tropischen Höhenstufen. Reizfragen und Hinweise durch den Lehrer sind notwendig: vergleicht (!) mit den USA! Die Vorüberlegungen zeigen, wieviel für den Lehrer zu tun ist, noch bevor der Unterricht angefangen hat; der Arbeitsabschnitt A zeigt, wieviel Zeit man für dieses vorbereitende Gespräch braucht; es ist aber unbedingt notwendig. Der Vergleich von *Arbeitsabschnitt A* mit dem üblichen, vom Lehrer geleiteten *Frontalunterricht* läßt deutlich werden, was an Vorüberlegungen zu Stoff und Reihenfolge dem Schüler durch den Lehrer – zum Schaden des Schülers! – bereits abgenommen wird, was davon im ›Normalunterricht‹ direkt in ihn einfließt, ohne daß die Schüler – leider – es merken. Das Unterrichtsbeispiel zeigt aber auch, daß an früheren Beispielen erst einmal ein methodisches Vorgehen transparent gemacht werden muß, daß die Schüler erst einmal ein sicheres Wissen davon haben müssen, was alles erdkundlich erarbeitet werden kann und wie. Das muß an früheren Beispielen geübt und bewußtgemacht worden sein. Jeder muß um den *›Stellenwert‹ einer jeden Sache,* * eines jeden Unterrichtsschritts und der zu verwendenden Arbeitsmittel dabei wissen.

c) Abschluß

Wir schließen die Methodendiskussion über den Arbeitsunterricht mit zwei Überlegungen. Die eine ist allgemeiner Art und stammt von Roth

---

* Im »modernen« Methoden-Jargon würde man sagen: Wissen um die »Relevanz«, um »Relevanzgesichtspunkte«.

(1964, S. 324): »Das Geheimnis einer gut gelungenen Stunde besteht in dem *originalen Stufenaufbau*, der im Hinblick auf *diese* Kinder und im Hinblick auf *diesen* Stoff sich als *die* natürliche Verständnisbrücke anbot.« Wir lassen es offen, ob unsere Beispiele diesem hohen Anspruch gerecht werden.

Der andere ist etwas spezieller und bezieht sich auf die *Gefahren*, die durch einen Arbeitsunterricht – und noch vermehrt durch einen Gruppenunterricht – für das geographische Verständnis und für den geographischen Gegenstand entstehen können (nicht müssen): Wegen der Auffächerung und Sezierung des Stoffes und des dazugehörigen Unterrichtsganges kann die originale Begegnung zerstört werden; je komplexer der Gegenstand ist, desto weniger angemessen ist er zu durchdringen und zu durchschauen; je mehr grundsätzlich Neues im neuen Stoff enthalten ist, desto eher kann der Arbeitsunterricht wegen eines zu geringen Ertrages scheitern. (Prinzipiell ›neu‹ sind daher im Unterrichtsbeispiel Mexiko nur die ›tropischen Höhenstufen‹.)

3. Der Gruppenunterricht

a) Allgemeines und Schwierigkeiten

Der Gruppenunterricht wird gelegentlich zu einer Art Unterrichtsideologie. Es soll zwar nicht verkannt werden, daß der Gruppenunterricht große Vorteile besitzt hinsichtlich der *Kooperationstechniken,* die als Gruppenleistung genauso ernst genommen werden sollen wie individuelles Tun (vgl. E. Meyer, Walz 1960, Geipel 1969); doch ist der Gruppenunterricht zunächst einmal nur eine Unterrichtsform unter anderen und nicht unbedingt die Hochform des Unterrichtens schlechthin. Es hängt jeweils sehr von den Zielen ab, die erreicht werden können, und vom Stoff, ob er verwendbar ist. Im Grunde stellt er eine *Sonderform des Arbeitsunterrichts* dar; d. h. alles, was dort Voraussetzung ist, ist es hier noch mehr; denn der Gruppenunterricht kann nur erfolgreich sein, wenn vorher *alle* Arbeitsmittel im Arbeitsunterricht so ›übergelernt‹ sind, daß sie ›sitzen‹. (Vgl. zur relativierenden Sicht des Gruppenunterrichts auch Stöcker und Jannasch-Joppich; ferner Klafki, der meint, daß u. a. der Gruppenunterricht nur *bei sinnbezogener Selbsttätigkeit* angewendet werden sollte, d. h. also nicht Selbstzweck ist.) Ist bei jedem Unterricht *das wichtigste Problem,* in welcher Weise die Schüler eine *Information über ein Objekt* erhalten, so ist dies beim Gruppenunterricht wohl das schwierigste Problem überhaupt: Woher und wie erfahren die Schüler das jeweils Neue, wie erkennen sie eine neue Struktur? Als eine oft benutzte Lösung dieses Problems wird die vom Lehrer vorfabrizierte Arbeitsanweisung für jede Gruppe angesehen. Das bedeutet aber, daß die Formulierung des Arbeitszieles, oft auch der zu verwendenden Arbeitsmittel, vom Lehrer angegeben wird. Oder für den Lehrer springt ein Lexikon ein, aus dem sich die Schüler in den Gruppen das notwendige Wissen holen.

Sowohl vom Stoff als auch vom Gedanken des Arbeitsunterrichts her ergeben sich für einen so gearteten Gruppenunterricht – bei dem das bloße Tun in Gruppen alleiniger Zweck ist – erhebliche *Bedenken.* Das Lexikon oder das Buch verletzt den Gesichtspunkt der Kindgemäßheit, da hier Wissen bloß verbal erworben wird (bzw. erst gar nicht erworben wird), da oft die Vokabeln fremd bleiben und der Stoff nur halb verstanden ist. Die vorfabrizierte Arbeitsanweisung und der Hinweis auf das Hilfsmittel stehen im klaren Gegensatz zur Selbsttätigkeit, dazu, daß die Kinder selbständig richtig weiterdenken und weiterarbeiten sollen (vgl. auch Aebli).

In einer 9. Klasse soll anhand eines Meßtischblattes der Teutoburger Wald erarbeitet werden. In einem vorangehenden Unterrichtsgespräch, das durch den Lehrer, sehr gebunden, geführt wird, werden die Betrachtungsgesichtspunkte festgelegt: Oberfläche, Gewässernetz, Nutzung, Besiedlung, Verkehr.* Damit sind die fünf Themen und zugleich auch die fünf Arbeitsgruppen festgelegt. Zwecks einer besseren Analyse empfiehlt der Lehrer die Arbeit anhand von Profillinien, die er zusätzlich noch genau angibt; dazu tritt noch die schon erwähnte, genaue Arbeitsanweisung für jede Gruppe. Einige *Schwierigkeiten* sind bis dahin umgangen: nämlich die Erarbeitung der jeweiligen Gruppenthemen selbständig durch die Schüler; andere Schwierigkeiten treten später auf, nämlich nach Abschluß der Gruppenarbeit und nach den Berichten, die die einzelnen Gruppen über ihre Arbeitsergebnisse vorgetragen haben. Diese Schwierigkeiten liegen in der Arbeitsvereinigung, die die Ergebnisse zusammenführen soll. Wie kann hier ein Gesamtbild entstehen? Die Probleme des länderkundlichen Schemas tauchen wieder auf. Die Arbeitsvereinigung bleibt unbefriedigend, die Ergebnisse laufen ohne

---

* Daß dahinter (unbewußt) das länderkundliche Schema steckt, wird nicht gesehen!

Zusammenhang und ohne Bezug nebeneinander her, sie bleiben papieren, peinliche Lücken im Wesentlichen treten auf: Das heißt, es ist unmöglich, ein Gesamtbild zu erhalten. Als weitere Schwierigkeit ergibt sich, daß es den Schülern schwerfällt, das Wichtige auszuwählen, den richtigen Schwerpunkt zu bilden. Allen diesen Schwierigkeiten soll mit den Arbeitsanweisungen vorgebeugt werden.

b) Erdkunde als Paradepferd des Gruppenunterrichts?

Ist dies schon bei einem ›normalen‹ Gruppenunterricht der Fall, so ist das Verfahren im Hinblick auf das Ergebnis in der Erdkunde besonders unbefriedigend. Wegen der Komplexität der meisten Stoffe wird die Arbeitsvereinigung meist unter starker Führung des Lehrers betrieben, um überhaupt ein zutreffendes Bild zu erreichen und Unrichtigkeiten und Schiefheiten zu vermeiden. Die *besondere Gefahr* des Erdkundeunterrichts, an den Äußerlichkeiten der Arbeitsmittel haftenzubleiben und sich an das bloß Interessante zu verlieren, wird durch einen solchen ›unerleuchteten‹ Gruppenunterricht potenziert. Trotzdem hat man den Eindruck, daß gerade die Erdkunde für manchen allgemeinen Didaktiker das Paradepferd für den Gruppenunterricht schlechthin darstellt (so für E. Meyer, in: »Der Gruppenunterricht« und in »Praxis des Exemplarischen«, für K. Stöcker in »Moderne Unterrichtspraxis« oder für Frey, 1965). Wir bringen im folgenden einige Beispiele.

E. Meyer läßt Mittelamerika in folgenden 9 Gruppen bearbeiten: Entdeckung und Eroberung – Ureinwohner und Kultur – Schätze des amerikanischen Mittelmeeres – Schätze der amerikanischen Inselbrücke – Schätze der amerikanischen Landbrücke – Land der Vulkane – Land der Revolutionen – Die Herren der Länder – Der Panamakanal. Man fragt sich, wie die Gruppen 7 und 8 verständnisvoll an ihren Themen arbeiten sollen, wenn sie die Ergebnisse der Gruppen 1–5 noch nicht kennen. Man fragt sich, wie Querverbindungen möglich werden. Jede einzelne Gruppe erhält Arbeitsanweisungen mit auf den Weg. Die Gruppe 5 soll z. B. auch laut Arbeitsanweisung die drei Klimastufen erarbeiten: Doch, was erarbeitet werden soll, ist ja bereits in der Arbeitsanweisung vorweggenommen. Bei dem Generalthema »Mensch und Arbeit« wird jeweils auch eine »Erdkundegruppe« gebildet. Sie untersucht beim Unterthema »Unsere Wohnung«: »Wie die Menschen in den verschiedenen Erdgegenden wohnen«; beim Unterthema »Unsere Kleidung«: »Die Lieferanten für die Grundstoffe« – »Die Kleidung anderer Völker«; beim Unterthema »Unsere Ernährung«: »Die Erde als Nahrungsmittellieferant.«

K. Stöcker bildet für das Thema ›Japan‹ mindestens 7 Gruppen mit folgenden ›Themen‹ : Landschaft – Erdbebenland – Klima – Wirtschaft – Der japanische Staat in Vergangenheit und Gegenwart – Japanisches Alltagsleben – Japan im Sandkastenrelief.
G. Frey stellt zum Generalthema »Nordseeküste« verschiedenen Gruppen Bastelaufgaben: Hallig bei Flut und Ebbe – Halligwarft mit Haus – Deichstück – Hafenbecken. Die technisch interessierten Jungen übernehmen diese Aufgaben; es bleibt noch der Zwang, drei Mädchengruppen ›Arbeit‹ zu verschaffen; sie dürfen zeichnen, Reinschriften anfertigen, Bilder aufziehen. – Im Rahmen der Unterrichtseinheit »Und machet sie euch untertan« werden die Landschaftsgürtel erarbeitet, indem jede Gruppe sich mit einem besonderen Lebensraum beschäftigt: In der größten Wüste der Welt – Im ewigen Eis – In der grünen Hölle – In den Urwäldern am Kongo – In den Steppen Asiens – In den Steppen Afrikas – In den Anden – In den Alpen. Der Wüstengruppe – wie jeder anderen Gruppe – wird eine spezielle Arbeitsanweisung gegeben: »Eure Arbeit könnte folgende Abschnitte zeigen: Wie die Wüste aussieht – Wie eine Oase entstehen kann – Wovon die Menschen in den Oasen leben – Wie die Häuser in den Oasen gebaut sind – Weshalb manche Oasen untergehen – Weshalb manche Menschen in der Wüste ein Wanderleben führen – Vom Kamel...« – »Im wesentlichen faßten die Kinder ihre Aufgabe so auf, als ob sie die Erlaubnis erhalten hätten, eine Mappe über das Thema ›Wüste‹ zu schaffen. Daher freuten sie sich über die Arbeit.« – »Das verräterische Verhalten der Tuareg, ihre erbärmliche Hinterlist erregt die Kinder und fordert ihre Entrüstung heraus... Ein fruchtbarer Moment, um ein Gespräch über unser Problem zu gewinnen: Wie ist das Verhalten der Tuareg zu erklären?« (S. 80–83).

Die Bespiele sind von den Bearbeitern gut gemeint; das soll nicht bestritten werden; aber die Beispiele zeigen auch deutlich, daß die Bearbeiter fachwissenschaftlich und fachdidaktisch nicht genügend geschult sind; ohne diese beiden Erfordernisse ist aber heute in der Sekundarstufe I, auch nicht in der Hauptschule, kein vernünftiger Unterricht möglich.

Man erkennt an den Beispielen auch, warum die Erdkunde gerade zu einem Paradepferd für alle gruppenunterrichtlichen Darstellungen geworden ist: nämlich die *Vielzahl der Gesichtspunkte* (Lage, Klima, Boden, Vegetation, Wirtschaft, Siedlung, Verkehr, Landschaft, Erdbeben, Entdeckung, Vulkanismus) auf der einen Seite und die *Vielzahl der Arbeitsmöglichkeiten* auf anderen Seite (Sandkasten, Reliefmodelle, Karten, Bildmappen, Illustrierten) bieten sich scheinbar für eine Gruppenarbeit direkt an. Selbst Vogel (1967, S. 189), der ohne Zweifel ein wissenschaftlich gründlich geschulter Geograph ist, sieht gerade in der

Vielschichtigkeit der Erdkunde die Möglichkeit – und nicht die Gefahr! – Gruppenunterricht günstig gestalten zu können, da man nach den einzelnen Teilaspekten und -bereichen die entsprechenden Gruppen aufteilen kann, um sie später wieder zu bündeln.»Gerade deshalb dürfte der Gruppenarbeit im Erdkundeunterricht stets ein besonderer Platz zukommen«, wenngleich Vogel auch bestimmte Vorbehalte aufgrund bestimmter Schwierigkeiten macht (Arbeitsvereinigung, Aneignung von Nutzwissen, weniger von Bildungswissen) (S. 189, 188).

Für den *herkömmlichen Gruppenunterricht* in der Erdkunde stellen wir als Ergebnis unserer Betrachtung *folgende Merkmale* fest:

● *Erstens* gibt es viel Sandkastentun und Bastelaufgaben, wobei manches in bloße *Betriebsamkeit* und bloße Beschäftigung ausartet.

● *Zweitens* ist jede Aufgabe gleichrangig und wird damit für den Schüler gleichwertig. Dies kann bei der einen Gruppe zu *Leerlauf,* bei einer anderen Gruppe zur Vergewaltigung der Inhalte und je neuen Werte führen.

● *Drittens* offenbart sich der Gruppenunterricht in diesen Beispielen als eine *bloße Technik der Stoffbewältigung,* ja geradezu als Stoffhuberei. Mit vielem Stoff kann man »besser fertig werden«. *Mammutthemen* werden gewählt, die diesen Vorwurf belegen. Auch die Autoren selbst sprechen von »einer beachtlichen Ausweitung des Themas« (Stöcker) oder von der »Bewältigung eines großen Bereichs« in nur vierzehn Tagen (Frey). Gruppenunterricht wird also zur Erledigungsmaschinerie. Jede Erledigungsmaschinerie, so haben wir schon am länderkundlichen Schema gesehen, ist aber zumindest der Tod des Erdkundeunterrichts. Getötet wird auch der ganzheitliche Aspekt des Erdkundestoffes: jedes Gruppenmitglied wird zu einem kleinen Spezialisten für Klima oder Wirtschaft oder Warenkunde. Mammutthemen und *Spezialistentum* bedeuten eine Rückkehr zur »alten Erdkunde« und zur bloßen »Lernschule« – nur mit noch weniger Sachkenntnis, als wenn der Lehrer es selbst vorgetragen hätte.

● *Viertens* bedeutet diese Art von Gruppenarbeit für den Erdkundeunterricht – entgegen den erklärten Absichten des Gruppenunterrichts – eine bloße Erwähnungsgeographie *ohne Einsichten* im Rahmen großer ›Panoramathemen‹, innerhalb deren die eine Gruppe nichts von dem der anderen Gruppe versteht. Ein Sammelsurium von *Banalitäten* ist die Folge. (Beispiele für Panoramathemen: bei Frey die Landschaftsgürtel, bei Meyer ganz Mittelamerika oder gar ganz Südamerika, bei W.

Schulz, 1968, ganz Afrika). Falsche und groteske Vorstellungen überholter Art (Tuaregs) können die Folge sein, unbedeutende Einzelheiten werden gereiht, ein Gesamtbild entsteht nicht. Die Zeit wird an Kleinkram verschwendet, an unverbundener *Vielwisserei*, an das bloß Interessante (Frey!).

● *Fünftens* taucht das Problem auf, wie der Lehrer sinnvoll als Quelle der *Information* ersetzt werden kann – und nicht durch ein Lexikon oder dergleichen; dadurch wird das Problem ja nur auf das tote Buch weiterverlagert; gewonnen wird nichts; denn bloßes Nachblättern ist kein operationales Tun im geistigen Sinn.

● *Sechstens* ergibt sich die Frage: Wodurch erhält der Schüler die *Kriterien* für das Wichtige, Wesentliche, Richtige – ohne das kein zutreffendes Gesamtbild und keine Ergebniszusammenführung (Arbeitsvereinigung) möglich ist?

c) Lösungen der Problematik

Nach allem ist also festzuhalten, daß Gruppenunterricht *nur dann sinnvoll* ist, *wenn* wenige Sachverhalte zu bewältigen sind, intensive Arbeit auf eng begrenztem Gebiet geleistet werden kann und wenn die zu untersuchenden Gegenstände oder gute Darstellungen in genügender Anzahl beschafft werden können, so daß jede Gruppe als Ergebnis ihrer Arbeit tatsächlich etwas vorweisen kann: eine Zeichnung, einen Plan, ein Schaubild als Verdeutlichung einer Statistik, eine Karte, eine Skizze, eine Zusammenstellung einer Bilderreihe zum Thema, die gut begründet ist, ein geographisches Modell. Solche Ergebnisse besitzen Anschaulichkeit für alle anderen; ferner ist eine Kontrolle der guten und der schlechten Arbeit unmittelbar möglich (vgl. Jannasch-Joppich, S. 116), da das Ergebnis in operationalisierter Form vorliegt.

Sind diese Hinweise noch recht allgemein gehalten, so beschäftigt sich Wocke mit den spezielleren Möglichkeiten für die Gruppenarbeit im Erdkundeunterricht. Wegen der für den Schüler nicht überschaubaren Komplexität des Gegenstandes verbietet es sich für ihn, die Themen für die Gruppen vom Gegenstand und seinen verschiedenen Bereichen her zu entwickeln; erdkundliche Gruppenarbeit ist für ihn daher nur als themagleicher Unterricht (»*in einer Front*«) möglich; die Arbeitsteilung der Gruppen ergibt sich dann nur noch aus den verschiedenen Quellen, Hilfsmitteln und Darstellungsformen, die zur Verfügung stehen. Mit je einem davon arbeitet eine Gruppe und versucht möglichst viel für den Gegenstand herauszuholen. Eine Arbeitsvereinigung ist dann leicht möglich, da alle zum gleichen Thema etwas beitragen, alle vom gleichen Thema bereits etwas verstehen gelernt haben und nun für die anderen Ergänzendes dazu beitragen können. Nicht die problematischen Schülerberichte stehen dann am Ende, sondern ein »verwebendes Zusammenschließen« im gelenkten Unterrichtsgespräch. Geipel (1969, S. 154) sieht die Bedeutung des Gruppenprinzips vor allem darin, daß »das Handwerkszeug der prozessualen Geographie... am effektivsten von Gruppen gehandhabt« wird, »die dadurch arbeitsteilig sammeln, beurteilen und auswerten lernen«. Vor allem das Sammeln außerhalb der Schule steht für ihn im Vordergrund: Kraftfahrzeugzählungen auf Firmenparkplätzen, Verkehrs- und Passantenzählungen, Interviews am Arbeitsplatz und Erhebungen im Gelände. (Andere Beispiele für Sammeln: Vogel, S. 190.) Doch wie ist Gruppenunterricht auch im Rahmen des normalen Erdkundeunterrichts möglich?

Vogel lehnt ebenfalls wie Wocke die Behandlung eines großen länderkundlichen Themas durch verschiedene Gruppen ab, da zu leicht das unbrauchbare länderkundliche Schema fröhliche Urständ feiert (191, 192). Damit die Arbeitsgruppen möglichst Kontakt miteinander haben, schlägt er vor, in Anlehnung an Odenbach, thematisch nahe beieinander zu arbeiten. Besondere, für ein Gebiet kennzeichnende Merkmale sollen zum Gegenstand werden: nicht ganz Schweden, sondern die schwedische Holzwirtschaft, nicht ganz Hinterindien, sondern der Reisbau dort. Die Gruppen beim ›Holzthema‹ könnten sich beschäftigen mit dem Holzeinschlag – mit dem Abtransport – mit der Verarbeitung – mit dem Absatz. Das länderkundliche Thema ›Wüste‹ kann arbeitsteilig gegliedert werden in die verschiedenen Wüstentypen. Überhaupt scheint ihm die ›Allgemeine Geographie‹ ein günstiger Ansatzpunkt zu sein: die Meere, die Faltengebirge, die Vulkane, die Fischer, die Bauern in aller Welt, Haus- und Wohnformen. Zu fragen ist aber, ob das so erlernte Wissen einen Ertrag für immer hat, ob es genügende Anschaulichkeit besitzt.

Als ein im einzelnen ausgeführtes Thema bringt Vogel einen Vergleich der beiden Stromoasen des Nils und Mesopotamiens (S. 200–203). Zuerst wird Ägypten erarbeitet, dann Mesopotamien mit derselben Thematik: der Strom und alles, was von ihm ausgeht und mit ihm geschieht – die Menschen und ihre Arbeit in alter und moderner Zeit – die Wirtschaft – der Verkehr. Im Grunde aber bringt Vogel hier doch auch das länderkundliche Schema hinein (Natur – Mensch – Wirtschaft) und läßt die Gruppen zu Spezialisten werden. Nicht ersichtlich wird, wie das Ganze der Erkenntnis zusammenkommen kann, wenn die erstgenannten Themen völlig getrennt von jeder Gruppe behandelt werden, obwohl ein jedes Thema für die Arbeit der anderen Gruppe zum Verständnis notwendig ist. Auch die Gefahr des ›Panoramas‹ taucht wieder auf.

Nach allem scheint nicht so sehr *das A und O* des erdkundlichen Gruppenunterrichts in der möglichen Arbeitsteiligkeit aufgrund der Unterrichtsmittel zu liegen – das stellt eine nur äußerliche Lösung des eigentlichen Problems dar –, sondern darin, daß die Schüler stets und ständig wissen müssen, wo ihr Platz im Ganzen der Arbeit ist mit ihrem speziellen Thema. Dazu muß der Gruppenunterricht sinnvoll aus dem übrigen Unterricht hervorgehen und wieder dahin zurückführen (vgl. auch Aebli, 1966), und dies kann nur geschehen, indem im arbeitsunterrichtlichen Sinne zunächst einmal eine eigenständige *Diskussion* geführt wird, in der der Stoff vorgeklärt wird, die Wege und die notwendigen Mittel überlegt werden. Doch dürfen das vorbereitende Gesamtgespräch und das *arbeitsvereinigende Schlußgespräch* nicht die einzigen Gespräche der Klasse untereinander bleiben; *Zwischengespräche* sind an sinnvollen Arbeitsabschnitten einzuschalten, um die jeweils notwendige neue Information zur Verfügung zu stellen und damit das Informationsproblem zu lösen.

Auf diese allgemeine Weise ist Gruppenarbeit im ›Normal-Erdkundeunterricht‹ in *drei Spielformen* möglich: thematisch – regional – mit verschiedenen Arbeitsmitteln. Keine Spielform schließt prinzipiell die andere aus; alle drei können zugleich oder nacheinander am selben Thema verwendet werden. Dieses Thema kann durchaus arbeitsteilig nach Unterthemen bearbeitet werden und nicht nur »in einer Front«. Eine bloß panoramaartige Nebeneinanderstellung kann vermieden werden. Wirkliches Verständnis der Gesamtheit der wirkenden Bedingungen und Zusammenhänge ist möglich.

Als Beispiel wählen wir ein länderkundliches – also ein Thema, das in den genannten Versuchen nicht überzeugend gelöst worden ist. Am Beispiel der Südafrikanischen Republik wird *ein* länderkundliches Thema von verschiedenen Gesichtspunkten aus behandelt und zugleich werden die mannigfaltigen Darstellungsformen und Arbeitsmittel der Erdkunde benutzt und geübt. Unter Berücksichtigung der jeweiligen Zwischeninformationen an alle ist am Schluß eine Arbeitsvereinigung aufgrund von Schülerberichten und nicht nur aufgrund eines vom Lehrer gelenkten Gespräches möglich.

d) Südafrika als Beispiel[*]

Wählt man dieses Thema, so kann man an Bekanntes anknüpfen; ferner ist Südafrika eine (im ganzen gesehen) homogene Einheit. Beides ist wichtig für einen

---

[*] Nach den neuen Richtlinien in Hamburg, Nordrhein-Westfalen, Bayern ist das Thema für die genannten Klassen wieder ›in‹.

erfolgreichen Gruppenunterricht. Das Thema ist nicht zu kompliziert, es kann relativ einfach mit den bereits gewohnten Arbeitsmitteln erarbeitet werden. Grundlage ist das Kausalprofil, das z. B. am Schichtstufenland geschult worden sein muß und nun angewendet wird. Auch was als neu erkannt werden soll, kann mit den gewohnten Arbeitsmitteln erreicht werden (Südost-Passat anhand der von Osten nach Westen abnehmenden Niederschläge), der Bergbau, das Verhältnis von Weiß und Schwarz. Zwar ist eine tiefere Einsicht in die menschlichen Probleme noch nicht möglich, wenn man das Thema im 7. oder 8. Schuljahr behandelt, jedoch sind die Grundzüge der wichtigsten Verhältnisse bereits erfaßbar und damit ein erstes Verständnis vorhanden. Auch der Sammeleifer dieser Altersstufe (wenigstens der der Jungen) kann noch ausgenutzt werden, wenn Wochen vorher angekündigt wird, daß zu Südafrika Bilder, Kärtchen, Berichte, Illustrierte, Prospekte und Werbematerial gesammelt werden sollen. Schon hier können verschiedene Gruppen gebildet werden hinsichtlich der Beobachtung der verschiedenen Medien. Das gesammelte Material ist später wichtig für die Erarbeitung der Industrie, des Bergbaus, des Verhältnisses von Weiß und Schwarz, für das Bild der großen Städte. Die Gruppen können bereits versuchen, ihr gesammeltes Material vorzusortieren. Informationen kommen zusammen. Die Auswahl aussagekräftiger Bilder, das Schärfen des Blickes dafür, wird vorbereitet.

Der eigentliche Gang der Arbeit setzt ein mit dem sichtenden Unterrichtsgespräch. Dann beginnen die ›Profilgruppen‹ an ihren thematischen Gesichtspunkten zu arbeiten. Mit einer ersten Berichtsphase über ihre Arbeitsergebnisse endet der erste große Teil, der in eine Zusammenfassungsphase mündet und in ein Unterrichtsgespräch darüber, was weiter zu bearbeiten ist. Die ›Profilgruppen‹ bilden jetzt ›regionale Gruppen‹. Es schließt sich die zweite Berichtsphase an, gefolgt von der zweiten Zusammenfassungsphase. An ihr nehmen auch die Gruppen teil, die von vornherein an ›thematischen Gesichtspunkten‹ gearbeitet haben (Industrie, Bergbau, große Städte, Schwarz-Weiß). Die letzte Phase der Ergebnissicherung beschließt den Unterricht.

Wesentlich ist nicht die Häufigkeit des Wechsels der Phasen und auch nicht das Festhalten an einem starren Schema: Gesprächsphase – Arbeitsphase – Gesprächsphase, sondern die funktions- und sachgerechte Anpassung des Verlaufs und der Mittel an den jeweils anders strukturierten Stoff. Nicht eine vorgefaßte Meinung (nur Arbeitsmittel in einer Front), sondern der Stoff selbst entscheidet über Gang und Fortgang.

Gesprächs- und arbeitsteilige Phasen wechseln in funktional bestimmter Folge, vom Arbeitsmittel bestimmte Gruppen wechseln mit ›thematischen‹ und ›regionalen‹. Dies hat zur Folge: Erstens wird die Fülle der Gesichtspunkte spürbar, aber auch deutlich und durchschaubar. Zweitens: Jede Gruppe arbeitet im vollen Verständnis ihrer Aufgabe im Ganzen und im vollen Verständnis ihrer Aufgabe im Verhältnis zu den Aufgaben der anderen Gruppen. Bei steter Informiertheit wird so der Unterrichtsertrag relativ rasch sichtbar. Das heißt, die lernpsychologisch wichtige ›Verstärkung‹ erfolgt nicht erst am Ende *aller* Berichte, sondern jeweils abschnittsweise und neu.

(Wenn bei den ›Profilgruppen‹ teilweise nach dem länderkundlichen Schema gearbeitet wird, so liegt dies daran, daß das Schema sich den Schülern gewissermaßen von selbst anbietet – ohne das Wort, das Verfahren zu kennen, schlagen die Schüler es selbst vor. Um so wichtiger ist der spätere Wechsel auf die regionalen Themen.)

Im übrigen ist die Unterrichtseinheit nicht nach Stunden aufgebaut (sieben Stunden insgesamt sind nicht zuviel dafür – vgl. dagegen die ›Mammutthemen‹ in teilweise kürzerer Zeit), sondern eben nach funktionalen Abschnitten.

Mit diesen vorausgeschickten Bemerkungen kann die Einheit für sich selbst sprechen (siehe S. 137 ff.).

e) Abschließende Überlegungen

Eine lernpsychologische Bestätigung unserer Ansichten finden wir bei Aebli (1966, S. 106–109). Gruppenarbeit ist erst dann möglich, wenn operativ gestaltetes Denken vorhanden ist. Daher ist erst einmal die *operative Intelligenz* zu bilden. Dies geschieht in gemeinsamen Diskussionen. Dabei lernt das Kind andere Standpunkte kennen und verstehen; es wird beweglicher, öffnet sich logischen Einwänden im Austausch von Beobachtungen und Gedanken. Ein Problem, das zum Aufbau neuer intellektueller Strukturen führen soll, ist stets der gemeinsamen Diskussion vorbehalten. Hier ergibt sich der Zwang zum Vergleich (!), die Suche nach gemeinsamen Beziehungen daraus und der Aufbau eines Gesamtsystems. Ähnliches gilt für die Einführung neuer Begriffe (vgl. die zwischengeschaltete Diskussion über den Südostpassat am Beispiel Südafrikas). Die besondere Möglichkeit des Gruppenunterrichts ergibt sich bei der Anwendung bereits erworbener geistiger Strukturen. Dieser Gesichtspunkt war z. B. ausschlaggebend für die Wahl Südafrikas: erst nach der Behandlung verschiedener länderkundlicher Einheiten (vgl. Fußnote zu S. 28) verfügt man über die notwendigen geistigen Werkzeuge. Vorteilhaft ist nach Aebli immer (vgl. unseren Entwurf) die Verbindung von Diskussion und Gruppenarbeit: *erst* wird die gemeinsame Aufgabe definiert und *dann* in der Gruppenarbeit gelöst.

Mit diesen Hinweisen wird auch unsere Auffassung unterstützt, daß man keineswegs immer nur gruppenunterrichtlich arbeiten sollte (vgl. etwa Indien!). Gruppenarbeit hat immer etwas die *gefährliche Eigenart* an sich, wegen der Arbeitsteiligkeit das Gesamte aufzulösen. Bei Themen, wo dieses aber wichtig ist, wo *ein* Bogen gespannt werden soll, da ist Gruppenarbeit nicht ratsam, auch immer dort, wo es um besondere Eigenarten und schwierige Faktorenverbindungen geht. Dafür ist der sinnvolle Arbeitsunterricht »in einer Front!« mit dem Lehrer zusammen besser geeignet. Für die Erdkunde steht daher diese Form des Unterrichts an erster Stelle, hat die Gruppenarbeit subsidiäre Funktion.

Auch Stöckers Meinung können wir hier zustimmend anführen, daß nämlich der Gruppenunterricht zur Aufsplitterung des Erlebnisgehalts führe, daß er seine Grenzen an zu großen stofflichen Schwierigkeiten findet, daß das *unerläßliche Kernwissen* nicht im Gruppenunterricht erarbeitet werden sollte.

Auf jeden Fall erreicht der praktizierte Gruppenunterricht noch besser als der Arbeitsunterricht einen Einblick in die Schwierigkeit der erdkundlichen Arbeit überhaupt; er erreicht ein Einüben der Methoden, wie verschiedene Aufgaben angepackt werden können (Transfer) – ähnlich für den Gebrauch und die Anfertigung von Arbeitsmitteln; die jeweils am besten angemessene Formen der Darstellung werden geübt, der Blick für verschiedene Landschaftsgefüge und deren Begründung wird geschärft und damit ein vertieftes Verständnis gewonnen, Unterschiede der von verschiedenen Gruppen erarbeiteten Regionen können in ihrer Bedeutung richtig erkannt werden.

4. Der lernzielorientierte Unterricht

Man kann den lernzielorientierten Unterricht prinzipiell als eine exaktere Form des Arbeitsunterrichtsprinzips auffassen, exakter deswegen, weil bewußter auf die genaue Formulierung und die Operationalisierung der Lernziele reflektiert wird. Denn das, was durch den lernzielorientierten Unterricht angestrebt wird, ist im Grunde durch die Arbeitsschulbewegung und die sog. Reformpädagogik der zwanziger Jahre dieses Jahrhunderts weitgehend voraus gedacht worden; denn auch damals spielte – und seitdem spielt – die Selbsttätigkeit der Schüler an Unterrichtsmaterialien eine große Rolle, eine Selbsttätigkeit, die dem Schüler den Weg zur selbständigen Meisterung der für die ›Ausbildung zum Leben‹ notwendigen Einsichten und Methoden beschreiten lassen wollte.

Grundsätzlich ist der lernzielorientierte Unterricht in allen Unterrichtsformen möglich: im Impulsunterricht, im ›vollen‹ oder ›gelenkten‹ Arbeitsunterricht, im Gruppenunterricht. Für das ›programmierte Lernen‹ stellt er die eigentliche lerntheoretische Voraussetzung dar. (Siehe nächstes Kapitel.)

An verschiedenen früheren Stellen des Buches (siehe I, 2 c; I, 5 e) wurden die Prinzipien und die Grundlagen des lernzielorientierten Unterrichts relativ ausführlich dargestellt; darum kann hier auf eine Zusammenfassung verzichtet werden; denn hier ging es nur um die Einordnung in die Unterrichtsformen. (Vgl. im übrigen ausführlich mit Beispielen: Beiheft 2, 1972, zur Geographischen Rundschau und Birkenhauer 1973.)

5. Programmiertes Lernen

a) Allgemeines

Der Ausgangspunkt ist die Frage nach dem effektiven und nachhaltigen Lernen, das Problem, wie ein solides Fundament von Grundkenntnissen zu vermitteln ist. *Grundidee* dafür ist die Auflösung des Lernstoffes in kleine Lern- bzw. Denkschritte. Diese kleine Schritte ermöglichen nicht nur das als Motivation wichtige und ›*verstärkende*‹ *Erfolgserlebnis*, sondern auch die genaue *Kontrolle* der behaltenen Information durch den Schüler selbst, ein von ihm bestimmtes Arbeitstempo und ein vom Schüler–Lehrer-Verhältnis unbeeinflußtes Lernen. (Da das Lernen in jedem Fall intensiver ist, stellt sich die Frage, ob man an einem Schultag in fünf oder sechs verschiedenen Fächern Programme einsetzen könne, um die Schüler nicht zu überfordern.) Auf die lernpsychologischen Grundlagen der einzelnen Vertreter des programmierten Lernens soll im einzelnen nicht eingegangen werden. (Zur generellen Information: Hilgard und Bower; im einzelnen: z. B. H. Frank, Correll, Skinner, F. v. Cube, Mager.) Für alle Vertreter ist der wichtigste Kern der, den wir auch schon bei der Darstellung des Gruppenunterrichts nannten: die angemessene, erfolgreiche und richtige Vermittlung von Informationen in einer ›richtigen‹ Reihenfolge, d. h. in einer *klaren Progression*. Programme sind nicht Lehrbücher, sondern Arbeits-, d. h. Verbrauchsmaterial. Sie müssen nicht unbedingt in der Schule verwendet werden, sondern können auch zu Hause benutzt werden. In jedem Fall ermöglichen sie, die Ausgangslage für ein gemeinsames und fundiertes Gespräch vorzubereiten.

b) Anwendungsschwierigkeiten und Lösungen im geographischen Unterricht

Die Erarbeitung von Programmen für die Erdkunde setzte erst relativ spät ein, während für bestimmte technische und ähnliche Fertigkeiten wie auch für mathematische Themen schon eine ganze Reihe ausgearbeiteter und gut erprobter Programme zur Verfügung steht. Woran liegt dieser Rückstand in der Erdkunde? Einmal daran, daß für die genannten Gebiete das materielle Interesse sehr viel größer ist, ein andermal daran, daß der erdkundliche Stoff wegen der immer wieder angesprochenen *Komplexität* der Programmierung Schwierigkeiten bereitet. Kann für ein Rechenprogramm relativ gut entschieden werden, was die kleinsten Lernschritte sein müssen, in welcher Reihenfolge und Progression diese ›richtig‹ verlaufen, so ist dies bei der Erdkunde nicht so einfach. Am leichtesten möglich ist die Programmierung des Stoffes im Bereich der Allgemeinen Physischen Geographie, und hier wiederum in der Klimageographie mit den dazugehörigen Fragen der astronomischen Geographie. Dazu hat Hardmann für die 7. Klasse ein mehrbändiges Programm vorgelegt, das als erstes vollständiges und erfolgreich getestetes Programm in der Erdkunde bezeichnet werden kann.

Aus dem ersten Heft des Programms Hardmanns führen wir als Beispiel für den *Aufbau von Lernschritten* (frames) die ersten Lernschritte an.

1. Die Erde erhält alle Wärme von der Sonne. Würde die Sonne nicht mehr auf unsere Erde scheinen und ihr keine Wärme mehr spenden, würde es auf der Erde unvorstellbar kalt. Das hätte zur Folge, daß alle Pflanzen und Lebewesen auf der Erde . . . müßten. Merke dir also gut: Alles Leben auf unserer Erde hängt von der wärmenden Kraft der Sonne ab.
2. Du weißt, daß es nicht immer gleich warm ist. Morgens ist es z. B. kühler als mittags, mittags wärmer als abends. Woran das liegt, kannst du aus den drei Abbildungen ersehen. (Es folgen drei Abbildungen mit verschiedenem Einfallswinkel der Sonnenstrahlen.) Miß einmal bei allen drei Abbildungen nach, wie lang die Strecke ist, die von den Sonnenstrahlen beschienen wird. – Wenn du es sorgfältig machst, stellst du fest, daß die drei Strecken gleich lang/verschieden lang sind.
3. Nun sieh dir die Sonnenstrahlen in den drei Abbildungen nochmals genau an: Was ist richtig?

a) Wenn die Sonnenstrahlen ziemlich steil auf den Boden fallen, dann treffen mehr/weniger Strahlen auf.
b) Fallen die Sonnenstrahlen dagegen nur sehr schräg auf den Boden, dann treffen mehr/weniger Strahlen auf.

An diesen wenigen Lernschritten läßt sich gut zeigen, worum es im programmierten Lernen geht. Lernschritt 1 setzt die allgemeine Motivation. Lernschritt 2 greift das Thema ›Wärme‹, ›Kälte‹ auf und erklärt die Bedeutung des Einfallswinkels (ohne diesen Begriff zu bringen), Lernschritt 3 bringt bereits eine erste Anwendung und damit bei richtigem Lösen ein erstes Erfolgserlebnis. Das Programm ist linear-progressiv aufgebaut. In jedem einzelnen Schritt sind einige kleine Aufgaben zu lösen (Einfüllen eines fehlenden Wortes; Unterstreichen des Zutreffenden). Die Antworten stehen verdeckt auf der nächsten Seite des Heftes. Anstelle dieser kleinen Aufgaben im Text können auch am Ende eines Lernschrittes Fragen gestellt werden, die dann zu beantworten sind, oder auch Anwendungsaufgaben (Anfertigung einer richtigen Zeichnung, Eintragen in ein Diagramm u. dgl.).

Nachdem an diesem Beispiel die Arbeitsweise verdeutlicht worden ist, mag noch etwas über das gesamte Programm Hardmanns gesagt werden. In diesem Programm wird praktisch auf eine einfache, kindgemäße Weise ohne unzulässige wissenschaftliche Vereinfachungen mehr oder weniger die gesamte Grundlegung der Klimatologie gegeben. Deswegen ist das Programm auch so lang, werden mehrere Hefte benötigt. Dies erscheint zugleich als nicht unwichtiger Einwand: das Programm zieht sich bis zum Schlußergebnis zu lange hin. Es erhebt sich die Frage, ob *Kurzprogramme*, die innerhalb einer Schulstunde oder in einer kurzen Zeit zu Hause durchgearbeitet werden können, nicht günstiger sind. Denn die Ermüdung ist nicht so groß, Abwechslung vorhanden, das individuell verschiedene Arbeitstempo kann sich nicht zu erheblichen Zeitunterschieden summieren. Solche Kurzprogramme müssen dann allerdings anders angelegt sein: sie können nicht ein ganzes Gebiet der Geographie abhandeln, sondern nur einen einzigen Grundbegriff oder eine einzige Grundfunktion oder eine einzige Grundfertigkeit behandeln – im Rahmen der notwendigen Zusammenhänge. Ein solches Kurzprogramm hätte damit auch den Vorteil, daß dieser Grundbegriff, diese Grundfunktion, diese Grundfertigkeit tatsächlich ›sitzt‹ und daß daher darauf immer wieder zurückgegriffen werden kann. Ein solches

Kurzprogramm erfüllte unsere Forderung nach *Erarbeitung* solcher *wichtiger Grundlagen.*

Nachdem Hardmann ein Langprogramm zu einer physisch-geographischen Einheit vorgelegt hatte, ist es nicht verwunderlich, daß ein anderes Autorenteam für Kurzprogramme auf die Sozialgeographie zurückgegriffen hat, vor allem im Hinblick auf die Daseinsgrundfunktionen, wie sie von Ruppert/Schaffer dargestellt worden sind. Kurzprogramme zu der Daseinsgrundfunktion »In der Gemeinschaft leben« sind zu drei ›Grundbegriffen‹ von Schrettenbrunner vorgelegt worden (Altersstrukturen, In der Gruppe leben, Gastarbeiter). In diesen Programmen wird in zum Teil sehr anspruchsvoller Weise mit geographischen Methoden und Hilfsmitteln vor allem graphischer Art gearbeitet. Fertigkeiten werden also gleich mitgeübt. (Übrigens bei Hardmann auch: Verstehen und Lesen von Diagrammen verschiedenster Art.) Als Beispiel möge der Lernschritt 16 von »Altersstrukturen« dienen:

16: Umgrenze jetzt die Viertel, für die eine Alterspyramide nach dem Typ B zutreffen. (Dazugegeben ist eine Skizze, in der die Stadtviertel mit Großbuchstaben bezeichnet sind und durch drei verschiedene Signaturen angegeben ist, in welchem Viertel der Anteil der Null- bis Fünfzehnjährigen besonders hoch ist, durchschnittlich, besonders gering ist.)

Vorausgesetzt wird also *Kenntnis der Begriffe:* Viertel, Alterspyramide, Typenbildung; Lesenkönnen einer Skizze. Diese Voraussetzungen werden in den ersten Lernschritten erarbeitet, sind also hier wieder anzuwenden (immanente Wiederholung, ›Verstärkung‹, ›Überlernen‹).

In ähnlicher Weise müßten nun auch für andere Gebiete der Allgemeinen Geographie Kurz- und Langprogramme erarbeitet werden. Auffällig ist, daß bisher *Programme zu länderkundlichen Themen* nicht genannt worden sind. Sie sind nicht nur wegen ihrer noch größeren Komplexität schwieriger zu bearbeiten, sondern auch weil die Unterrichtsziele hier am wenigsten definiert sind und daher jedem Autor ein großer Spielraum überlassen bleibt; der größte Mangel solcher Programme ist also ihre Uneinheitlichkeit nach Lernzielen. Als Lösung könnte sich das länderkundliche Schema anbieten; doch abgesehen von den grundsätzlichen Bedenken gegen das Schema bleiben innerhalb der einzelnen Teilgebiete dieselben Schwierigkeiten, wie sie für die Länderkunde überhaupt eben genannt worden sind. Man müßte also die Länderkunde abstellen auf die Eigenheiten eines Landes, die jeweils am wichtigsten sind. Diese könnten dann mit dem höchsten Effekt gelernt werden. Eine weitere Lösungsmöglichkeit des Problems der Programmierung länderkundlicher Themen ist mit Hilfe des quantifizierenden Vorgehens von ganz bestimmten Grunddaten aus (Bevölkerungsdichte, Berufszugehörigkeit u. dgl.) grundsätzlich möglich (vgl. Birkenhauer 1970), aber noch nicht ausgearbeitet worden.

Gehen wir nach diesen allgemeinen Erwägungen auf einige schon vorliegende länderkundliche Kurzprogramme ein. Das Programm Knübels über Dänemark (1968) zeigt eigentlich nur, wie man es nicht machen sollte. Es werden keine Denkschritte gefordert; rein stoffliche Angaben und rein stoffliches Repetieren anhand bloßer Fülltechnik und Wahlen aus vorgegebenen Antworten, ein Zuviel an recht irrelevanten und oft bloß ›interessanten‹ Informationen wie auch an topographischen Details überwiegt und überwuchert.

Sehr viel anspruchsvoller ist das Programm von Reimers zur Oberrheinebene (1969), in das aber innerhalb eines jeden Lernschritts zu viel an Vollzügen aller Art (Erfassen, Beobachten, mitvollziehendes Denken) hineingepackt wird.

c) Beurteilung von Programmen

Die Diskussion der verschiedenen Programme hat einige Gesichtspunkte zur Beurteilung erbracht, die mit einigen weiteren zusammenfassend dargestellt werden sollen.

- Das Programm darf in den einzelnen Lernschritten nicht zuviel an Vollzügen verlangen.
- Jedes Programm ist für jedes Thema für je ein anderes Schuljahr neu zu bearbeiten, je nach der erforderlichen Kind- und Stufengemäßheit. Es gibt kein Programm für alle. (Ein Programm muß daher eine genaue Beschreibung darüber enthalten, für welche Altersstufe es geeignet ist. Diese Eignung muß durch Tests nachgewiesen sein.)
- Die Programme müssen auf einer genauen Lernzielanalyse beruhen. Das Lernziel muß operational beschrieben sein, d. h., es muß Auskunft darüber geben, welche Fragen oder Aufgabenstellungen der Schüler am Ende richtig beantworten oder lösen können muß, um zu zeigen, daß er das Lernziel erreicht hat. (Gegeben sei z. B. die Beschreibung der Verkehrsverhältnisse in einem bestimmten Gebiet und die genaue Lage des Arbeitsplatzes beim Thema »Pendeln«. Wenn das Programm richtig aufgebaut ist, dann muß der Schüler am Ende in der Lage sein, folgendes zu entscheiden: Welche Wohnorte für einen Pendler nicht in Frage kommen, wenn er den Weg zum Arbeits-

platz in höchstens einer Stunde zurücklegen will und alle Verkehrsmittel in Frage kommen.)
- Jedes Programm muß mit einer guten Motivation als Einstieg (›Story‹) versehen sein, die vom Interessen- und Lebensbereich des Schülers ausgeht.
- Es darf nicht nur in jedem einzelnen Schritt etwas gelernt werden, sondern nach mehreren Schritten muß Gelegenheit geboten werden, das in einer Reihe von Einzelschritten Gelernte zu bestätigen (Erfolgserlebnis für einen größeren Abschnitt).
- Das Programm muß aus Denkschritten aufgebaut sein.
- Das Gelernte muß an Abänderungs- und Umsetzungsaufgaben überprüft werden (Transfereffekt). (Es sei beispielsweise zu erarbeiten, daß die Dichte der Wohnbevölkerung in Großstadtcitys gering ist. Welcher Lernschritt mit ›Medienumsetzung‹ führt zu einem solchen Ergebnis? Das einfachste wäre die Zeichnung eines typischen Versicherungshochbaus neben einem zweistöckigen Wohnhaus für zwei bis vier Familien mit verschiedenen Eingängen. Die begleitende Frage müßte lauten: In welchem Haus wohnen und schlafen vermutlich mehr Menschen? Welches steht in einer City? – Nach Schildt.)
- Im Hinblick auf das individuelle Arbeitstempo müßte das Programm noch zusätzliche Fortführungsaufgaben angeben für solche Schüler, die früher fertig werden und besonders gefördert werden können. Zum Beispiel zum Programm »Altersstrukturen in einer Stadt« werden folgende Zusatzfragen gestellt: Welches ist das nächste Villenviertel? Woran erkennt man schon beim Durchfahren, daß dort eine andere Gruppe als in einem durchschnittlichen Viertel wohnt? Kennst du eine Werkssiedlung? Wo liegt sie? Wodurch zeichnet sie sich aus? (Nach Schrettenbrunner.)
- Verbindung des Programms mit Atlas, Karten, Skizzen, Diagrammen, die sowohl als Fertigkeiten den Umgang mit diesen Hilfsmitteln schulen als auch diese Hilfsmittel benutzen, um daran die textlichen Aufgaben in der Form einer Medienumsetzung lösen zu lassen und damit ein angemessenes Problemlösungsverhalten aufbauen. (Es erscheint im übrigen angebracht, zu den angesprochenen Fertigkeiten eigene Programme zu entwickeln, um die stofflichen Programme durch solche zusätzlichen Aufgaben zu entlasten.)
- Der durch Programme erreichbare *Wissenszuwachs* ist groß. Riedmüller (1969) hat bei erdkundlichen Stoffen herausgefunden, daß der Wissenszuwachs – und zwar bei allen Schülern – mindestens viermal so hoch war wie im vergleichbaren Normalunterricht. Im Zusammenhang mit der Leistungsfähigkeit der Programme ist häufig die zweckmäßigste Form der *Fragen und Antworten* diskutiert worden: etwa lieber Mehrfachwahlantworten (die dem Schüler teils einen gewissen Entscheidungsspielraum lassen, teils diesen wieder einengen) oder selbstgebildete Antworten, bloßes Ausfüllen von offengelassenen Lücken oder Fragen, auf die nur mit Ja und Nein geantwortet werden kann. Hilgard und Bower zeigen, daß an und für sich das Problem von

Frage und Antwort eine recht geringe Rolle für den Lernzuwachs spielt. Auch mit Programmen, die nach dem Schema von Ja/Nein-Antworten aufgebaut sind, lassen sich Kenntnisse vermitteln, die weit über die bloße Fähigkeit, mit Ja oder Nein antworten zu können, hinausgehen. Bei welchen Antwortformen auch immer – merkwürdigerweise sind nach den amerikanischen Ergebnissen Programme am besten auf komplexer strukturierte Stoffsysteme anwendbar, das heißt, auf Systeme, bei denen das Hinzugelernte günstig von *dem* beeinflußt wird, was der Schüler zuvor gelernt hat (Spiralcurriculum!). Dem entspricht die paradoxe Beobachtung, daß von den Programmen die begabtesten Schüler am stärksten profitieren, obwohl für sie der programmierte Unterricht am langweiligsten ist. Im einzelnen berichten sehr ausführlich über Arten und Grundlagen von Programmen und deren Klassifizierung Bahrenberg et al. (1973). Die bis dahin vorhandenen Erdkundeprogramme werden übersichtlich zusammengestellt wie auch die vorhandene Literatur.

- Auf die *kybernetischen Grundlagen* des Programmierens gehen Blankertz (1973, 7. Aufl.) ein wie auch schon sehr früh im geographisch-fachdidaktischen Schrifttum Lehmann (1963) und vor allem Pfeifer (1965), der die verschiedenen Formen von linearen und verzweigten Programmen in der Schreibweise vereinfachter mathematischer sog. Algorithmen (= Schema von Anweisungen und Bedingungen mit einer bestimmten logischen Struktur) ausführlich schildert.

Insgesamt wird von uns der programmierte Unterricht grundsätzlich positiv beurteilt.

Die von Schmidt (1972, 4. Aufl., S. 252–253) vorgebrachten Bedenken beruhen offensichtlich auf Mißverständnissen.

6. Planspiele

a) Einordnung

Wir ordnen die Planspiele aller Art den Unterrichtsformen zu und *nicht* den Arbeitsmitteln oder Medien (entgegen z. B. Wittern 1973), obwohl sie sich mit Hilfe verschiedener Medien (z. B. mit Hilfe von Karten mit Arbeits- und Diskussionsanweisungen, mit bestimmten zusätzlich ›eingefütterten‹ Informationen und dgl.) abspielen.

Sie sind den Unterrichtsformen deswegen zuzuordnen, weil sie bestimmte Elemente bestimmter Unterrichtsformen, die in den vorstehenden Abschnitten behandelt wurden, nicht nur enthalten, sondern integrieren:

- vom Arbeitsunterricht die selbständige Arbeitsleistung, den Aufforderungs- und Motivationscharakter;
- vom Gruppenunterricht die sozialen Arbeitsformen wie auch ein im ganzen recht ähnlicher Ablauf mit bestimmten Arbeits-, Diskussions-, Gesprächs- und Zusammentragungsformen, das ›Einfüttern‹ von Informationen;
- vom lernzielorientierten Unterricht das Zielen auf konkrete Operationen, Verhaltensänderung und Transfer;
- vom programmierten Unterricht die schrittweisen Lernerfahrungen (z. T. aufgrund programmähnlicher Elemente, nämlich der Spiel- und Rollenkarten) und das individuelle Arbeitstempo.

Nach dieser Zuordnung und Zusammenfassung kann man den Eindruck erhalten, als stelle das Planspiel eine optimale Form des Unterrichtens dar, da es ja die jeweils für optimal gehaltenen Elemente verschiedener Unterrichtsformen integriert; dennoch ist es nicht *die* Form des Unterrichtens schlechthin, sondern auch das Planspiel bleibt eine Form unter anderen, d. h., es findet keine ausschließliche Verwendung, sondern eine gezielte, im Wechsel mit anderen Unterrichtsformen (vgl. dazu auch Walford, als einen der ersten fachdidaktisch-geographischen Förderer des Planspiels).

Das Planspiel in seinen verschiedenen Formen (Lernspiele, Simulationsspiele, Rollenspiele, Entscheidungsspiele) stammt ursprünglich aus dem militärisch-strategischen bzw. aus dem Unternehmerbereich (Stichwort: ›operations research‹). (Vgl. dazu auch Taylor und Walford 1974.)

b) Die Ziele des Planspiels

Mit der Ausführung von Planspielen werden in der Regel folgende Hauptabsichten und Ziele verfolgt:

- An einem ausgewählten Beispiel soll aufgrund von vereinfachten und simulierten (der Wirklichkeit nachgeahmten) Problemen und ebenso als ›echt‹ zu empfindenden Lösungen ein Verständnis und eine Einsicht in eine modellhaftklare fachliche Sachstruktur vermittelt werden *(Modell- und Transfercharakter)*.
- Eine Verhaltensänderung im Hinblick auf tieferes Verständnis aufgrund des Weckens von Handlungs- und Entscheidungsbereitschaft und der Förderung der Einbildungskraft soll erreicht werden (Wecken der *Handlungsbereitschaft*).

- Konflikte sollen aufgrund von Kommunikation und Kooperation, aufgrund von Einsicht in Interessenkonflikte (die man dann erhält, wenn man verschiedene Rollen von Parteien, Bürgern, Bürgermeister, Konferenzteilnehmern spielt) rational, gerecht, demokratisch und human bewältigt werden, indem durch die Übernahme verschiedener Rollen Vorurteile gelockert werden und dadurch ein Einblick darin gewährleistet wird, welche sozialen Prozesse ablaufen und welche rationalen und irrationalen Argumente dabei vorgebracht werden, wenn Entscheidungen getroffen werden *(Konfliktbewältigung)*.
- Planspiele bieten daher die Möglichkeit, Problemsituationen von verschiedenen Seiten her zu sehen und zu objektivieren *(Distanzierung)*.
- Sie ermöglichen die kreative Wahl von Entscheidungen und Arbeitswegen (also nicht nur eine bloße Simulation) und damit das Arbeiten in einer informellen Atmosphäre und auch der Freude am Unterricht *(Kreativität)*.

Wegen dieser Absichten motiviert das Planspiel, wie Walford (1969) festgestellt hat, gerade die weniger fähigen Schüler; denn für sie wird der sonst langweilige Unterrichtsalltag positiv aufgelöst.

c) Die besondere Eignung der Planspiele für den geographischen Unterricht

Mit Nolzen (1974) und Haas et al. (1973) läßt sich feststellen, daß der geographische Unterricht in zweierlei Weise besonders für Planspiele geeignet sein kann.

Zunächst können wir den ›An-Sich-Aspekt‹ nennen: Die Geographie ist ›an sich‹ geeignet, weil sie wegen ihrer integrierenden Betrachtungsweise lohnende Ansatzpunkte für in viele Bereiche ausstrahlende Modell-Themen besitzt.

Als zweites ist der ›Für-Uns-Aspekt‹ des Faches zu nennen, dessen ›An-Sich-Aspekt‹ gerade bei den Fragen des Umweltschutzes, der Entwicklungsproblematik und der Raumplanung (um nur einige aufzuführen) besonders zum Tragen kommt; denn die genannten Themenkreise sind solche, die für uns alle unmittelbare und daher motivierende Konfliktsituationen darstellen und zugleich auch zumeist unmittelbare Probleme des Lebensraumes der Schüler selbst sind.

d) Formal-strukturelle Elemente, Nachteile und Beispiele

Mit Wittern (1973; vgl. aber auch A. Schmidt 1972, 4. Aufl., S. 229) können folgende strukturellen Elemente bzw. *Phasen* im Ablauf eines Planspiels unterschieden werden:

1. Ausgehen von einer grob umrissenen Problemstellung und Kennenlernen von Spielregeln;
2. Übernahme von Aktivitätsrollen, um Schwierigkeiten genauer kennenzulernen und entsprechende Lösungen vorzubereiten; Einfüttern von Informationen;
3. das Treffen von Entscheidungen, die zu begründen sind;
4. das gemeinsame kritische Abschlußgespräch der ›Kontrahenten‹ (Bewertung der Entscheidungen und der Entscheidungsunterlagen und dgl., ›Manöverkritik‹).

Als *Nachteile* des Vorgehens können angesehen werden: die Gefahr, sich zu leicht allen möglichen Rollen anpassen zu müssen (und damit Behinderung eigner mündiger Entscheidungen), und die Gefahr, daß zwischen den Kontrahenten ein zu starker Leistungsdruck bzw. eine bloße Wettbewerbsmentalität entsteht.

Um diesen beiden Gefahren zu entgehen, ist gerade die Phase 4 besonders wesentlich (wie beim Gruppenunterricht!).

Bei vorfabrizierten Planspielen, die von einigen Verlagen angeboten werden, sind die bezeichneten Gefahren möglicherweise eher gegeben als bei selbst entworfenen, kurzen und möglichst einfach strukturierten Planspielen.

Vielfältige Anregungen zu Planspielen werden geboten vor allem zunächst bei Walford (1972), ferner bei Nolzen, bei Schmidt und bei Birkenhauer et al. (1972), schließlich bei Westermann (H. Haubrich).

Walford schildert folgende – je nach Umständen und Lage abänderbare und modifizierbare – Planspiele recht ausführlich: Einkaufen (mit Einsicht in die Struktur von Geschäften und Geschäftsvierteln), Einsicht in die Netzwerkzusammenhänge am Beispiel des Busverkehrs auf einer Insel, die Probleme und Techniken bei der Erschließung von Rohstoffvorkommen am Beispiel des Erdgases in der Nordsee, die Bedeutung der Erschließung eines Gebietes durch Eisenbahnen, Probleme bei der Erschließung von Rohstoffen, Verbesserung des Exports eines Unternehmens (Einsicht: Auswahl von Absatzmärkten, Bedeutung der Welthandelsstraßen und des ›Transportwiderstandes‹, Kenntnis der Wettbewerbsstrategien anderer Firmen). Nolzen zeigt, was für die Lage von Wohn- und Erholungsgebieten berücksichtigt werden muß im Hinblick auf die Belästigung durch Industriebetriebe (ein ähnliches Beispiel bei Schmidt: Umweltbelästigung durch einen neuanzusiedelnden Fabrikbetrieb; 1972, 4. Aufl., S. 229ff.) und welche Überlegungen notwendig sind, bevor sich ein Ort entscheidet, ob er lieber ein Industrieort oder ein Fremdenverkehrsort werden will.

Eine kritische Würdigung der im Handel erhältlichen Planspiele ›Streit um Antalya‹ und ›Umweltschutz‹ findet man ebenfalls bei Nolzen und bei Hoffmann (1972).

V. Prinzipien der Stoffauswahl

1. ALLGEMEINE ÜBERSICHT

a) Die psychologische Angemessenheit

Da wir diesen Gesichtspunkt schon in verschiedenen Abschnitten ausführlich beschrieben haben, erwähnen wir ihn hier der Vollständigkeit halber. Wir verstehen unter der psychologischen Angemessenheit des Stoffes als Prinzip der Stoffauswahl, daß nur solche Stoffe gewählt werden, die sowohl vom Kind her zugänglich sind (Kindgemäßheit) als auch von der jeweiligen Bildungsstufe her (Stufengemäßheit) zu bearbeiten sind. Die Unterschiede der Geschlechter treten hinzu. Ein speziell erdkundliches Problem der psychologischen Angemessenheit ist die Frage nach der Raumauffassung und die Frage nach der Erfaßbarkeit räumlicher Komplexe durch den Schüler.

b) Die Stellung im Bildungsganzen

Hiermit ist gemeint, daß die Schule einen bestimmten Lehrauftrag erhalten hat, der sich je und je entsprechend den gesellschaftlichen Bedingungen ändern kann. Von daher bestimmt sich, was jedes einzelne Fach von seinem Stoff her einbringen kann. Im Zusammenhang mit den Vorstellungen Klafkis, Th. Wilhelms und Robinsons ist bereits darauf eingegangen worden, daß nicht der ganze Stoff, der fachwissenschaftlich gesehen angeboten werden könnte, ›gefragt‹ ist, sondern der jeweils bildungsrelevante. Jeder einzelne Lehrer ist deswegen gehalten, sich ständig über die neueren Gesichtspunkte zu informieren. Um ein Beispiel zu bringen: Wieviel Zeit wird im hergebrachten Erdkundeunterricht auf geologisch-geomorphologische Fragestellungen ohne jeden weiteren Zusammenhang verwendet – wie wenig statt dessen auf die so wichtigen landschaftsökologischen Zusammenhänge, die heute für den Bestand der menschlichen Gesellschaft überhaupt, wie auch der Industriegesellschaft im besonderen, so große weltweite Bedeutung erlangt haben. Oder im kulturgeographischen Bereich: Wie wenig werden die Themen in dem von Schrettenbrunner bearbeiteten Programm tatsächlich gründlich im Unterricht gebracht – anstelle oberflächlicher ›Panoramen‹.

Zwischen dem Gesichtspunkt der psychologischen Angemessenheit und dem der Entsprechung zum Bildungsauftrag ergeben sich gelegentlich konkurrierende Entscheidungen. Otto hat am Beispiel der Atomphysik darauf hingewiesen. Wir nennen hier in der Erdkunde die beiden Themenbereiche, die wir am Ende des vorigen Abschnitts umrissen haben.

c) Das exemplarische Prinzip

Wie die beiden anderen, ist es kein methodisches Prinzip der bloßen Stoffanordnung, wie Völkel meint (S. 148), sondern eminent ein Prinzip der Stoffauswahl. Das muß bei der folgenden besonderen Darstellung gezeigt werden. Die Ausführungen zum Exemplarischen werden einen ziemlich breiten Raum einnehmen; einmal hat die Diskussion über das Exemplarische eine Fülle von Gesichtspunkten mit sich gebracht, die dargestellt werden müssen und dem besseren Verständnis des Erdkundeunterrichts dienen; ein andermal ist es eine der wichtigsten didaktischen Leitvorstellungen (Wilhelm, 1967, S. 282).

2. Das exemplarische Prinzip in der Erdkunde und seine Problematik

a) Das Exemplarische in der Allgemeinen Didaktik und seine Übernahme in die Erdkundedidaktik

Seitdem Wagenschein am Beispiel der Physik die Frage der Stoffauswahl angesichts der bedrängenden Fülle des immer stärker anwachsenden Wissens gestellt hat und die Lösung im ›Exemplarischen‹ gesehen hat, d. h. in dem, was für das jeweilige Fach das ›*Fundamentale*‹ ist, was in jedem Fach an »fundamentalen Erfahrungen« möglich ist, ist die Diskussion nicht mehr abgerissen, sind immer neue Versuche und Stellungnahmen entwickelt worden, die das Exemplarische umschreiben. Scheuerl umschreibt es im wesentlichen mit dem Begriff des Typischen, des Typus, der gegenüber dem bloß Individuellen herauszuarbeiten ist; Klafki sieht es im Exemplarisch-Repräsentativen (um der Sicht der Geisteswissenschaften gerecht zu werden, wenn man es ein wenig vereinfacht); Th. Wilhelm lehnt Klafkis Konzeption mehr oder weniger ab; für ihn besteht das Exemplarische wesentlich im Erkennen der Strukturen und Modelle, und ihm geht es darum, daß der exemplarisch effektive Unterricht in allen Fächern lehrt, in *Strukturen und Modellen* denken zu können (1967, S. 288–291), eine Auffassung also, die stärker den Naturwissenschaften entnommen zu sein scheint.

Wegen der Zwischenstellung der Erdkunde ist der Fachdidaktiker gehalten, sich sowohl um die Auffassungen Klafkis, als auch um die Wilhelms zu kümmern und diese Vorstellungen daraufhin zu überprüfen, ob sie auf die Erdkundedidaktik anwendbar sind und auf welche Weise. Was Wilhelms Vorstellungen angeht, so sind sie bereits skizziert worden. Versuchen wir daher, von Klafki (1964) her das zu entwickeln, was Erdkundeunterricht exemplarisch-allgemein zu tun hätte (vgl. besonders Kap. I, 2b). Der Unterricht soll auf das gerichtet sein, was für das Gegenwartsverhältnis wichtig ist, für das Sichzurechtfinden in der späteren Berufswelt in der sich zukünftig verändernden Welt. Der Unterricht habe also in jedem Fach *repräsentative Perspektiven* für das Welt- und Selbstverständnis zu erarbeiten. Hinsichtlich des Weltverständnisses ist die Erdkunde unmittelbar angesprochen. Hinsichtlich des Repräsentativen ist zu sagen, daß dieser Begriff in der Erdkunde ebensogut wie in der Geschichte und den Geisteswissenschaften bedeutsam ist; denn wie dort, gibt es auch in der Erdkunde nie eine vollständige Übereinstimmung – sondern ein bestimmter Zug an einem Individuum, wie auch dieses Individuum selbst, kann nur repräsentativ sein für andere, nicht völlig stellvertretend. Der Begriff des Repräsentativen ist weiter gefaßt und damit weniger Mißverständnissen ausgesetzt als der Begriff des Typischen. Eine Sache, ein Individuum, kann gut für andere stehen, reprasentativ sein, ohne die Bedingungen voller Typenbildung erfüllen zu müssen. Das Beispiel der Stromoase des Nils ist repräsentativ für alle anderen Flußoasen, nicht aber als Typ. Zur Flußoase Mesopotamiens oder zu der des Indus oder zu denen in der Küstenwüste Perus gibt es zu große Unterschiede im Landschaftlichen und Kulturellen, die den ›Typus‹ verunreinigen – aber das Prinzip, was eine Flußoase ist und wie sie ›funktioniert‹, das kann auch die Niloase repräsentieren. Vor Klafki taucht der Begriff des Repräsentativen auch schon bei Wagenschein selbst, dann bei Scheuerl und unter den Erdkundedidaktikern bei Wocke auf. Scheuerl (1958) faßt das Repräsentative im Sinne einer ›komparativen Relation‹; was das bedeutet, haben wir am Beispiel der Stromoase zu zeigen versucht: Die Relationen stimmen nicht hundertprozentig oder auch nicht fünfzigprozentig überein, sie sind immer nur annäherungsweise vorhanden, komparativ-vergleichend. (Von der allgemeinen Didaktik her wird hier die besondere Stellung und Bedeutung des vergleichenden Tuns unterstrichen!)

Es ist nun wichtig, daß in diesem konparativen Tun das typisierende Denken geübt wird; dieses ist wichtig für jeden Transfer und vor allem auch für den Transfer bei erdkundlichen Stoffen. (Von wissenschaftstheoretischer Seite her weist Bartels, 1968, auf den hohen Wert des Vergleichens und Typisierens für die Geographie hin: Ist es doch der einzige Weg, aus der Einzelfülle des Idiographischen herauszukommen in eine nomothetische Betrachtungsweise!)

Das Wegkommen von bloß Idiographischen ist unterrichtlich nur möglich, indem *ein Beispiel gründlich* erarbeitet wird, der Rest im ›Umkreis‹ des Beispiels nur orientierend (Roth). Anders ausgedrückt: Das ausgewählte Beispiel muß es wert sein; an ihm muß wirklich als an etwas Wesentlichem gearbeitet werden können; an ihm muß in kindangemessener Weise ›geforscht‹ werden können; man muß zu einem Verständnis gelangen können. Dann sind alle anderen Möglichkeiten bloß ›Fälle‹, sie scheiden aus. Auf diese Weise gewinnt man für das eine Beispiel Zeit; auf diese Weise erhält der Unterricht für den Schüler Akzente, ist es kein gleichmäßiges Fortschreiten im bloßen Einerlei des systematisch alles behandelnden Unterrichts; denn ein Grundsachverhalt der umgebenden Wirklichkeit kann in angestrengtem Bemühen und strenger Objektivität deutlich und einsichtig gemacht werden. Genau dafür gilt es, über das ›exemplarische Verfahren‹ Zeit zu bekommen.

*b) Die Zuordnung von ›dynamischem Prinzip‹
und ›exemplarischen Arbeiten‹ in der Erdkunde*

Bevor im nächsten Abschnitt auf die verschiedenen Möglichkeiten, exemplarisch zu arbeiten, in der Erdkunde eingegangen wird, muß zuvor noch ein Mißverständnis geklärt werden. Knübel, der sich als einer der ersten erdkundlichen Fachdidaktiker mit dem ›Exemplarischen‹ beschäftigt hat, neigt dazu, seine Darstellung mit Fragen der Methodik zu vermengen, so daß der Eindruck entsteht, daß das Exemplarische ein methodisches Prinzip sei; dies gilt vor allem für die Verwechslung des Exemplarischen als fast identisch mit dem dynamischen Prinzip. Man könnte fast meinen, daß die Beschäftigung mit dem dynamischen Prinzip eigentlich schon die Diskussion des Exemplarischen um Jahrzehnte in der Erdkunde vorweggenommen hat. Das liegt darin begründet, daß es gerade beim dynamischen Verfahren darum geht, sich auf die ›Dominante‹, die ›Dyname‹, also auf das Wesentliche, Typische, Repräsentative zu besinnen, um dann erst den Stoff ›dynamisch‹ aufbauen zu können, die Struktur des Stoffes in dynamisch aufbauende Unterrichtsschritte umzusetzen. Auch beim Exemplarischen geht es, wie wir gesehen haben, um dieses ›Repräsentative‹, doch jetzt nicht so sehr zunächst hinsichtlich einer kleinen Unterrichtseinheit, sondern hinsichtlich des ganzen Stoffes, der in einem Schuljahr bzw. in der ganzen Schulzeit behandelt werden soll. Das exemplarische Verfahren sichtet den gesamten Stoff auf seine Brauchbarkeit hin, das dynamische Verfahren bezieht sich auf den ›richtigen‹ Aufbau einer einzelnen Unterrichtseinheit und hilft hinsichtlich einer einzelnen Einheit, das ›Repräsentative‹ herauszuarbeiten.

Wir können also feststellen, daß *das Exemplarische als Auswahlprinzip* für den gesamten Unterrichtsstoff sinnvoll dem dynamischen Verfahren zugeordnet ist (und umgekehrt); beide sind aber nicht miteinander identisch.

c) Die Möglichkeiten zum Exemplarischen im Erdkundeunterricht

Es geht hier um eine Art qualitativer Bestimmung dessen, wodurch eine Schwerpunktwahl des Fachtypischen und Fachrepräsentativen möglich wird. In fast allen vorangegangenen Abschnitten, vor allem in den Kapiteln I und II, sind dafür die Grundlagen gelegt worden; dieses alles kann jetzt in der Form einer einfachen Zusammenstellung zum Tragen kommen; zugleich sollte daran deutlich werden, daß ohne die fachwissenschaftlichen Grundlagen, ohne dieses Grundverständnis, sinnvollerweise kein Sprechen über das Exemplarische in der Erdkunde möglich ist und damit auch kein Entscheiden. In dem folgenden ›*Katalog*‹ *der*

Gesichtspunkte (nach denen das, was in der Erdkunde exemplarisch sein kann, entschieden wird), ist alles das zusammengestellt, was von den verschiedenen Autoren dazu geäußert worden ist, und zwar so, daß nur das aufgenommen wird, was unter der Berücksichtigung von Kapital I und II als exemplarisch angesehen wird. (Die Stellungnahmen der einzelnen Autoren selbst folgen im letzten Abschnitt dieses Kapitels.)

1. Die typischen Arbeitswege, Arbeitstechniken und Lösungsmethoden (Fertigkeiten, instrumentale Lernziele), d. h. ein Bewußtsein für die dem Fach eigentümlichen Methoden.
2. Die gesetzmäßigen Abläufe, Regeln, Zusammenhänge (z. B. Luv/Lee, Formenwandel, geographisch-ökologische Lage, Viertelsbildung, Verstädterung, Wertwandel, Gunst–Ungunst).
3. Erarbeiten von ›Modellen‹ (Oase, Stromoase, Industrielandschaft, Industriestandorte); Erarbeiten von regelmäßig wiederkehrenden ›Mustern‹ (Huerta, Küstenhof, Stadtviertel); Erarbeiten von Grundbegriffen.
4. Erhellung der Raumstruktur (Ordnung des Raumes, Raum als Funktionsgefüge, Verkehrsgefüge; allgemeine Planungsgrundlagen; Landschaftsgürtel, Weltmodelle, Kulturräume, Weltwirtschaft, Aktiv- und Passivraum).
5. Die besonderen geographischen Problemgruppen (II, 4a).
6. Die Verantwortlichkeit des Menschen in der Landschaft. – Sich selber sehen lernen als Glied in Prozeßabläufen, Angewiesensein auf Energie, Klima, Boden (horizontale und vertikale Abhängigkeit), Grenzen des Wachstums.
7. Für die Gegenwart und Zukunft wichtige Länder und die Lebensfragen ihrer Bewohner; das für diese Länder Charakteristische, das für diese Menschen in ihrem Leben und in ihrer Arbeit Aussagekräftige, Dominante, Konvergenz der Welt, Friedens- und Entwicklungsaspekt.
8. Darüber hinaus ›typische‹ Länder und Landschaften mit ›ursprünglichen‹ Phänomenen: Marsch, Geest, Börde, Mittelgebirge, Gäu, Huerta, Niloase, Pampa, Steppe, Taiga, Tundra usw., Fjord, Fjell, Nadelwald . . .
(Vgl. besonders Kap. I, 2b.)

Durchmustert man die genannten Stoffkreise, so stellt man fest, daß es sich nicht eigentlich um Stoffziele handelt, sondern um Erkenntnisziele (kognitive Fähigkeiten und Strukturen) und Einsichten, die auch die instrumentalen Lernziele betreffen. Daraus ergibt sich für die Aufstellung von Richtlinien, Stoffplänen, Arbeitsanweisungen und dergleichen im Grunde, daß diese vor allem ›*Funktionspläne*‹ zu sein haben und eben nicht Stoffpläne. Sofern sie Stoffpläne sind, müßte grundsätzlich das mit diesem Stoff zu erreichende Funktionsziel angegeben werden.
Diese Überlegungen zeigen auch, daß es beim Exemplarischen nicht

darum geht, Lücken aufzureißen im Wissen und das schlechte Gewissen hinsichtlich des ›Mutes zur Lücke‹ zu beruhigen, sondern um Konzentration, Verdichtung, Strukturierung des Bildungsgehalts. Was wir unter 1–8 aufgezählt haben, kann grundsätzlich und allgemein auf dreierlei Weise zusammengefaßt werden: Es geht um *Thematisierung* (Aspekte, Strukturen, Modelle, Grundlagen des Ganzen), es geht um die Herausarbeitung der *Problemlage* des Themas und es geht um die Veranschaulichung von *Denk- und Arbeitsformen,* vor allem solcher Formen, die weiterführenden Charakter besitzen.

d) Anforderungen an den Lehrer

Sowohl unser Katalog als auch das eben zusammenfassend Gesagte besitzen ein außerordentlich hohes *Anspruchsniveau* – nicht so sehr für den Schüler, sondern für den Lehrer, der in der Lage sein muß, die genannten kognitiven und instrumentalen Lernziele kind- und stufengemäß umzusetzen und dazu eine gründliche wissenschaftliche Kenntnis des Faches besitzen muß. Denn eine gründliche Vorbereitung ist gerade im Hinblick auf das Exemplarische notwendig; eine gründliche Vorbereitung kann aber in einem ersten Schritt nur über die vorausplanende Sichtung eines ganzen Stoffbereiches erfolgen; diese vorausplanende Sichtung als Grundlage der Gliederung des Stoffes kann nur geschehen, wenn man das Stoffgebiet einigermaßen beherrscht. Nur unter dieser Voraussetzung kann der Lehrer überhaupt entscheiden, welchen Einzelfall er wählt, um einen Zug unseres Katalogs auswählen zu können, einen Einzelfall, an dem gerade dieses Ziel sich besonders gut repräsentieren läßt; nur dann kann der Lehrer entscheiden, ob ein Einzelfall fruchtbar genug ist. (Diese Entscheidung und die Vorbereitung darauf wird dem Lehrer im Augenblick noch durch keinen Stoffplan, durch kein Unterrichtswerk voll abgenommen, von Hilfestellungen abgesehen.)
Die auf der Grundlage des exemplarischen Prinzips vorgenommene Sichtung erst führt zu einer *scharf erfaßten Aufgabenstellung* für den Unterricht; eine solche Sichtung macht vom Stoff her erst das arbeitsunterrichtliche und dynamische Verfahren (die wir als die angemessensten hingestellt haben) möglich; erst diese Sichtung führt dazu, den Erdkundeunterricht von bloßen Kuriositäten zu befreien. Zumindest muß der Lehrer sich überlegen, warum es sinnvoll sein könnte, die Halligen in al-

len Details zu behandeln, die Längen von Karsthöhlen zu ermitteln, die Standorte der Fernsehumsetzer in einem Gebiet, Terrassen und Schwemmkegel, Talformen und Gletscherwirkungen, Dünen und Wüstentypen, Mäander und Flußkorrekturen, Fels- und Flachküsten, Längs- und Querküsten, Haffe, Nehrungen, Bodden, Förden und Fjorde . . .

Eine solche Sichtung müßte es unmöglich machen, *pseudo-exemplarische Themen* zu formulieren wie »Thüringen – das grüne Herz Deutschlands«, »Australien – Erdteil der Merkwürdigkeiten«, »Dänemark als Brückenland«. Treffender wäre schon «Thüringen – innerdeutscher Gunstraum«, »Erdteil, der auf dem Rücken der Schafe reitet«, »Bauernland – wohlhabendes Land«, »wenig Leute – viele Schiffe« (Norwegen), »Kleines Land – hohe Dichte« (Niederlande) usw. Solche Themen führen zu den exemplarisch wichtigen Grundlagen des Verständnisses und sind zugleich dynamisch und arbeitsunterrichtlich formuliert. (Vgl. die tabellarische Übersicht in Kap. I, 6, S. 60/1.)

e) Grenzen des Exemplarischen in der Erdkunde

Komplexität und Mannigfaltigkeit der geographischen Objekte führen dazu, daß es keine absoluten Gesetzmäßigkeiten gibt; jedes geographische Objekt hat seine eigene Individualität und »unverwechselbare Einmaligkeit« (Wocke), weshalb es keine überall gültigen Modelle gibt; wegen der Einzelheiten vermag das Ganze des Zusammenhangs nur schwer sichtbar werden; statt eines gleichmäßig flächen- und erddeckenden Unterrichts entsteht eine ›Tupfengeographie‹ (Newe). Bejaht man die Ziele des Exemplarischen – und dies wird hier getan –, so muß man diese Nachteile in Kauf nehmen, die Grenzen bejahen, indem man sich der Grenzen bewußt ist. Die Gefahr der ›Tupfengeographie‹ schlägt Vogel für nicht so groß an, wenn man sich schon immer der Erde als des Ganzen bewußt ist, d. h. wenn dieses irgendwo einmal erfahren worden ist. Scheuerl als allgemeiner Didaktiker (1958, S. 138–142) meint, daß es gerade bei der Erdkunde nicht um eine völlige Abrundung, um einen geschlossenen Überblick gehen könne. In solchen Forderungen spuke das Stoffprinzip immer noch. Vielmehr gehe es auch in der Erdkunde um einige Hauptprobleme, die ganz getrost unsystematisch benachbart sein dürften, »wenn sie nur jede in sich zu wirklicher Klärung und Durchleuchtung eines Stücks gegebener Welt führen«.

Von hier aus könnten dann die Bemühungen auf eine laientümlich geklärte Vorstellung der Erde gerichtet werden, auf das Zusammenspiel und auf die Profilierung der Aspekte. Ganz so laientümlich und gar so unsystematisch sollte es jedoch nicht gemacht werden, sosehr man dem zitierten Satz in seiner Grundauffassung auch zustimmen kann. Eher sollte man es mit Th. Wilhelm halten (1967, S. 250), der darauf verweist, daß es auch dem Forscher nicht um eine Vollständigkeit geht, sondern immer um den *Rang der Sache* innerhalb des fachlichen Zusammenhangs. »Die Frage nach dem ›aufschließenden‹, ›repräsentativen‹, ›typischen‹ Charakter eines Forschungsgegenstandes ist von entscheidender Bedeutung für die Erkenntnis selbst.« Insofern leisten die ›Sachen‹ von sich aus sehr viel mehr als eine bloße Spekulation.

Wir würden die Lösung des Exemplarischen in der Erdkunde ganz allgemein darin erblicken, daß solche Beispiele (Länder, Landschaften, ›allgemeine‹ Themen) gewählt werden müssen, an denen die im ›Katalog‹ genannten Punkte am besten erarbeitet werden können. Die ›Tupfengeographie‹ wird vermieden durch das Prinzip der Systematisierung und des vergleichenden Arbeitens (siehe f).

f) Lernpsychologische Bedenken

Correll (in Skinner–Correll, 1967, S. 80) richtet sich gegen die Annahme, daß *ein* Beispiel, sofern es nur gründlich und sorgfältig erarbeitet werde, helfe, die anderen Probleme des Faches zu verstehen, geschweige sie denn zu beherrschen. Für den Transfer sei also noch wenig geleistet. Auch Scheuerl (1958, S. 54) teilt diese Bedenken. Er meint, daß das Exemplarische nur das typologisch-pointierende Sehen schule. Uns scheint aber ein solches Sehen in einem Fach, das bisher fast nur als ›idiographisch‹ angesehen worden ist, schon wichtig genug zu sein; denn sowohl das Wesentliche als auch das Individuelle werden besser erfaßt. Sicher ist der Hinweis auf den mangelnden Transfereffekt gerade bei der Erdkunde berechtigt; aber dem Mangel kann entgegengearbeitet werden, wenn aufgrund des exemplarischen Vorgehens nun Zeit bleibt, auch das Vergleichen zu üben und die für das Vergleichen (und dann für den Transfer) identischen Elemente der Objekte bzw. Situationen aufzusuchen und bewußtzumachen. Wiederum wird von einem ganz anderen Ansatzpunkt aus das Vergleichen für die Erdkunde wichtig. Zwar hat ohne das Vergleichen das exemplarische Tun schon seinen Wert und seine Bedeutung in sich – zum vollen Ertrag aber kommt es erst in der Ergänzung durch anschließendes, vergleichendes Arbeiten. Dies kann von den Gruppen 1 bis 6 des Katalogs her am besten geschehen. Es wäre aber falsch, den Katalog nun systematisch bearbeiten zu wollen. Der Rang des Objekts an sich ist das eine, der Rang des Objekts für den Schüler ein anderes. Je nachdem, in welcher Weise ein Objekt für die Schüler Rang erhält, indem sie es als sie selbst in ihrem Leben anstoßend erfahren oder indem der Lehrer ihnen eine solche Erfahrung bewußtmachen kann, sollte sich exemplarischer Unterricht an und in vom Schüler vollziehbaren Betrachtungsweisen ergeben.

g) Der Beitrag verschiedener fachdidaktischer Autoren zur Frage des Exemplarischen in der Erdkunde

Knübel (1960) hält sich im wesentlichen an die von uns im Katalog aufgestellten Kategorien. Im einzelnen betont er stark das Typische: Leipzig als Messestadt, Fulda als Bischofsstadt, Göttingen als Universitätsstadt. Eine Besonderheit ist das »Pars-pro-toto-Verfahren«, wie es Knübels Kritiker genannt haben: Mittelengland z. B. wird stellvertretend für ganz Großbritannien behandelt. Jede Landschaft ist also mehr oder weniger der Spiegel des Ganzen (ähnlich im übrigen A. v. Humboldt, darauf und auf späteren Geographen fußend: Vogel; ganz unabhängig: Wagenschein). Ein Korn Wahrheit ist in diesem Verfahren enthalten, man darf es nur nicht verabsolutieren und glauben, daß man in Mittelengland z. B. ganz Großbritannien begriffen hätte. Die starken Bedenken gelten also vor allem der Frage der Übertragbarkeit des Teiles auf das Ganze.
Herrmann (in Knübel 1960) möchte von einer einzelnen typischen Erscheinung aus etwas Allgemein-Gesetzmäßiges erarbeiten lassen. Vom idiographischen Beispiel der Libyschen Wüste gelangt man zum Wüstengürtel überhaupt mit den dort herrschenden Verwitterungsbedingungen und ihrer Erklärung. Von dort gelangt man zu den Klimagürteln, die wiederum bis zum Aufriß der Klimatologie führen können. Vom einzelnen her wird also über das Vergleichen der Typ erschlossen, von der Erklärung des Typs her das Gesetzmäßige. Überall dort liegt demnach das Feld des Exemplarischen in der Erdkunde schlechthin, wo etwas regelmäßig wiederkehrt und über das regelmäßig Wiederkehrende Gesetzmäßigkeiten erfahr- und erfaßbar sind. Abgesehen davon, daß dadurch das exemplarische Arbeiten auf wenige Stoffe eingeschränkt wird, wird es auch von daher eingeengt, daß es sich erst in der 3. Bildungsstufe empfiehlt, so zu arbeiten.
Lösche (in Knübel 1960) möchte genau umgekehrt wie Knübel und Herrmann vorgehen; ihr Gemeinsames – trotz des unterschiedlichen Ansatzes – ist das »pars

pro toto«; Lösche dagegen möchte das »totum pro partibus« sehen, das auch von Scheuerl befürwortet wird; d. h. ein sinnvolles exemplarisches Vorgehen kann in der Erdkunde nicht von Einzelbeispielen aus vor sich gehen, sondern von der übergreifenden Betrachtung sinnvoller geographischer Einheiten aus. So sind also nicht Norwegen, Schweden, Finnland für sich durchzunehmen, sondern die übergreifende Einheit ist Skandinavien bzw. Nordeuropa; an dieser Einheit sind erst einmal die Grundzüge herauszuarbeiten (Klima, Vegetation, maritime West- und kontinentale Ostseite, der Nord-Süd-Wandel, die eiszeitlichen Wirkungen); danach kann sich das für die Länder Individuelle anschließen. Das Individuelle läßt sich dann von vornherein in den größeren Rahmen einordnen, und es läßt sich auch wiederum scharf abheben; das geographische Verständnis wird geschärft. Die Frage ist allerdings auch hier, ob ein solches Arbeiten bereits in der 2. Bildungsstufe möglich ist und nicht doch erst im 9. (bzw. 10.) Schuljahr. Unsere Erfahrungen sprechen für letzteres. Eine gewisse Gefahr liegt auch darin, daß die Form des Übersichtswissens als einzige Form des Exemplarischen zu sehr im Vordergrund steht. Übersichtswissen aber ist meist nur Orientierungswissen, Verfügungswissen, aber kein Leistungswissen mit Transfereffekt.

Schmidt ist der Auffassung, daß von der Methodik der Geographie her eigentlich kein Zugang zum Exemplarischen gefunden werden könne (vgl. unsere Kategorie 1 im Katalog); wenigstens in der Volksschule sei dies nicht möglich. Wir glauben aber – auch unabhängig von den früher zitierten allgemeinen Didaktikern –, daß ein induktiver, arbeitsunterrichtlich angelegter, dynamisch sich vollziehender Erdkundeunterricht sich nicht vollziehen kann ohne die Reflexion auf das Tun und damit auf allgemeine und spezifisch geographische Lösungstechniken. Das muß auch in der Volksschule geleistet werden – und zwar gerade exemplarisch an dafür geeigneten Themen. – Im übrigen unterscheidet Schmidt zwischen dem Exemplarischen und dem Elementaren. Das Elementare ist für ihn das, was exemplarisch bildend ist (in Anlehnung an Klafki). Das Elementare ist das Sinngebende, das, was je und je auf den Menschen bezogen ist. Das Elementare hält das Verständnis für die je und je andere Existenz der Menschen, ihre Sicherungen und Verunsicherungen im Blick. Das Exemplarische dagegen sei mehr auf die Sachen bezogen. Im Erdkundeunterricht soll in diesem Sinne sachelementar gelernt werden die Mannigfaltigkeit der Erde und der Lebensweisen des Menschen, ihre Differenziertheit, ihre Vielfalt, ferner die horizontale und die vertikale Abhängigkeit des Menschen, das Verständnis für Sorgen und Probleme anderer und Völkerverständigung, schließlich aber auch die Einsicht in die Veränderlichkeit der geographischen Verhältnisse. Unter vertikaler Abhängigkeit des Menschen ist zu verstehen die Abhängigkeit von den Bedingungen des Raumes, auf denen der Mensch aufbaut bzw. denen er unterworfen ist. Horizontale Abhängigkeit bedeutet die Bezogenheit auf die Arbeit anderer Völker, auf die Erzeugnisse anderer Länder, auf den Weltmarkt, auch auf die Arbeit der Gastarbeiter (vgl. S. 47–51, 1972, 4. Aufl.).

Adelmann (1966, unverändert gegenüber der ersten Auflage 1955, als das Exemplarische noch nicht derart stark im Gespräch war) nimmt zum Exemplarischen indirekt Stellung in dem Abschnitt über das »ganzheitliche Verfahren« (S. 73 ff.). In vielem stimmt er mit Wocke überein (siehe dort). Nach ihm gilt es für die Erdkunde besonders, ›Leitmotive‹, ›Leitlinien‹ zu finden. Diese müssen mehr oder weniger intuitiv, aus der Erfahrung heraus erkannt und nicht so sehr verstandesmäßig erfaßt werden. Gerade der Rückgriff auf das mehr fühlende Verständnis ist in den letzten Jahren als sehr verderblich für die Stellung der Erdkunde angegriffen worden; alles muß rational erfaßbar sein, begründet werden können – trotz des komplexen Charakters.

Unter dem Gedanken der ›Stoffauswahl‹ (S. 67 ff.) berührt Adelmann ebenfalls Gesichtspunkte, die man heute unter das Exemplarische einordnen würde. Der Unterricht muß werthafte Fragestellungen vermitteln und kein enzyklopädisches Wissen (sogenannter didaktischer Materialismus); Beispielhaftes, Typisches, Wichtiges, sogenannte Gruppenerscheinungen sind herauszuarbeiten (im Wesentlichen übereinstimmend mit Wocke, den er auch zitiert: vgl. S. 69).

Wocke (1964, 5. Auflage) beschäftigt sich eingehend mit dem Exemplarischen. Der Erdkundeunterricht darf nicht in einer Aufzählung und gleichmäßigen und gleichrangigen Behandlung der Staaten der Erde bestehen. Es lohnt sich nur, die wichtigen zu behandeln (vgl. unsere Kategorie 7). Es darf aber nicht nur um das Allgemeine gehen; ›exemplarisch‹ ist auch das Erfahren des Individuellen: »Es gibt nur ein Hamburg, ein Rotterdam, nur einen Amazonas...« Wenn man das Allgemeine will, so geht es darum, fundamentale Grunderfahrungen im Erdkundeunterricht sichtbar zu machen, existentielle Einsichten – und die existentielle Einsicht schlechthin ist die Abhängigkeit des Menschen. Die Abwandlung dieser Bildungskategorie kann in solchen Räumen erfahren werden, in denen die Bedeutung eines dominanten Faktors für Leben und Arbeit des Menschen besonders hervortritt: ein Industriegebiet (Ruhr), ein Bodentyp (Bleicherde), eine fruchtbare Landschaft (Börde), ein Klimagebiet (Kontinentalklima) (weitere Beispiele dazu: S. 61); hinzutreten Charakter- und Typenlandschaften (Marsch, Geest, Mittelgebirge, Hochgebirge usw.: S. 61 ff.). Wocke lehnt das Pars-pro-toto-Prinzip völlig ab, ebenso die Methodenerkenntnis als Ziel der Volksschule. Ergiebig nennt er das Thema ›Welthandelsgüter‹ und die ›vergleichende Länderkunde‹.

Bei aller recht entschieden vorgetragenen Zurückweisung der Auffassungen anderer Autoren kommt im Grunde alles in die Erdkunde wieder hinein, was vorher auch schon im Lehrplan zu finden war – mit einer Fülle von Beispielen dazu, was alles exemplarisch gemacht werden kann. Den Bezug auf den Gegenstand der Geographie, nämlich das Raumgefüge und seine Erhellung, vermißt man als einheitsstiftendes Element aller verschiedenen Möglichkeiten.

Eine Übersicht und Gliederung der so reichhaltigen Möglichkeiten, exemplarisch in der Erdkunde zu verfahren, versucht Wocke in der Festlegung dreier

Grundstufen des Exemplarischen; die erste Stufe ist die schlichte exemplarische, die bedeutsame Einsichten an bestimmten Räumen nach charakteristischen oder typischen Merkmalen vermittelt; die zweite Stufe ist das Elementare: hier geht es um die erschließende Funktion; die dritte Stufe ist das Fundamentale: die Grunderfahrung der Abhängigkeit.

Vogel (1967) lehnt das Exemplarische in der Erdkunde aufgrund seines ganzheitlichen Ansatzes dann ab, wenn es elementhaft typische Individuen aus dem Gesamt herausheben möchte (177), da dies nur zu einer bloßen Wissensaddition führen könne (178) und da das Einzelseiende nicht mehr auf seinen »Verweischarakter« für das Ganze befragt wird, sondern nur noch auf seine kategoriale Bedeutung (179): »Der Gliedcharakter des Einzelseins . . . wird dabei unterschlagen.« Wir meinen allerdings, daß das Kategoriale schon Bedeutung für sich hat und daß ein jedes Ausgliedern unbesorgt erfolgen kann, da gerade ein Ausgliedern das Gesamtgefüge lernpsychologisch am besten erhellen kann – sind doch dabei alle Faktoren in ihrer Verflochtenheit abzuwägen. Dem kann Vogel erst zustimmen, wenn zuvor das Erdganze behandelt ist und wenn es sich um Fundamentalia handelt, die im wesentlichen dieselben sind wie bei Wocke (Abhängigkeit des Menschen, Auseinandersetzung mit den Gegebenheiten, Bedeutung eines dominanten Faktors) (180–185).

A. Schultze (1970) macht darauf aufmerksam, daß die »Diskussion um den exemplarischen Erdkundeunterricht« abgeflaut sei, ohne zu einer ersten Klarheit gekommen zu sein. Es gehe darum, an geeigneten ›Fällen‹ Einsichten in die fachlichen ›Baugesetze‹ und Strukturen zu vermitteln. Als solche Strukturen sieht er in der Hauptsache vier sogenannte Kategoriengruppen an, und zwar
1. die Naturstrukturen (z. B. zonale Anordnung),
2. die Mensch-Natur-Strukturen (Naturbewältigung, Naturhaushalt und Eingriffe),
3. die funktionalen Strukturen (z. B. ›Arbeitsteilung‹ zwischen verschiedenen Teilen der Erde, Verkehr Stadt–Umland, Bevölkerungswachstum) und
4. gesellschaftlich-kulturell bedingte Strukturen (Typen von Lebens-, Wirtschafts- und Siedlungsformen in verschiedenen Regionen und Epochen).

Diese Reduzierung der geographischen Themenstellung auf nur vier Kategoriengruppen ist zwar griffig und einfach, hat sich aber in der Konkurrenz mit den ebenfalls exemplarischen Charakter besitzenden Daseinsgrundfunktionen nicht durchgesetzt. Man möchte meinen, daß die geographischen Zusammenhänge ein wenig zu sehr reduziert erscheinen, wenn man sie mit unserem ›Katalog‹ vergleicht. Einige erdkundliche ›Unterrichtsfelder‹ fehlen ganz (z. B. aus unserem Katalog 7 und 8); das ist allerdings damit zu erklären, daß Schultze in den vier Kategorien ein ›System der Allgemeinen Geographie‹ erblickt; man möchte indessen meinen, daß dieses System es sich ein wenig zu einfach macht und daß die ›quer‹ dazu verlaufenden räumlichen Ordnungszusammenhänge (vgl. unseren Katalog) sich nicht so griffig fassen lassen.

Auffällig mag sein, daß die Diskussion um das Exemplarische in der BRD sehr stark, in der *DDR* gar nicht geführt wurde. *H. Lehmann* (1963) streift jedoch das Problem und den Begriff, wenn er davon spricht, daß der Erdkundeunterricht sogenannte ›Knotenpunkte‹ mit Transfercharakter darzustellen hat; es handelt sich dabei um solche Operationen, denen bestimmte allgemeine Züge zu eigen sind. Konkreter geht er allerdings auf solche ›Knotenpunkte‹ im Rahmen seines den Denkoperationen gewidmeten Beitrages nicht ein.

Auch in der *anglo-amerikanischen* Literatur ist vom Exemplarischen nur indirekt die Rede. Wenn aber in der vielfältigen neueren didaktischen Literatur immer wieder davon die Rede ist, daß es um ›Modelle‹, ›Strukturen‹, ›Grundbegrifflichkeiten‹ (concepts) und dgl. gehe, die transferierbar sind, so ist im Grunde ähnliches gemeint. Darauf aufmerksam machen will ja insbesondere auch Bruner mit seiner Forderung nach dem spiralig angeordneten Curriculum eines Faches.

Außer den hier genannten Autoren gibt es noch eine Fülle von einzelnen Aufsätzen, die sich mit dem Problem des Exemplarischen in der Erdkunde beschäftigen. Wenn nur die genannten Autoren herangezogen worden sind, dann deshalb, weil sie sich im größeren Rahmen mit dem Problem beschäftigen. Wir haben ihre Ansichten auch deswegen referiert, weil ein jeder verschiedene Ansätze des Exemplarischen gibt, die anregend wirken können – anregend im einzelnen wie auch im allgemeinen: nämlich, keinen Ansatz absolut zu setzen. So wie wir immer aus einem ganz bestimmten Grund für die Offenheit aller Methoden eingetreten sind und gegen die Verabsolutierung nur eines einzigen Prinzips, eines einzigen Unterrichtsverfahrens, so auch hier. Kein einziger Ansatz ist für sich allein richtig; der zu wählende Ansatz richtet sich einzig und allein nach der Struktur des Stoffes, nach dem Erkenntnisziel und nach der Stufen- und Kindgemäßheit. Diese Dreiheit bestimmt für uns den oben genannten Grund für die Offenheit: dieser Grund *ist* diese Dreiheit. Und so formulieren wir noch einmal, worum es in aller Didaktik und Methodik geht, auch *im Exemplarischen:* es geht darum, die im Katalog genannten Punkte im Hinblick auf die jeweiligen Funktionsziele (Lernzielanalyse) mit dem der Stoffstruktur am besten angemessenen Verfahren unter dem treffendsten exemplarischen Ansatz zu erarbeiten. (Vgl. dazu die tabellarische Übersicht in Kap. I, 6, S. 60/1.)

Unter dem Eindruck der Curriculum-Revision und der Diskussion um einen lernzielorientierten Unterricht – Themen, die in Didaktik und Fachdidaktik ›modischer‹ sind – ist es in den vergangenen Jahren, wie schon Schultze (1970) bemerkt hat, um das Exemplarische still geworden. Wenn das Prinzip zwar aus der Mode der Diskussion gekommen ist, so besagt dies noch lange nicht, daß es nichts mehr zu bieten hätte. Im Gegenteil: gerade ein auf curriculare Prinzipien im echten Sinne, auf Qualifikationen und Lernziele bedachter Unterricht wird auf vieles in der Diskussion um das Exemplarische Voraus-Bedachte und -Gesagte zurückgreifen können und müssen! Denn die grundlegenden Prinzipien des Exemplarischen sind keineswegs veraltet, sondern sind auch heute noch modern.

VI. Die Medien (Arbeitsmittel) des geographischen Unterrichts

A. Der Begriff ›Arbeitsmittel‹

Allgemein werden die Ausdrücke Unterrichtsmittel, Hilfsmittel, Anschauungsmittel, Arbeitsquellen oder Bildungsmittel relativ wahllos und austauschbar gebraucht. Heute hat sich meist der Ausdruck ›Medium‹ durchgesetzt. Doch soll nach unserer Auffassung jedes Unterrichts- und Anschauungsmittel im Sinne Petersens und Montessoris (vgl. Döring, S. 238 ff. und 217 ff.) verwendet werden, d. h., sie sollen dazu verhelfen, *im Kind selbst* Frage- und Problemstellungen auszulösen und damit Anreize zum weitergehenden Lösen anhand derselben oder weiterer Arbeitsmittel zu geben, Fragen und Probleme mit ihrer Hilfe möglichst selbsttätig vom Kind aus zu beantworten und das Ergebnis zu kontrollieren, Fertigkeiten und Fähigkeiten zu entwickeln und zu Erkenntnissen und Einsichten zu verhelfen. In diesem Sinne werden Arbeitsmittel zu wirklichen Bildungsmitteln. Der *selbständige Umgang* mit den Arbeitsmitteln muß also von vornherein eines der wichtigsten Ziele des Erdkundeunterrichts sein.

Was im vorstehenden knapp umrissen ist, wird von Wilkner (zitiert nach Döring, S. 255) ausführlich dargestellt:

»a) Das Arbeitsmittel kann nur an den unbewußten Erfahrungen und dem empirischen Wissen des Kindes ansetzen. Es muß das aufgreifen, was dem Kind täglich begegnet, was ihm selbstverständlich und in irgendeiner Weise Eigentum ist.

b) Das Arbeitsmittel muß diese Erfahrung bewußt machen. Es muß also zunächst im Kinde die Frage auslösen. Es soll nicht selbst die Frage stellen, sondern so gestaltet sein, daß im Kind notwendigerweise die Frage nach dem Warum?, dem Wie geht es weiter?, dem Was ist geschehen? geweckt wird.

c) Erst dann kann das Arbeitsmittel eine Antwort geben. Es sollte sie nicht durch eine Feststellung oder Formulierung erteilen, sondern durch einen Versuch, eine Aufgabe, die die Antwort ermöglicht. Es soll also das Suchen der Antwort organisieren.

d) Wenn das Arbeitsmittel am empirischen Wissen ansetzt, so muß es zum Fachwissen, zur Fachgesetzlichkeit hinführen. Es muß das Kind das facheigene Denken entdecken lassen. Es soll das Geographische..., allgemein das logische Denken an das Ende der Erkenntnislinie setzen, es aber niemals voraussetzen.

e) Schließlich muß das Arbeitsmittel die gewonnenen Einsichten wieder in die kindlichen Erfahrungen des Kindes einordnen, es muß ihre Wirksamkeit im praktischen Umgang mit den Dingen des täglichen Lebens aufzeigen. Damit führt es das Kind zu einer Wiederentdeckung des täglichen Lebens.«

Wichtig ist für das übende Gebrauchen das jeweilige *Umsetzen* eines Arbeitsmittels in ein anderes. Hinweise dazu werden bei den einzelnen Arbeitsmitteln gegeben. Der *Lerneffekt* der einzelnen Arbeitsmittel als solcher ist schwer zu messen. Sie sollten vielmehr gesehen werden als Einzelwerkzeuge innerhalb eines gesamten *Lernablaufs*. Sie erhalten ihren Sinn und ihren Wert nur innerhalb eines solchen Ablaufs (vgl. unsere Unterrichtseinheiten als Beispiele dafür). Detaillierte Untersuchungen zu solchen Lernabläufen fehlen bzw. liegen nur von Krumbholz (1971) zum Profil vor. Mit Hilfe der Arbeitsmittel vollzieht sich der Lernprozeß als eine Art aktiven Ablesens sinnenfähig werdender Daten. Dieser Lernprozeß ist nicht so sehr vom Lehrer abhängig (er sollte es jedenfalls in erster Linie nicht sein), sondern von der optimalen Ermittlung des Tatbestandes und der Problemlösung durch den Schüler selbst mit Hilfe des angemessenen Arbeitsmittels. Meist geschieht dies nicht in der Form eines einfachen, konvergierenden Denkens, sondern *divergierend:* das Umgehen mit den Arbeitsmitteln sollte Freiheit lassen in der Wahl des Aufsuchens der Objekte (die zur Frage stehen) und in ihrer Verknüpfung.

Versucht man die Arbeitsmittel des Erdkundeunterrichts zu systematisieren, so erscheint es im Rahmen der Darlegungen der früheren Kapitel (III, 2, C, c und IV, 2, b) geboten, sie nach dem Grad anzuordnen, nach dem sie am stärksten (und dann immer weniger) eine »*originale Begegnung*« zulassen. Die Arbeitsmittel, die eine stärkere Abstraktion verlangen, folgen also in dieser Anordnung an späterer Stelle. Zugleich drückt sich in der Reihenfolge der Gebrauch der Arbeitsmittel in den verschiedenen Bildungsstufen aus. (Vgl. dazu auch Dorn und Jahn, 1965).

Diese Anordnung nach dem Grad der Abstraktion steht im Einklang mit Untersuchungsergebnissen von Düker und Tausch (S. 386). ⌈Vier Gruppen von Kindern im Alter zwischen zehn und zwölf Jahren wurde derselbe Unterrichtsgegenstand durch verbale Instruktion, durch das Bild, durch ein Modell oder als realer Gegenstand vermittelt. Die Gruppe, die eine ›originale Begegnung‹ mit dem realen Gegenstand hatte, wies eine Besserleistung von 33,2 Prozent gegenüber der Gruppe auf, der der Gegenstand nur verbal vermittelt wurde. Diese Besserleistung zeigte sich auch in einer größeren späteren Behaltensfähigkeit. Die am Bild unterrichtete Gruppe lag immerhin noch um knapp 10 Prozent höher als die verbal unterrichtete Gruppe.⌋

Mit den vorstehenden Ausführungen soll keineswegs einem unterrichtlichen Rigorismus in der Anwendung der Arbeitsmittel das Wort geredet werden. Nach zweckmäßiger Einführung hat bei bestimmten Stoffen und Problemstellungen ein jedes Arbeitsmittel seine *spezifische Eignung*. Hinsichtlich des Themas »Arbeit des Menschen« wird dies von Wocke (S. 99) folgendermaßen ausgedrückt: »Die Karte gibt uns Auskunft über den Standort der Arbeit, das Bild beschreibt uns die Beschaffenheit der Landschaft und des Rohstoffes sowie seine Gewinnung; Schilderung und Film bringen uns die Arbeitsvorgänge. Die Statistik aber ist das Instrument, mit dem allein die wirtschaftliche Leistung eines Werkes, eines Hofes, eines Dorfes, einer Stadt, eines Landes oder seiner Menschen, d. h. Menge und Wert der erzeugten Güter, gemessen werden kann.« Entscheidend ist also der spezifische Wert in der jeweiligen Unterrichtssituation.

Eine reichhaltige Literaturübersicht zu den Arbeitsmitteln im allgemeinen und im einzelnen bieten D. Wetzel (1968) und Schüle (1968). Wetzel gibt auch an, welche in den verschiedenen Klassen am Beispiel des Berliner Bildungsplanes eingesetzt werden; jedoch zeigen auch seine Ausführungen und Zusammenstellungen, daß es noch keine Einzeluntersuchungen zu der Frage gibt, ob und wie die einzelnen Arbeitsmittel bei spezifischen Unterrichtssituationen ›gehen‹ hinsichtlich Arbeits- und Lernerfolg.

B. DIE ARBEITSMITTEL IM EINZELNEN

1. Arbeitsmittel der originalen Begegnung

   a) Lehrwanderungen, Beobachtungsaufgaben, Gegenstände und dergleichen
   b) Dia

c) Film
d) übrige Bilder
e) Bericht und Schilderung – ›originale Begegnung‹ durch das Wort
f) Globus

2. Der Sandkasten

3. Abstrahierende Arbeitsmittel
   a) Karte, Atlas, thematische Karten
   b) Skizze und Zeichnung, Transparente
   c) Profil, Kausalprofil, Landschaftsquerschnitt, Blockdiagramm
   d) Zahlen und Statistik
   e) Diagramme
   f) Lehrbücher
   g) Schulerreferate
   h) Frageimpulse – Anstöße – Hausaufgaben

1. Die Arbeitsmittel der originalen Begegnung

a) Geländearbeit und Beobachtungsaufgaben – Gegenstände

Bei Lehrwanderungen, Geländearbeit, und Beobachtungen vollzieht sich im Erdkundeunterricht die originale Begegnung am unmittelbarsten. Entgegen allen lernpsychologischen Einsichten werden sie aber am wenigsten angewendet. Die Ursachen dafür liegen in zweierlei: Erstens lernt der zukünftige Lehrer während seines Studiums selber das eigene Beobachten nicht intensiv genug, lernt nicht, was er alles auf Exkursionen beobachten kann und wie er das Beobachtete zusammenstellt und auswertet; zweitens bietet die Schulorganisation wenig Raum für Lehrwanderungen; Lehrwanderungen verlangen eine zusammenhängende Zeit, sie werfen den Stundenplan durcheinander und können nicht – von den seltenen ›Wandertagen‹ abgesehen – häufig genug ausgeführt werden. Im angelsächsisch-amerikanischen Raum dagegen spielen nicht nur einzelne Lehrwanderungen eine große Rolle, sondern das sogenannte ›*field-work*‹ als zusammenhängendes Tun wird direkt im Erdkunde-Lehrplan berücksichtigt (vgl. z. B. das Source Book for Geography Teaching, 1965, S. 39–74). Man darf in diesem Zusammenhang darauf hinweisen, daß die Landnutzungskartierung, eine sehr wichtige Aufgabe der angewandten Geographie, in Großbritannien für das gesamte

Land gerade mit Hilfe des schulischen ›field-work‹ hat ausgeführt werden können. Eine solche Gemeinschaftsaufgabe steht zumindest in Europa einzigartig da. (Englische Literatur zur Geländearbeit wird bei den Literaturangaben gesondert erwähnt.) Einige Zitate von Wocke sollen die außerordentlich große Bedeutung der Lehrwanderung verdeutlichen. »Die Erdkunde ist eine Wissenschaft, die mit den Beinen auf der Erde geschrieben, mit den Augen unter dem Himmel gelesen werden muß« (S. 68). ».... die Arbeit ›vor Ort‹, wo wir das kostbare ›Erz‹ der Anschauung gewinnen, ist nicht nur der Sache wegen unentbehrlich, sondern für die Schüler um ein Vielfaches fruchtbarer als der Unterricht im Klassenraum« (S. 69). »Wenn Schüler erst einmal angehalten und geübt sind, nichts als selbstverständlich hinzunehmen, dann sind sie draußen einfach nicht zu halten« (S. 71).

Eine große Gefahr besteht allerdings bei den Schülerbeobachtungen: Schüler lassen gern in die Beobachtungen bereits die Deutung einfließen. (Dies gilt für jedes Arbeitsmittel gleichermaßen.) Sie sind also anzuhalten, ›*induktiv*‹ zu arbeiten, erst einmal sorgfältig zu beobachten und über einen längeren Zeitraum die Beobachtungen zusammenzutragen, damit die voreiligen Schlüsse vermieden werden. »Als recht wirksam hat es sich erwiesen, bei Entdeckung einer Erscheinung (Pflanze, Tier, Gestein, Bodenart, Flouraufteilung, Hausform) erst einmal ein strenges Schweigegebot zu erlassen, damit je nach der Eigenart des Gegenstandes gründlich gesucht, gesammelt, angesehen, angefaßt, gemessen, umschritten, gerochen oder gar geschmeckt werden kann« (Wocke, S. 73). Ein Beispiel dafür bringt Wocke an dieser Stelle (Entdeckung eines Kiefernbestandes im Eichen-Misch-Bestand eines Auewaldes). (›Induktiv‹ soll nicht heißen, daß die Schüler ohne jedes Vorverständnis der Aufgabenstellung und Problemsicht an die Beobachtung gehen sollen.)

Wichtig ist auch, daß im Gelände gezeichnet wird: je nach den Möglichkeiten der Schüler als kindertümliche Bildkarte oder als vereinfachende, aber realistische Zeichnung; daß die Schüler den zurückgelegten Weg ›kartieren‹ und ein neues Verhältnis zum ›Maßstab‹ gewinnen, daß sie die Situation der Beobachtungsstelle in einer Aufsicht oder in einem Grundriß darlegen. Diese Aufgaben sollten sie zunächst ohne Anleitung des Lehrers erfüllen – so, wie sie es sich ›denken‹ bzw. vorstellen. Aus der Sichtung der Zeichnungen kann der Lehrer sehr viel Material

gewinnen, um in Raum- und Kartenverständnis behutsam einzuführen und dieses ebenso behutsam einzuüben.
Im folgenden wird eine Reihe von *Beobachtungsaufgaben* mitgeteilt. Sie können auch unabhängig von Lehrwanderungen für Einzelaufgaben oder bei Schullandheimaufenthalten für planmäßige Erkundigungen verwendet werden. Sie sind selbstverständlich nicht vollzählig. Vielleicht regen sie zur weiteren Formulierung an.
Wie *Geländearbeit als ›Projekt‹* mit der Klasse vorbereitet werden kann, wird in Kap. IV, 2 c gezeigt.

Physisch-geographische Beobachtungen

Wie rasch fließen verschiedene Bäche? (Einfache, relative Messung durch Aufstellen der Schüler in 10 Meter Abstand – Einwerfen eines Holzstücks – Arm heben bei Passieren – Zeit notieren durch weiteren Schüler). Woran kann das liegen? (Beobachtungen zur Wassermenge, zum Gefälle).
Wie ist der Untergrund der Bachbetten beschaffen?
Wie sehen die mitgeführten Gesteinsproben aus? (Grad der Rundung, Größe).
Beschreibe und benenne die mitgeführten Gerölle! Woher mögen sie kommen?
Wo sind die Ufer steil? Wo gibt es flache Ufer? Wo sind die Uferböschungen unterspült? Eintragen in eine einfache Lageskizze! Wo liegen Sandbänke, Geröllbänke? Warum?
Feststellen eines Querprofils eines Flusses durch Ausloten in 1-Meter-Abständen entlang einer Brücke. Zeichnerische Lösung der Beobachtungen!
Gesteine auflesen entlang einer Wanderstrecke. – Festhalten der Fundpunkte auf einer Streckenskizze.
Bodenbeobachtungen entlang einer Wanderstrecke: tonig – sandig – steinig – wie gefärbt. Anlage einer Streckenskizze.
Beobachtung von Rinnen und Rillen auf dem Weg, am Hang und dergleichen. Vergleiche!
Rückschlüsse auf die Wirkung von Regen oder Regengüssen.
Beobachtung von Talformen, Schluchten, Steilhängen, Tobeln.
Feststellung des Querprofils eines Alpensees (späteres Verständnis für Fjorde).
Beobachtung der Schichtung in einer Sand- bzw. Kiesgrube, Beobachtungen des Wasserstandes. Fragen nach dem Grundwasser.
Böschungssteilheit und Material. Beobachtungen in (Löß-)Hohlwegen, an frischen Straßeneinschnitten, Baugruben.
Anfühlen von Löß, Lehm, Ton, Sand, Krümelerde eines Maulwurfshaufens...
Beobachtungen zur Wasserdurchlässigkeit und Wasseraufnahme (mit Stoppuhr und Waage).

Betrachtung von kleinen Fluß-, Schwemmfächer- und Deltabildungen in Sand- und Kiesgruben. (Spätere Beziehungen zu Flußmarschen, Flußauen, Schwemmländern).

Pflaster- und Bausteine als Möglichkeit, verschiedene Gesteine kennenzulernen, auch in Gegenden, wo kein fester Fels ansteht.

Beobachtungen zum Bodenaufbau in einer Stein-, Sand- oder Kiesgrube: Verwittertes und Unverwittertes.

Längere Beobachtungsreihen zu Wolkenarten, Windrichtungen, Temperaturen, Niederschlägen mit Protokollen. Einüben der Fertigkeit ›Protokollieren‹, Vorbereitung des Verständnisses für Mittelwertbildung.

Zusammensetzung eines Waldes: welche Bäume und Sträucher. Bildung von Oberbegriffen: Laubwald, Nadelwald, Mischwald. Beobachtungen zum Vegetationswechsel von Wald zu Wald oder innerhalb eines Waldes (Kiefern mitten im Laubwald und dergleichen) oder beim Wandern aus dem Flachland in einen Gebirgszug hinein.

Die Landschaft der Börde (Boden, ›Kultursteppe‹) als Vergleichsmöglichkeit zu Schwarzerdegebiet, Prärien, Pampa.

Bodenbeobachtungen in der Großstadt: Aushub bei Kanalisationsarbeiten, bei Neubauten.

Sozialgeographische Beobachtungen – Beobachtungen zur Kulturlandschaft

Form der Bauernhäuser – alte und ›neue‹ Formen – ihre Lage zueinander (Lageskizze).
An welcher Stelle liegt ein Hof? Ein Dorf? Beschreibe die Oberfläche um das Dorf, um den Hof! Fertige eine Faustskizze davon an.
Welche Anbaufrüchte kommen vor? Welche Wirtschaftsflächen? Wie liegen sie zueinander? (roher Plan).
Beobachtungen von Sonderkulturen und ihre Lage zu Hof, Dorf, Relief. Welches Vieh wird gehalten? Zu welchem Zweck? (Üben des Interviews)
Woraus besteht der Maschinenpark? Was sagt er aus? (Protokoll – Interview)
Verkehrs- und Passantenzählungen zu bestimmten Zeiten und an bestimmten Stellen. Begründung der Zeitwahl und der Plätze.
Höhe der Frequenz. Beobachtung der Kennzeichen: Was sagen sie über die Reichweite des örtlichen Einzugs?
Feststellung verschiedener Stadtviertel nach dem ›Aufriß‹ (Baustile – Bauperioden – Art des Hausbaus: Reihenhäuser – Villen – Hochhäuser – Mietshäuser u. dgl.). Dichte der Bebauung.
Art der Bebauung in den verschiedenen Straßen: Was sagen sie uns über Funktion der Straßen und über die Wohnbevölkerung?
Beobachtung des Ein- und Ausladens von Waren am Hafen, am Bahnhof: Wel-

che Waren, wo kommen sie her? Mit welchem Verkehrträger kommen bestimmte Waren häufiger als mit anderen?
Woher kommen die Mitschüler der Klasse? (Reichweite der Schule)
Was sagen uns die Fahrpläne? (Reichweite des Ortes, der Verkehrsbeziehungen; Bedeutung der Verkehrsbeziehungen: Beobachtungen über Häufigkeit und Anschlüsse)
Wie sind die Bodenpreise, die Mieten? (Interview). Trage sie in eine Faustskizze des Ortes ein! Was stellst du fest? Was wird durch sie bewertet? (Lage zum Ortskern, zum Erholungsgebiet, zum Autobahnanschluß, zum Bahnhof: ähnlich Großhandel, Autounternehmen und dergleichen)
Stelle fest, wo die Banken, die Versicherungen liegen? Die Kaufhäuser? Wodurch zeichnen sich die Geschäfte des Zentrums aus? Warum bekommst du nicht immer jeden gewünschten Gegenstand in den Geschäften deines Viertels? Wo liegen die Geschäfte, die auch solche Sachen führen, d. h. ein großes Sortiment besitzen?
Was wird in einem Industriewerk hergestellt? Wohin gehen die Produkte? Aus welchen Rohstoffen wird gefertigt? Woher kommen diese – wie? Wieviel Arbeiter hat das Werk? Was kannst du an den Kennzeichen der geparkten Wagen ablesen? Was an den Modellen?
Wo liegen die Fabriken? Eintragen in eine Planskizze. Was sagt dir die Skizze? Gibt es Schwerpunkte oder nicht? Warum? Wie liegen sie zu den Transportmitteln?

Die Beispiele haben gezeigt, wie viele Möglichkeiten es gibt, in der Umwelt und bei Lehrwanderungen oder bei Einzelaufgaben zu wichtigen Einzelerkenntnissen zu gelangen, die durch den Unterricht in den größeren Zusammenhang eingeordnet werden können, wie viele *Vergleichssituationen* hergestellt werden können. Alle diese beobachteten Sachverhalte können nur in der Form von Protokollen, Lageskizzen, Weg- und Fundskizzen, Interviews in den Unterricht hineingetragen werden, um dort ausgewertet zu werden.

Abgesehen davon gibt es eine Reihe von Möglichkeiten, *Gegenstände* als ›originales Material‹ in den Unterricht mit hineinzubringen und daran (also als ›Einstieg‹) ein Unterrichtsgespräch entzünden zu lassen:

Konservendosen mit ihrer Herkunftsbezeichnung, Warenproben, Pflanzenzweige und Früchte aus subtropischen und tropischen Gegenden (Apfelsine, Kaffee, Kakao, Kokosnuß, Baumwolle), Kirunaerz, Minetteerz, verschiedene Gesteine, Steinkohle, Braunkohle, Torf, Erdöl, andere Mineralien von weltwirtschaftlicher Bedeutung.
Für die Gesteinssammlung ist wichtig, daß man Gesteine verschiedener Struktur, Härte, Schwere, Farbe hat.

Zum ›originalen Material‹ sind auch alle *Meßgeräte* zu zählen: Thermometer (als Minimum-Maximum-Thermometer), Barometer, Hygrometer, Niederschlagsmesser. Abgesehen von O. Lehmanns (1964) Buch zu physischgeographischen *Experimenten* im geographischen Unterricht (allerdings nicht überall überzeugend!) fehlen entsprechende Darstellungen.

Auch *Kursbuch und Fahrpläne* gehören noch zum ›originalen Material‹. Ankunfts- und Abfahrzeiten am Ausgangsort und am Zielort können bestimmt werden; die Fahrtdauer. Übungen sind notwendig: Wann muß ich wegfahren, wenn ich ein bestimmtes Ziel zu einer bestimmten Zeit erreichen will; wie lerne ich den Fahrpreis im voraus kennen? Das Einüben geschieht zweckmäßig zunächst an bekannten Fahrtstrecken; das Umsteigen und Benutzen verschiedener Verkehrsmittel sollte eingeplant sein; die Zeichen auf dem Fahrplan können dabei erklärt werden. Erst dann wird eine unbekannte Fahrtstrecke gewählt und schließlich eine sehr lange. Auf der Karte wird die Bahnverbindung vom Heimatort zum Reiseziel gesucht, dann im Fahrplan nachgesehen, wo man umsteigen muß, wann man abfahren muß, wie lang die Strecke ist, wie lange es beim günstigsten Anschluß dauert, wie lange beim ungünstigsten, wie hoch der Fahrpreis ist.

Aus den Aufzählungen ergibt sich eine ganz bestimmte Konsequenz: Jede Schule muß eine zureichende *Sammlung* solchen ›originalen Materials‹ besitzen; jede Schule sollte aber auch einen *Kanon* aufgestellt haben, welche *Lehr- und Wanderziele* für sie zweckmäßig sind, wo aus dem Katalog der aufgestellten Beobachtungsaufgaben diese am besten erfüllt werden können.

b) Das Dia

Es springt in allen Fällen ein, wo die oben aufgezählten Möglichkeiten nicht gegeben oder vorhanden sind. Es ist der beste Ersatz für die fehlende originale Begegnung. Um diese jedoch so gut wie möglich nachvollziehen zu können, sind an das Dia hohe Anforderungen zu stellen. Es muß wirkungsvoll das Markanteste einer Gegend wiedergeben, die wesentlichen Details, die man auch in der Natur oder am Gegenstand beobachten könnte; es ist um so besser, je mehr an Details vorhanden ist, die das Besondere, Kennzeichnende, Typische, Problematische zeigen.»... ein Bild vom Schwarzwald ist für uns wertlos, wenn es kein Schwarzwaldhaus zeigt, denn ohne dieses Haus kann es fast aus jedem anderen deutsche Mittelgebirge stammen« (Wocke, S. 88). Es geht also darum, am Dia die Beobachtungen zu ermöglichen, die in den oben aufgestellten Katalogen angedeutet sind.

Als Ersatz dieser *Beobachtungswirklichkeit* ist das Dia nach den Lehrwanderungen u. dgl. das wichtigste Arbeitsmittel schlechthin. Dias dürfen keine bloßen Anschauungs- und Illustrationsmittel sein. Gaudig sagt bereits 1908: »»Unbedingt ist jenen beizustimmen, die einer planmäßigen Verwendung des Landschaftsbildes das Wort reden, die ihm in einem ›System geographischer Demonstration‹ eine Hauptstelle zuweisen. Nicht als gelegentlicher (im Grunde entbehrlicher) Schmuck des Unterrichts...« (zitiert nach Wocke, S. 93).

Das Dia (als Farbdia) soll die Beobachtungsfähigkeit in der Landschaft und am Gegenstand schulen. Das kann in einer Stunde, die als ›*Bilderreihe*‹ aufgebaut ist und bei der der Lehrer den Kommentar dazu gibt – wie im Fernsehen –, nicht erreicht werden. Aus diesem Grunde sind solche ›Bilderbogen‹- oder ›Fernsehstunden‹ abzulehnen. Bei der Beobachtung ist so zu verfahren, wie Adelmann es prägnant formuliert: Erst spricht das Bild, dann der Schüler und zuletzt der Lehrer. Aber auch hierbei ist die Gefahr groß, daß der Schüler schon gleich Deutungen, Vermutungen mit einfließen läßt. Auch hier also zuerst das Schweigegebot! In der Zeit des Schweigens durchstreift der Blick das Bild, durchwandert es gewissermaßen und hakt am Auffälligsten fest. Von diesem Auffälligsten aus ist dann der Bildinhalt zu ermitteln – nicht nach einem vorgefaßten Schema: erst der Vordergrund, dann der Mittelgrund und schließlich der Hintergrund. Ein solches Vorgehen ist erlebnismäßig falsch und vergewaltigt das vom Bild Dargestellte. *Vom Auffälligsten aus* wird allmählich alles das im Bildinhalt beschrieben, was für die Gegend, den Gegenstand wichtig ist. So wird der Bildinhalt im Nacheinander von Begegnungen räumlich und vorstellungsmäßig neu aufgebaut, lernt der Schüler allmählich, gleichzeitig nebeneinander vorhandene Dinge zusammen zu sehen, aus ihrem Zusammensein auf Bezüge zu schließen. Die Schulung des ›Raumsehens‹ wird vorbereitet und geübt, die Einsicht, was alles aus Bildern schon erfahren werden kann. Die Hinweise für die Aufschließung des Bildinhalts verlaufen etwa im Rahmen des oben mitgeteilten Beobachtungskatalogs.

Entsprechend erfolgt die Auswertung. Die spontanen Äußerungen werden allmählich zur Gesamterfassung hingeführt, zur Erkenntnis, wie eine bestimmte Gegend beispielsweise in ihren wichtigsten Zügen gestaltet ist, an welchen Zügen man sie erkennt und wiedererkennt. Dann orientiert man sich über die Lage des gesehenen Bildes auf der Karte. Bildinhalte und Karte gehen einen Anschauungszusammenhang ein. Die *Karte* ist also erst das Zweite! Auch zur Karte kann man hinleiten und zwar wieder aus der Verknüpfung des Geschehenen her, nach dem Ausschöpfen des ganzen Bildinhalts, nach der Erkenntnis der Beziehungen und Zusammenhänge: Wo könnte das Gesehene sein? Warum? Oder, wenn dies den Schülern nicht gelingt, sagt der Lehrer es ihnen. Es kann sich ein kurzes Gespräch anknüpfen nach folgendem Grundschema: Lehrer: »Dort!« Schüler: »Aha!« Lehrer: »Wieso?« Erreicht werden soll auch hier wieder die Zusammenschau des Gesehenen als eines begründbaren Zusammenhangs, dann die Zuordnung von Vorstellung und Topographie.

Auch der Vergleich mit früheren Bildern oder mit als Vergleichsreihe hintereinander gebrachten Dias ist sehr wichtig. Jeder rückbeziehende Vergleich fördert die Beschreibung, die Auswertung und die Erklärung des Bildinhalts.

Die Schulung der *Raumerfassung* am Dia braucht sich nicht auf den Bildinhalt als solchen zu beschränken; je nach der Eignung des Dias kann es auch dazu benutzt werden, die Entfernungen innerhalb seines Bildraums schätzen zu lassen (mit einem Haus oder Baum als Maßstab). Vielfach werden Dias als bloße Illustration am Ende einer Unterrichtseinheit gezeigt (vgl. die Unterrichtseinheit Skandinavien!). Auf eine solche Art von Anschaulichkeit braucht man sich nichts zugute zu tun; denn Untersuchungen haben gezeigt, daß der Lernerfolg praktisch gleich Null ist. Vielmehr ist *erst* das Dia zu bringen, *dann* treten Wort und Beschreibung hinzu: ein wesentlicher Lernerfolg ist zu beobachten. Denn das Dia kann psychologische Situationen schaffen, aus denen heraus der Schüler Operationen aufbauen kann, die er sich aneignen soll. Als bloßes Illustrationsmittel ist also das Dia lernpsychologisch ohne großen Gewinn. Die bloße Illustration führt nicht zu bleibender Vorstellung. Die Schüler müssen vielmehr selbst *operativ* am Bild gearbeitet haben. Der Lehrer muß beobachten, wie sie dabei verfahren. Bloßes Bilderzeigen allein genügt also nicht: erst der Selbstaufbau des Bildinhalts in der Vorstellung durch das auflösende, analysierende Nachschaffen des Gezeigten führt zu bleibendem Erfolg (vgl. Aebli, 1966, S. 90). Mit Fick (1967) können wir die *Leistungen* des Dias aus dem Vorhergehenden wie folgt zusammenfassen und erweitern:

1. Die Diabetrachtung schult das Raumdenken und das Zusammensehen.
2. Es schult das vergleichende Sehen und mit seiner Hilfe auch das genetische Verstehen, etwa bei bestimmter Diaanordnung und -folgen (siehe unten).
3. Erfassen von Gestalten (Hausformen, Bauwerke, vor allem im 5. und 6. Schuljahr).
4. Erfassen von Zusammenhängen (z. B. Höhenstufen, Zuckerrüben auf Lößboden).

Bei *Diafolgen* können die zu vergleichenden Dias nach verschiedenen allgemeinen Gesichtspunkten angeordnet werden:

a) Vorher – nachher (bei Naturvorgängen: abgestürzte Felstrümmer am Meeresufer – die Brandungshohlkehle; bei Industrievorgängen, bei der Darstellung der Ausuferung von Städten und Ballungsräumen: derselbe Landschaftsausschnitt vor dreißig Jahren, heute).
b) Eine Landschaft zu verschiedenen Jahreszeiten (etwa die Savanne zur Regenzeit – zur Trockenzeit).
c) Zur Erweiterung regionaler Vorstellungen (Stadtviertel – City – innerer Stadtraum – äußerer Stadtraum – Stadt im Landschaftsraum).
d) Zur Typenbildung (Marsch – Geest – Moor – Waldtypen verschiedener Landschaftsgürtel).
e) Stationen einer unternommenen oder gedachten Reise oder Wanderung zur Veranschaulichung und Konkretisierung des Geschilderten.

Die Gesichtspunkte a) bis d), bedingt auch e), sind zudem sehr günstig, um das geographische *Vergleichen* zu üben.

Bei einer Folge mehrerer Dias, die zusammen erst einen Einsichtszusammenhang *(Operationskomplex)* aufbauen, ist es vorteilhaft, die Dias nicht hintereinander fortlaufend anzusehen, zu beschreiben und auszuwerten, sondern nach jedem Dia zu unterbrechen, um die wichtigsten Merkmale des Gesehenen (die hinterher den Operationskomplex ergeben) festzuhalten. Zum Beispiel sollen aus den Merkmalen einer bestimmten vorgeführten Vegetation die klimatischen Bedingungen erschlossen werden. Bringt man die Diafolge ohne Unterbrechung, so sind hinterher bei der Zusammenfassung eine Reihe wichtiger Merkmale nicht mehr bewußt.

Außer solchen ›Diareihen‹ (in diesem Sinne eines inneren Zusammenhangs zu verstehen, nicht im Sinne der von bestimmten Verlagen angebotenen Serien, die als solche nicht in die Schulsituation übernommen werden dürfen!) sind auch Einzeldias notwendig, auch wenn der geographische Gehalt begrenzt ist. Bevor ein Mammutbaum, ein Wol-

kenkratzer, der Schiffsverkehr in bestimmten Formen, ein Mangrovendickicht, ein Erdölbohrturm oder Förderturm, ein Hochofen im Unterricht erwähnt werden, müssen sie im Bild erschienen und beschrieben sein.
Zu vielen Diaserien geben die Verlage auch Begleithefte heraus. So wichtig auch die Inhaltsbeschreibung jedes einzelnen Dias und seine Stellung im Zusammenhang der Serie ist, wichtiger ist noch die Angabe, welches Lernziel mit jedem Dia angestrebt werden könnte. Diese *Lernzielanalyse* fehlt jedoch sehr häufig.
Bei der Frage des Einsatzes der Dias war absichtlich nicht nur von ›Landschaftsdias‹ die Rede, sondern von einer Reihe weiterer Möglichkeiten, die oft vergessen werden, da man zu leicht geneigt ist, das Dia mit einem Landschaftsbild zu identifizieren. Natürlich spielt das Dia gerade hierbei eine große Rolle als bester adäquater Ersatz für Erdgegenden, denen man nicht ›original‹ begegnen kann. Für diese Form der Begegnung mit fremden, nicht ›erfahrbaren‹ Gegenden ist das Dia die übliche Form. Man kann nun hinsichtlich des ›*Landschaftssehens*‹ mit Hilfe von Dias in den verschiedenen Klassenstufen bestimmte *Regelmäßigkeiten* feststellen: In der 5. und 6. Klasse wird eine von den Schülern selbst gesehene Landschaft durch das Dia, das ihnen von dieser Landschaft vorgestellt wird, so ›verfremdet‹, daß sie sie teilweise nicht wiedererkennen. Die Gegenstände in einer Landschaft werden noch nebeneinander gesehen, nicht als gemeinsam gerade diese Landschaft konstituierend: das Haus, der See, die Berge, der Wald werden in der Form bloßer Aufzählung jedes für sich wahrgenommen. Beziehungen in der Lage werden noch nicht spontan erfaßt, z. B. »Dorf am Ende des Sees«. (Vgl. dazu auch Bayliss und Renwick 1966, Long 1961.) Im 5. Schuljahr fehlt auch noch der spontane, selbständige Gebrauch von treffenden Adjektiven bei der Beschreibung; Adjektive beschränken sich auf allgemeine Anmutungen: »schön«, »viel«. Erst im 6. Schuljahr bemüht man sich stärker um eine präzisere, treffendere Beschreibung und findet Adjektive wie »bewaldet«, »dicht aneinandergebaut«. Die Übung des Diabeschreibens führt also auch zu einem besseren sprachlichen Ausdruck, wenn man es konsequent vom 5. Schuljahr an übt und sich nicht auf die spontanen Äußerungen der Schüler allein verläßt: Formen und Farben wollen mit treffenden Adjektiven und Substantiven beschrieben sein. Für das 5. und 6. Schuljahr sind auch großartige Gebäude wirkungsvoll. Eindrucksvolle Stadtbilder, die von solchen Gebäuden geprägt sind,

lassen sich gut behandeln: London, Paris, Moskau, New York, eine orientalische Stadt.

Im 7. Schuljahr geht das Bemühen um präzise Beschreibung weiter und vermag bereits zu einer beschreibenden Erfassung von Zusammenhängen anhand des Dias vorzudringen (landwirtschaftliche Tätigkeit und Boden werden zusammengebracht, Hausbau und Lebensweise). Es wird versucht, das Gesehene mit Hilfe allgemeinerer Ausdrücke einzuordnen (»Wohnsitz«, »Behausung«, »Arbeiterort«). Anhand dieser Ausdrücke erkennt man das Bemühen, hinter den Gesamtzusammenhang zu kommen.

Fick (1967) hat untersucht, welche *Motive* bevorzugt werden und in welchen Klassenstufen. Eine typische Straße, ein typisches Feld, eine typische Frucht kommt in allen Klassen an wie auch die Darstellung von Menschen bei typischem Tun und in typischer Umgebung. Ähnliches gilt für technische Apparaturen. Interessant ist hier zweierlei: Einmal wird die schon so oft zitierte Auffassung von Hinrichs, daß vom menschlichen Leben und Wohnen auszugehen sei, bestätigt; ein andermal zeigt sich eine Bestätigung unserer Auffassung, daß das Kind erst das einzelne sieht, vom einzelnen her interessiert wird, und nicht vom ›*Erwachsenensehen*‹ (d. h. also vom Gesamtüberblick über eine Gegend als Ausgangspunkt einer Besprechung); ein ›Gesamtbild‹ wird nach den Ergebnissen Ficks erst vom 9. Schuljahr ab bevorzugt. Mit der fortschreitenden Pubertät setzt also erst das ›Erwachsenensehen‹ ein. (Der Aufsatz Ficks bestätigt auch britische Untersuchungen – vgl. Long 1961 –; der aufmerksame Lehrer wird jederzeit dieselben Erfahrungen machen können.)

Als *wichtigste Umsetzungen* des Dias in andere Medien ergeben sich aus dem Ausgeführten einmal die Umsetzung in die Beschreibung, ein andermal aber auch in die Skizze, in die Zeichnung mit wenigen Strichen. Hier kann und muß das abstrahierende Herauslösen des Wichtigen anhand weniger, wesentlicher Konturen geübt werden. Eine Vorstufe dazu ist es, das Dia auf die Tafelfläche zu blenden, um dann mit wenigen Kreidestrichen die Konturen zu übernehmen, den Anbau einzutragen und, je nachdem, aus einem weiteren Dia, das denselben Landschaftsausschnitt zeigt, aber Böden und Gesteine erkennen läßt, diese weiteren wichtigen Züge der Landschaft zu markieren. Eine umfassende Information zu verschiedenen Problemen des Lichtbilds im geographischen Unterricht findet man bei Ritter 1972 und Wocke 1973.

c) Der Film

Es mag verwundern, daß der Film erst an dritter Stelle kommt, obwohl gerade er doch das Medium ist, das durch Bewegung, Abläufe, *Prozesse*, *Handlungen* am lebendigsten und originalsten die Wirklichkeit wiederzugeben geeignet ist – ganz und gar gegenüber dem statischen Dia. Doch abgesehen davon, daß der Film viel stärker als das Dia durch Auswahl, durch Kameraeinstellung, durch Kameraschwenks, durch die Folge der Einstellungen und Sequenzen, durch den schließlichen Schnitt *subjektiv* getönt ist, ist er auch als erdkundliches Arbeitsmittel weniger geeignet bzw. nur unter bestimmten Umständen. Das, was seine besondere Stärke ist, ist zugleich sein besonderer Nachteil: in der vorbeihuschenden Raschheit des Prozeßhaften, in der Fülle der gezeigten Details verliert das einzelne an Bedeutung, bleibt nur ein allgemeiner Eindruck zurück, verschwimmen die wirklich sprechenden, wesentlichen Einzelheiten. Aus diesen Gründen sollten die gezeigten Filme möglichst kurz sein und nur einen bestimmten, überschaubaren Einzelprozeß darstellen: das Schmelzen des Erzes, das Durchschleusen eines Schiffes, der Ausbruch eines Vulkans, das Kalben eines Gletschers, Verladen eines Guts in einem Hafen, die Förderung der Kohle, die Almwirtschaft, das Holzfällen, das Bergsteigen, bestimmte einzelne Erntevorgänge (von Hand oder Maschine).

Wo es auf den *Eindruck* von Volkstum und Lebensweise ankommt, können auch loser gefügte Sequenzen einen günstigen und bleibenden Eindruck vermitteln: Sonntag in der Hauptstadt Mexikos, ein Markttag in Toluca, in einem orientalischen Basar und dergleichen. Wenig günstig sind alle Filme, die bloße Panoramen geben wollen (Das Ruhrgebiet; Eine Fahrt auf dem Mittelrhein). Auch längere Filme mit komplizierterem Gehalt können schulisch brauchbar sein, wenn sie sich deutlich in *Sequenzen* gliedern und eine ›Story‹ sie führt (Quer über die Anden; Ein Tag im Leben einer Familie in Tokio, Menschen im Karst). Als günstig hat sich immer wieder auch die Verbindung von menschlichem Leben und landschaftlichem Bedingungshintergrund erwiesen.

Nach der hier mitgeteilten Auffassung empfiehlt sich eine zu positivüberschwengliche Bewertung des Unterrichtsfilms nicht; denn auch Ketzer (1972), der eine umfassende Darstellung des ›Films im Erdkundeunterricht‹ gibt, muß bei aller positiven Bewertung doch auf die *Schwierigkeiten* aufmerksam machen (S.36), die sich aus der subjektiven

Handhabung von Einstellungen, Kameraschwenks, Blenden und Einblendungen, Montagen, Tricks und dgl. ergeben.

Bevor im folgenden auf unterrichtliche Einzelfragen eingegangen wird (wozu man im einzelnen auch wieder Ketzer heranziehen kann), sollen noch kurz einige allgemeine Einteilungsgesichtspunkte für den geographischen Film erörtert werden. Hornberger (1970) hat sich damit beschäftigt. Er unterscheidet 7 *Typen*, nämlich den Sachtyp (allgemeingeographisch oder länderkundlich), den Motivtyp (Real- oder Trickfilm), formale Typen (nach Farbe, Größe, Ton), filmdramaturgische Typen (Dokument, Kulturfilm, Spielfilm), stilistische Typen (Sachbericht, Demonstration, Erlebniserzählung), den Funktionstyp (Lehre, Information, Unterhaltung, Werbung), schließlich die didaktischen Gestaltungstypen (›offener‹ Film mit absichtlichen Lücken, motivierende oder begleitende Filme, Filme als ›Montageteil‹ des unterrichtlichen Ablaufs).

Aus dieser Reihung dürfte hervorgehen, daß jeder Film verschiedenen Typen zugeordnet werden kann und daß es auch mit Hilfe einer Typologie nicht möglich ist, Aussagen über den ›*idealen*‹ geographischen Film zu machen; denn es hängt immer von dem jeweiligen ›*didaktischen Ort*‹ (d. h. von den Lernschritten, Lernzielen und deren Motivationszusammenhängen) ab und von der dazu passenden oder nicht passenden ›Aussage‹ des Films, ob man ihn überhaupt oder nur teilweise oder gar nicht einsetzen wird.

Ob der Film für die Motivationsphase (Einstieg, Hinführung zum Unterricht, Problemstellung für den Unterricht), als Lösungshilfe für eine Problemstellung in der Erarbeitungsphase des Unterrichts oder zur abrundenden Vertiefung der unterrichtlichen Aufgabe verwendet wird (vgl. Ketzer, S. 74), hängt eben, wie gesagt, von der jeweils passenden ›Aussage‹ des Filmes ab.

Eine allgemeine *Analyse* des ›Unterrichtsfilmes‹ nach Form, Funktion und Methode findet man übrigens auch bei Krauß (1972), wo stärker die Bedeutung des Filmes als Ersatz für die ›originale Begegnung‹ herausgestellt wird (dort formuliert als: der Film vertritt die Wirklichkeit; dadurch vermittelt er Wissen und erleichtert das Lehren und Lernen). Hinzu treten sorgfältige mediendidaktische und unterrichtliche Analysen verschiedener Filme. Aus dem erdkundlichen Bereich sind zu nennen: »In einer Oase«, »Baumwolle aus den USA«, »Herstellung von Gebrauchsporzellan«.

Die *Auswertung* der Filme erfolgt im einzelnen wie beim Dia. Bei längeren Filmen mit komplizierterem Inhalt empfiehlt es sich ebenfalls, wie bei einer Diafolge, nach jeder abgeschlossenen Sequenz erst einmal beschreiben oder notieren zu lassen, was im einzelnen beobachtet worden ist. (Vgl. zur Filmauswertung auch Teil I, S. 178 ff.) Die Auswertung baut auf diesen Beobachtungen auf und geht, wiederum wie beim Dia, von spontanen Äußerungen aus, die unbedingt erst abgewartet und gesammelt werden müssen. Auch das, was nicht richtig verstanden worden ist, muß erst geklärt werden. Dann können im folgenden Unterrichtsgespräch die Linien des Zusammenhangs nachgezogen oder erst voll erarbeitet werden. (Inhaltsanalyse, Problemanalyse, Anwendung.)
Wenn der *Kommentar* zum Film bereits zuviel von dem vorwegnimmt, was man aus der Beobachtung selbst erschließen kann, so schaltet man den Ton des Films aus. Der Kommentar sollte sich auf die allernotwendigsten Angaben beschränken, aber nichts erklären, was nicht das Bild selbst schon hergibt. Untermalende Geräusche sollten nur die zum Vorgang gehörenden sein, zum gezeigten Leben und Treiben. Die ›Originale Begegnung‹ sollte also so echt wie möglich bleiben. (Vgl. dazu auch ausführlich: Ketzer, S. 30, 36, 37.)
Vorbereitende Fragen vor der Vorführung erhöhen nach statistisch abgesicherten Untersuchungen den Lernerfolg nicht, wohl aber *gezielte Fragen* während des Sehens. Noch besser sind Fragen bzw. ein zusammentragendes Gespräch nach jedem einzelnen Abschnitt, die alle Aussageinhalte zum Tragen bringen und nicht nur die des zufällig-subjektiv-selektierenden Behaltens nach einer Gesamtvorführung. Auch beim Film kann und soll die Beziehung zur Landschaft, in der er spielt, und zum Kartenbild beachtet werden: Ohne den Titel zu zeigen (der oft schon die wesentliche Angabe vorwegnimmt), läßt man den Film gleich beginnen und dann später folgen – aus dem gesamten Inhalt –, wo, an welchem Ort, in welcher Gegend der Film gespielt haben könnte. (Vgl. dazu ausführlicher: Ketzer, S. 58, 59, 60, 61.)
Auch beim Film sollten die Beihefte nicht die bloße Funktion der Erläuterung und Aufnahmeumstände des Inhalts angeben, sondern das *Lernziel* (oder die Lernziele) angeben, das erreicht werden soll, und zwar mit dem Wirkungsgrad des Lernerfolgs. Eine solche unterrichtliche Analyse ist wohl noch zu keinem Film zu haben, zumindest nicht zu den Filmen, die üblicherweise über die Kreisbildstellen an die Schulen ausgegeben werden.

Um den Vorwurf der Länge des ›normalen‹ Unterrichtsfilmes entkräften zu können, sind verschiedentlich sog. ›*Arbeitsstreifen*‹ im Format des Super-Acht-Films und von einer maximalen Länge von 5 Minuten entwickelt worden, die wegen ihrer Kassettentechnik auch einfach zu bedienen sind und nur einem einzigen Sachverhalt (Grundbegriff, Vorgang oder dgl.) gewidmet sind. Diese könnten ideale Ergänzungen des Unterrichts sein, da sie sehr flexibel einsetzbar sind (innerhalb verschiedener Themenbereiche, mit verschiedenem methodischen Stellenwert: Beobachtung z. B., aber auch Lernkontrolle). Auf gewisse Schwierigkeiten, die vor allem in der hohen Komplexität der geographischen Sachverhalte begründet sind, geht Ketzer (1974) ausführlich ein. Es wird auch deutlich, daß bisher erst wenige brauchbare geographische ›Arbeitsstreifen‹ vorhanden sind, die zum Teil auch Trickfilmcharakter haben. Ob die anvisierte Lösung mit ›*Luftbildfilmen*‹ tatsächlich eine Lösung darstellt, muß abgewartet werden, bis entsprechende Erfahrungen vorliegen.

In den Zusammenhang mit dem Film kann schließlich noch die ›*Televisuelle Erdkunde*‹ gestellt werden. Stückrath (1967) hat in seiner Studie unter diesem Titel Untersuchungen über die Möglichkeiten des Fernsehens und zur Nachhaltigkeit vorgelegt. Er beschreibt, daß die Sehfrequenzen für Filme mit ›erdkundlichem‹ Inhalt aller Art einschließlich den Tagesschauen relativ groß sind: Das Interesse an den Vorgängen auf der Welt und ihren Schauplätzen ist recht hoch. Nachhaltig verbessern nachweisbar die Tagesschauen die topographischen Kenntnisse. Vom übrigen bleibt aber nur ein diffuser Eindruck haften bzw. alles das, was von außerordentlichen Erscheinungen handelt: das jeweils Größte, Höchste, Stärkste… Das Extreme wird selektiert und in der Selektion noch weiter verzerrt; die sachliche Orientiertheit als solche ist jedoch sehr dürftig. Ähnliches gilt für das *Schulfernsehen*. Nach E. Meyer (1974) haben mit Millionenbeträgen betriebene unterrichtsempirische Modellversuche in den USA ergeben, »daß die Schüler in etwa ebensoviel im fernsehübertragenen wie im unmittelbar vom Lehrer erteilten Unterricht zu reproduktiven Lernleistungen kommen.« Eine Verbesserung und auch Änderung des konsumorientierten Verhaltens der Schüler könne nur im Medienverbund erreicht werden.

Die Arbeit mit dem Film im einzelnen vollzieht sich wie bei der Diaarbeit. (Zum Lernwert von Dia und Film vgl. E. Schinzler, 1972. Die von uns mitgeteilten Erfahrungen finden dort ihre empirische Bestätigung.)

d) Übrige Bilder

Zunächst ist an ›Handbilder‹ zu denken, die aus allen denkbaren Quellen ausgeschnitten und gesammelt werden, sowohl vom Lehrer als auch vom Schüler. Illustrierte, Reiseprospekte zu Ländern, Landschaften und Städten bilden ergiebige Fundgruben. Auch die Beilagen zu den Schulfunkserien und den Bildserien der verschiedenen Verlage zu geographischen Themen bereichern die Auswahl. Diese losen Handbilder haben zwei Vorzüge: einmal können sie leicht an einer Leiste entlang einer Seite des Klassenzimmers ausgehängt werden, ein andermal erlauben sie es, denselben Gegenstand von mehreren Seiten und von verschiedenen Darstellungsseiten aus genauer betrachten zu können; sie stellen also eine fruchtbare Ergänzung des Arbeitsmittels Dia oder Film dar, etwa zum Thema »Reisbau in Hinterindien«.

Einige Verlage bringen großformatige Reproduktionen von Farbfotos als ›Wandbilder‹ heraus. Man hat sich bemüht, typische Landschafts- und Stadtbilder auszuwählen. Einige eignen sich hervorragend zum verweilenden Betrachten und zum Unterrichtsgespräch. Auf Wandbilder bzw. Wandtafeln mit großformatigen Darstellungen von verschiedenen wichtigen Wolkenformen ist besonders hinzuweisen.

Teilweise werden auch noch Wandtafelbilder verwendet, die man als ›Charakterlandschaften‹, als ›*Typen-Wandbilder*‹ oder als ›Ideal-Tableaus‹ bezeichnet. Mit diesen Ideal-Tableaus wird versucht, bestimmte Nachteile des Films oder der Dias zu überwinden. Diese Nachteile bestehen darin, daß man auf einem einzigen Dia selten alle die wesentlichen Merkmale einer Landschaft, einem Industriewerk oder zu einer Stadt vereinigt findet, die in ihrer Gesamtheit den ›Charakter‹ dieser Gegenstände ausmachen. Man müßte schon mehrere Dias hintereinander zeigen, oft von sehr unterschiedlicher Qualität, um alle Merkmale zusammenzutragen. Ein solches Zusammentragen wirkt oft ermüdend und bloß additiv. Zwar hat es der Film einfacher, ein solches Nacheinander darzustellen; aber hier besteht die Schwierigkeit, alle Merkmale in dieser raschen und zum Teil kunterbunten Reihung aufzunehmen und zu behalten. Um allen diesen Nachteilen zu entgehen, sind aus guten pädagogischen Erwägungen heraus dann solche Ideal-Tableaus entworfen worden. Von den Fachvertretern werden sie aber vielfach abgelehnt, da sie ja völlig unrealistisch Dinge nebeneinander stellen, die in dieser

Form nie nebeneinander vorkommen; etwa bei einer Kaffeeplantage alle vorkommenden Stadien und Arbeitsgänge auf einem Bild oder bei der Darstellung der Savannen alle wichtigen Bäume, Sträucher und Tiere zusammen mit den verschiedenen Formen menschlicher Wirtschaft (Vieh, Hackbau, Savannenbrand). Nach einer aufschlußreichen Untersuchung von Fick (1967) werden aber solche ›Charakterlandschaften‹ keineswegs von den Schülern abgelehnt, sondern unter bestimmten Voraussetzungen sehr positiv beurteilt und Dias vorgezogen, und zwar in allen Klassenstufen bis über das 10. Schuljahr hinaus. Trotz der künstlichen Konzentration der Gegenstände, trotz der mosaikartigen Zusammensetzung, der naturwidrigen Häufung, der zwangsweisen Zusammenordnung von Objekten – was alles, teil bewußt, teils unbewußt, auch von den Schülern gesehen wird – ist für die Schüler entscheidend, daß für sie der Zusammenhang im ganzen klarer ist. Voraussetzung ist allerdings, daß die Darstellung sachlich-realistisch wirken muß (künstlerische empfundene Darstellungen werden abgelehnt), daß die Darstellung kräftig konturiert ist und wegen der Konzentration auf wesentliche Linien das Verständnis erleichtert. Erst nach diesen ›Charakterlandschaften‹ rangieren bei den Schülern die vorhin erwähnten großformatigen Reproduktionen von Farbfotos. Abgelehnt werden allerdings auch großformatige Werbeaufnahmen.

Von Fick ist auch untersucht worden, in welcher Weise die Fotos in den Lehrbüchern ankommen. Meist sind sie wenig aussagekräftig und bloß illustrativ. Zu viele sind technisch und inhaltlich mäßig. Bei den Schülern finden sie sehr geringe Beachtung. Werden sie aufgefordert, aus dem *Bildmaterial der Bücher* nach freier Wahl bestimmte, ihnen zusagende Motive zu beschreiben, so werden am häufigsten gewählt (in der Häufigkeit der Nennungen): Berge und Bauwerke und dann der Mensch mit Siedlung und Arbeitswelt. Vertretbar sind also markante, aussagekräftige Bilder, die zusätzlich mit Beobachtungsaufgaben versehen sind, jedoch nicht mit Beschreibungen dessen, was das Bild darstellt und aussagen soll. Dies soll ja vielmehr in Selbsttätigkeit des Schülers aus dem Bild erkannt werden.

Neuerdings wird der Einsatz von *Stereobildern* befürwortet. Mit Hilfe des Stereoskops ermöglichen sie das plastische Sehen einer Landschaft, einer Stadt, eines Stadtviertels, einer Industrie- oder Hafenanlage von oben. Solche Sterobilder werden im normalen Schulgebrauch noch sehr wenig verwendet – vielleicht weniger, weil die Möglichkeiten nicht gesehen werden, als vielmehr deswegen, weil die Beschaffung des Materials und der Stereoskope noch recht kostspielig sind.

Cordes (1973) spricht dem sog. Anaglyphendruck, der mit einer rotblauen Brille zu betrachten ist, zurecht die unterrichtliche Brauchbarkeit ab und setzt sich engagiert für die Verwendung des echten Stereo-Bildes ein; er begründet dies mit unterrichtlichen Erfahrungen, die bereits im 3. Schuljahr die Einführung ins Kartenverständnis sehr erleichterten; denn für die Schüler war der total andere, aber erlebnisnahe Eindruck („so wie ein Pilot es sieht") für eine spontane, kräftig anhaltende Eigenarbeit sehr stimmulierend. Der Schüler werde wieder zu einem ›primären Sehen‹ geführt, das ihn in die Lage versetze, »in einem erstaunlichen Maße, . . . selbständig zu erkennen, problem- und objektbezogene Fragen zu stellen und zu beantworten und schließlich auch zu unter Umständen regelhaften Erkenntnissen vorzudringen." Weil dem so ist, plädiert Cordes dafür, die Voraussetzungen für den unterrichtlichen Gebrauch von Stereobildern sehr viel optimaler zu gestalten; denn noch immer ist der Lehrer zu sehr auf die eigene Bildauswahl angewiesen.

Leichter ist es, mit einem normalen *Luftbild,* sei es in einer Senkrechtoder sei es in einer Schrägaufnahme, im Unterricht zu operieren. Auch hier sieht man die Landschaft, die Stadt, irgendein geographisches Objekt von oben; allerdings gegenüber dem Stereobild nicht plastisch, sondern nur eindimensional. Im letzten Fall, verstärkt durch die Senkrechtaufnahme, ist es wohl auch begründet, daß (nach der Untersuchung von Fick, 1967) die Schüler spontan kein Verhältnis zum Luftbild haben; von allen gewählten Bildarten liegt es an letzter Stelle. Die Gründe dafür sind, daß es ihnen zu verwirrend, zu komplex, zu verfremdend erscheint. Bei Senkrechtaufnahmen wird vielfach noch nicht einmal ein Bild der eigenen Heimat wiedererkannt. Wesentlich besser kommt die Schrägaufnahme an, vor allem dann, wenn einzelne prägnante Motive herausgegriffen sind: ein Autobahnkreuz, das Meer bei Ebbe, eine Siedlungsform, eine Stadtlage, der Komplex eines Hüttenwerks, ein Flurbild mit seiner Aufteilung. Ab über 1000 Meter Flughöhe über der Landschaft treten die Einzelerscheinungen zusammen; einzelne Täler, Berge, Höhen treten zurück und man erkennt einen geschlossenen Hügel- oder Gebirgszug. Für jedes Luftbild ist die Lokalisierung notwendig (Karteneinordnung, Einordnung der Himmelsrichtung) und die Maßstabverhältnisse.

Mit den Möglichkeiten von *Schrägbild und Senkrechtbild* hat sich Cordes (1973) ebenfalls beschäftigt. Wegen der Schwierigkeiten der Interpretation der Schrägbilder (Aufnahmewinkel, Schärfe und gute Farbe oft nur im unteren Bildteil, trapezförmige Ausdehnung des Sichtfeldes, Verstellungen und Verzerrungen nach hinten) gelangt er zur Auffassung, daß das Schrägbild nur zu Illustrationszwecken zu gebrauchen ist (wir meinen allerdings: auch zu Motivationszwecken und zur abrundenden Vertiefung durch Einordnung und Übersicht). Das Senkrechtbild dagegen zeige die wahren Größenverhältnisse, betone nichts über, ließe eine »differenzierte Überschau in das Ineinandergreifen der verschiedensten Sachverhalte zu« und sei ein thematisch und stufengerecht in erstaunlicher Breite variierbares Arbeitsmittel. Durch zahlreiche Schulversuche (so etwa Sperling 1968, 1969) sei die Auffassung, daß das Senkrechtbild eine zu ungewohnte und daher hemmende Perspektive bilde, eindeutig widerlegt worden.

Wie nun auch ohne Stereobetrachtung die Schüler in den Umgang mit Senkrechtbildern und in eine fundierte geographische Analyse gebracht werden können, das zeigt Haubrich (1972) sehr anschaulich am Beispiel des Stadtviertels, in der die Schule der Klasse gelegen ist (erst noch die vertraute Perspektive des Schrägbildes, dann das Senkrechtbild mit Orientierungsaufgaben zur Gewöhnung an die senkrechte Perspektive zum Schulweg, Straßennamen der zu sehenden Straßen und dgl.). Er macht zurecht darauf aufmerksam, daß bei Senkrechtbildern der Schatten der Gebäude und dgl. dem Betrachter entgegenfallen muß, da nur so das Bild auch ohne Stereoskop plastisch erscheint. Er schildert, wie nach der Gewöhnung an den Umgang mit dem Senkrechtbild zahlreiche thematische Fragen diskutiert und gewissermaßen in thematische Karten umgesetzt werden können (Verkehrsplanung, ruhender Verkehr, Durchgangsverkehr und dgl.).

Die Arbeit mit allen Bildmaterialien hat nach den Grundsätzen im Abschnitt ›Dia‹ zu erfolgen.

Schließlich ist darauf hinzuweisen, daß alle bildnerischen Mittel, die in diesem Abschnitt, aber auch in den vorangegangenen Abschnitten vorgestellt worden sind, zusammen mit geeigneten Karten in einen sog. *Medienverbund* gebracht werden können. Ein Medienverbund muß nicht unbedingt, aber kann doch eine sehr optimale Form der Mediengestaltung des Unterrichts sein.

In welcher Wiese Film, Dia, als Medienverbund gestaltete Ton-Bild-

Schauen oder Bild-Text-Hefte einen *Unterrichtserfolg* mit sich bringen, haben Schintzler und Glück (1972) untersucht. Die höchsten Lernergebnisse erzielt die Ton-Bild-Schau (d. h. eine Dia-Reihe, auch mit Kartendias, bei der über Tonband ein sachlicher, Informationen vermittelnder und Einsichten zusammenfassender Kommentar hinzutritt); der Film dagegen lenkt von den eigentlich wichtigen Informationen ab, und das Bild-Text-Heft (ähnlich wie die Ton-Bild-Schau, nur mit durchgehendem Text statt des Tonbandes) ist für die intelligenteren Schüler wegen der individuell anpaßbaren Bearbeitung am besten geeignet (ein Ergebnis, das entsprechende Testergebnisse zu Programmen bestätigt).

Aus der Wahrnehmungspsychologie ist bekannt, daß bei rein akustischer Informationsaufnahme die Behaltensleistungen 20% erreichen, bei rein optischer 30%, bei optisch-akustischer 50%, bei aktiv-mittvollziehendem Tun bis zu 90% (vgl. Ketzer, 1972, S. 18, 66).

e) Bericht und Schilderung – ›originale Begegnung‹ durch das Wort

Der Vorteil des Mediums ›Wort‹ besteht darin, daß durch die sprachliche Formulierung ein *Tatbestand in seiner Gesamtheit,* als Gesamtbild dargestellt, erfahren und erfaßt werden kann, während ›Bilder‹ immer nur Ausschnitte der Wirklichkeit zu geben vermögen (was zum Teil auch für den Film zutrifft, im geringsten Maße noch für das ›Ideal-Tableau‹). Die *eindrückliche Schilderung* genau beobachteter Vorgänge und Einzelheiten sowie die dadurch ausgelösten Wirkungen und Erlebnisse vermögen unter Umständen unvergeßlicher und nachhaltiger zu sein als jedes Bild. Nicht in einem ›Text‹ sollten dargeboten werden »alle Sachverhalte, die besser auf der Karte abgelesen (Lage eines Gebirges)«, genauer »durch ein Bild (Bauernhaus), exakter durch Statistik (Bodennutzung, Produktion, Verkehr . . .) gebracht werden können« (Wocke, S. 94).

Mit Absicht ist das Wort ›Text‹ in Anführungszeichen gesetzt worden. Es darf nämlich bei dem Versuch, eine ›originale Begegnung‹ durch das Wort zu vermitteln, ein ›Text‹ nicht einfach nur vorgelesen werden; die Auffassung aller Einzelheiten durch das bloß vorgelesene Wort ist noch schwieriger für den Schüler, als die Wiedergabe des rasch vorbeihuschenden Filmbildes. Vielmehr muß sich der Lehrer einen ›Text‹, den er im Unterricht zu verwenden gedenkt, so anverwandeln, daß er frei darüber verfügt, daß er frei erzählen und dabei die Schüler sehen kann, daß er in Gestik und Mimik die Schilderung eines Tatbestandes oder eines Erlebnisses durch das Wort auch zu einer visuell aufnehmbaren ›Plastik‹ zu gestalten weiß. Ein solches Anverwandeln kann jeder Lehrer in ständiger Übung erlernen, indem er von wenig umfangreichen Berichten ausgeht. Der Erdkundelehrer kann es nicht nur lernen, er muß es auch. Denn vielfach gibt es nicht die optischen Hilfsmittel, die man brauchte, um eine Situation als Unterrichtsgegenstand zu verdeutlichen. Hier zwingt der sach- und von da aus mediengerechte Unterricht dazu, die Schilderung, den Bericht, den ›Text‹ zu wählen. Dieser Aufgabe muß sich der Lehrer stellen. Er muß dann unter Umständen einen ›Text‹ erst für die Schüler entsprechend ihrer Bildungsstufe ›aufbereiten‹, muß kürzen, unüberschaubare Sätze in einfache, gereihte verwandeln, schwierige Formulierungen und Fremdwörter vereinfachen, zu langatmige Passagen zusammenstreichen.

Will er das alles nicht, so wird ihm der Erdkundeunterricht ›durch das Wort‹ mißlingen. Der einzige Weg, der unterrichtlich tragbar ist und einigen Erfolg verspricht, die ›Anverwandlung‹ zu umgehen, ist allerhöchstens ein ›Text‹, der als ›Quelle‹ so vorbereitet wird, daß alle Schüler die ›Quelle‹ vor sich liegen haben, in einer Kopie oder in einem Abzug. Durch eine solche ›Quelle‹ ist auch noch die Begegnung mit einem Sachverhalt möglich – allerdings unter dem schwerwiegenden Nachteil, die Lebendigkeit aufzugeben. In keiner Klassenstufe sollte daher ganz auf die ›anverwandelte‹ Darbietung verzichtet werden; jedoch kann und muß in den höheren Klassen der vervielfältigte Text als Vorbereitung auf das Umgehen mit *Zeitungsberichten* und dergleichen immer stärker verwendet werden. (Vgl. G. Fuchs, 1970.) Etwa vom 7. Schuljahr ab sollte an solchen Texten gelernt werden, das Wichtige herauszufinden, einen Reiseverlauf zu notieren und in seinen Passagen festzuhalten, einen Sachverhalt zu ordnen, Fragen nach den Ursachen des Tatbestandes auftauchen zu lassen, erste Vermutungen und Folgerungen zu ziehen, Zusammengehörendes zu verbinden, die Glieder einer zusammengehörenden Reihe zu verknüpfen.

In dieser nicht bloß passiv aufnehmenden, sondern aktiv eindringenden Form muß im übrigen auch ein vom Lehrer vorgetragener Stoff aufbereitet werden, indem von Spontanäußerungen aus allmählich die erkundlich wichtigen Tatsachen herausgehoben und festgehalten und dann daraus Folgerungen gezogen, Vorstellungen geklärt werden.

Bei den ›Texten‹ ist zu unterscheiden zwischen dem nüchternen *Sachbericht* und der *Schilderung* als erlebnishaftem Bericht. Zwischen beiden vermittelnd ist der *Reisebericht* einzuordnen. Der Sachbericht beschreibt etwa, was man alles beim Durchschleusen eines Schiffes beobachten kann (ohne zu stark das erklärende Moment vorwegzunehmen), die Schilderung stärker, was jemand erlebt hat von der besonderen Eigenart, die ihn beeindruckte, von der Gewalt und der Gefährlichkeit der Naturkräfte, vom Leben auf einer Hallig, in einem Winzerdorf, von der Arbeit in einem Weinberg, vom Besuch in einem japanischen Haus . . .
Der Lehrer muß versuchen, sich sowohl den Sachbericht als auch die Schilderung so anzueignen, als ob er es selbst alles schon einmal gesehen, beobachtet, erlebt hätte. Nur so ist das notwendige Staunen zu wecken, das daraus resultierende Fragen. Kommt es nicht dazu, dann war der Versuch des Lehrers zu blaß.
Das ›Wie‹ des Vorgehens schildert bis heute unübertrefflich und genau. F. Ratzels Buch »Über Naturschilderung« und ist auch für den Leser insofern ein Gewinn, als er nach der Lektüre des Buches erfährt, daß zugleich dadurch ein eigenes Sehen geschult wurde. Das ›Was‹ findet man in vielfältiger, schon zurechtgestutzter Form in den erdkundlichen ›Quellenheften‹ der verschiedenen Verlage (s. u.). (Vgl. ferner, sehr ausführlich, mit Beispielen und Quellen: Fick, 1968, Möbius, 1960.) Fast zu jedem Thema gibt es hier treffende ›Texte‹, sofern man sich die Mühe macht, den jeweils am besten geeigneten Text aus verschiedenen Quellenheften herauszusuchen. Journalistische Texte sollte man sammeln und zusätzlich auf die Beschreibungen aus Forschungsreisen zurückgreifen. Immer noch wirken die Reiseberichte Sven Hedins von der Erschließung Innerasiens, das Tagebuch der gescheiterten Südpolexpedition Scotts und die Darstellung Waibels über den Urwald, um nur einige Beispiele zu nennen. Auch die *Eigenlektüre* der Schüler selbst sollte man bei günstigen Gelegenheiten aktivieren, so daß ein Schüler die Rolle des Berichtenden übernimmt; vielleicht macht er es sogar besser als der Lehrer, da er den ›Text‹ gleich in seine Sprache übersetzt vorbringt. Doch dazu muß man wissen, was die Schüler lesen an ›erdkundlichen‹ Stoffen im weitesten Sinne: Inwieweit spielt »Karl May« noch eine Rolle, Gerstäcker, Albert Schweitzers Leben im Urwald? Untersuchungen haben mit großer Signifikanz ergeben, daß die angedeuteten Bücher vom 5.–7. Schuljahr im Bekanntheitsgrad zunehmen.
Was nun den *›Platz‹ eines ›Textes‹ im Unterricht* angeht, so hängt seine

Verwendung als ›Einstieg‹, als abschließende Zusammenfassung und Abrundung, als ›Quelle‹ im Mittelpunkt des Unterrichts je vom vorhandenen Text, von der zu erreichenden Absicht und von der Struktur des jeweiligen Stoffes ab. Ob nüchterne Sachberichte eher an den Anfang, ob stark persönlich gestaltete Schilderungen mehr an das Ende der erdkundlichen Arbeit rücken (Wocke, S. 95), kann man nicht allein von der Gestaltung her beurteilen, sondern von dem zu erreichenden Zweck. Auch ein persönlich gefärbter, erlebnisbetonter Bericht kann den Unterricht eröffnen, zum eigentlichen Gegenstand hinführen, für den ein Sachbericht bereitgehalten werden kann (oder ein geeignetes Dia, ein angemessener Film).

Nicht nur der gesprochene oder gelesene ›Text‹ sollte verwendet werden, sondern die anderen, ihm verwandten technischen Medien gilt es, immer mehr zu nützen: *Schulfunk, Schallplatte, Tonband.* Sie sind geeignet, wenn sie charakteristische Geräusche, Gespräche, Interviews, Tänze, Lieder ›original‹ wiedergeben (auch hier wieder als Einstieg, als Abschluß, zur Untermalung eines Berichts). Schulfunksendungen eignen sich am besten, wenn sie die Lebenssituation einer Familie in einer anderen Umwelt schildern und die geographischen Zusammenhänge darin eingeblendet sind. Das Prinzip von E. Hinrichs (auf das immer wieder hingewiesen worden ist), nämlich von lebensnahen Einzelbildern auszugehen und sie in kindertümliche Handlungen aufzulösen, ist von den besten Schulfunksendungen am konsequentesten befolgt worden. Nicht die Landschaft an sich steht im Mittelpunkt, sondern der Mensch mit seinen Sorgen, Nöten, Problemen, Erfolgen und Mißerfolgen. (Vgl. auch Stenzel.) Selbstverständlich muß jede Sendung so ausgewertet werden, wie es für die Auswertung der Berichte und Schilderungen skizziert worden ist. Wie diese ist sie in den Zusammenhang zu stellen mit schon gewonnenen Ergebnissen und Erkenntnissen, mit anderen, bekanntgewordenen Situationen, ist das ›geographische Vergleichen‹ zu üben. (Vgl. auch Schmidt, S. 194.)

Jedes Medium sollte durch die Schüler *in ein anderes Medium übersetzt* werden: wie der Unterrichtsgang in einen Bericht, in eine Schilderung umgesetzt werden kann oder auch in eine Planskizze, wie Bild und Film in Schilderung und ebenfalls in Zeichnungen überführt werden, so der Sachtext in ein ›Bild‹, in eine Konstruktionsskizze (z. B. Schleuse), der Schulfunk in eine eigene Vorführung, in ein eigenes Spiel der aufgetretenen Personen. Vieles kann im Sandkasten modelliert werden. Wenn hier von ›kann‹ gesprochen wird, dann deswegen, weil es jeweils wieder von der Sachstruktur abhängig ist, keine Regeln gegeben werden können; nicht aber soll das ›kann‹ heißen, daß man diese Umsetzungen auch bleiben lassen könnte. Vielmehr sind diese Umsetzungen zur Erzielung eines nachhaltigen Lernerfolgs notwendig, auch wenn das Umsetzen Zeit kostet, da vieles nicht bloß als Hausaufgabe ›erledigt‹ werden kann, sondern im gemeinsamen Tun in der Schule entstehen muß. Notwendig sind die Umsetzungen vor allem für die Schüler, deren Abstraktions- und Gedächtnisleistungen vom gesprochenen und geschriebenen Wort allein her nicht genügend aktiviert werden können. Hier hat die Umsetzung eine notwendige und daher zeitlich in der Schularbeit zu berücksichtigende ›Zwischenfunktion‹ zu übernehmen.

f) Der Globus – das Tellurium

Was der Globus leistet, ist nicht nur die Wiedergabe der Formgestalt unserer Erde, sondern auch des Miteinanders und Zueinanders der Verhältnisse auf der Erdoberfläche in gegenseitiger, verzerrungsfreier *Abbildung*. Die *wahren Größen-* und Lageverhältnisse können erkannt und beschrieben werden. Der gebräuchliche Atlas dagegen verkleinert gewissermaßen die Welt zunehmend in seinen Erdteilkarten dort, wo sie tatsächlich an Ausdehnung und Weite gewinnt. Man mache nur einmal den Versuch, etwa Europa und Indien vor der Betrachtung des Globus nach ungefährer Größe und Lage zueinander zeichnen zu lassen – und vergleiche dann die Reaktionen beim Korrigieren mit Hilfe des Globus. Nicht nur die ›Landgestalten‹, sondern auch die Verteilung von Wasser und Land, der ›wahre‹ Verlauf der großen Gebirgssysteme kann über den Globus am besten in die Vorstellung eingehen.
Notwendig ist der Globus zur Klärung aller Fragen, die mit der *Drehung der Erde* und der Schiefe der Erdstellung zu tun haben: Tag und Nacht, Mitsommernachtssonne und Polarnacht, Jahreszeiten, scheinbarer Gang der Sonne zwischen den ›Wendekreisen‹ (= ›Tropen‹). Dabei ist von ›einfachen‹ Fragen auszugehen, die dazu führen, daß man die Sache am Globus klärt: »Wo geht die Sonne auf?« »Warum geht sie im Osten auf?« »Schauen wir uns einmal an am Globus, wie sich die Erde dreht.« Die Schüler beobachten, daß sie sich von ›Westen‹ nach ›Osten‹ dreht. Die Drehung der Erde ist also der Grund für das ›Aufgehen der

Sonne‹ im Osten, für Tag und Nacht, für die Einteilung der Erde in Zeitzonen.
Der Globus darf für alle diese Demonstrationen nicht zu klein sein. Der *Durchmesser* muß mindestens größer als 33 Zentimeter sein, was einem Abbildungsmaßstab der Erdoberfläche von ungefähr 1 : 39 Millionen entspricht und damit ungefähr den Maßstäben vieler Erdteilkarten in den Schulatlanten (zwischen 1 : 25 und 1 : 36 Millionen).
Die Wertschätzung der Arbeit mit dem Globus geht bei Vogel weit über diese mehr oder weniger ›technischen‹ Fragen hinaus. Der Globus muß der dauernde Anschauungshintergrund und die Symbolgestalt der ›Einen Welt‹ sein. Mit Wocke (S. 80) ist aber die Auffassung zu teilen, daß der Wert des Globus als ›originaler Arbeitsquelle‹ im ganzen doch recht begrenzt ist. Was Wocke für die Karte ausführt, gilt auch für den Globus: ›Baikalsee und Njassasee sind zwar in Größe, Form und Entstehung einander ähnlich, aber landschaftlich ganz verschiedene Gebilde.‹ Die ähnliche ›Quantität‹ läßt sich ablesen, aber nicht die unterschiedliche ›Qualität‹ erschließen.
Oft wird der Globus in Beziehung mit der Erarbeitung des Gradnetzes gebracht. Das ist nur bedingt richtig; denn das *Gradnetz* gehört nicht zum Globus, sondern bietet nur eine mathematische Hilfestellung, um die Flächenverhältnisse und Umrisse der Erdoberfläche auf die Kartenfläche projizieren zu können. Vom Kartenzeichnen her sollte also die Bedeutung des Gradnetzes als einer geometrischen Konvention erfahrbar gemacht werden. (»Wir wollen jetzt Südamerika zeichnen. Wie machen wir es ›richtig‹, wenn wir es nicht abpausen?«)
Hinsichtlich der Stufengemäßheit kann erfahrungsgemäß vom 7. Schuljahr ab mit der sicheren Lösung einer solchen Aufgabe und mit gutem Verständnis dafür gerechnet werden. (Vgl. auch E. Hinrichs, 1942.)
Dem Globus verwandt nach Sinn und Absicht ist das *Tellurium*. Wie sich Erde, Mond und Sonne zueinander anordnen, wie sie sich bewegen, das kann veranschaulicht werden, ferner die Entstehung der Jahreszeiten und die scheinbare Wanderung der Sonne zwischen den Wendekreisen. Es fragt sich indessen, ob das nur bei so wenigen Anlässen benützte Tellurium mit seinen hohen Kosten diesen Aufwand rechtfertigt; zumal sich mit relativ geringem Aufwand (Signallampen als ›Sonne‹, Schüler, die sich entsprechend um die Erde oder die Sonne herumbewegen) und für die Schüler wesentlich verständlicher die Prinzipien in der Schulstube simulieren lassen.

2. Der Sandkasten – Modelle

Der Sandkasten und das Modellieren von Landschaften und dergleichen in ihm ist als ein Arbeitsmittel sui generis zu betrachten; denn das Arbeiten am Sandkasten ist nicht ein möglichst wirklichkeitsgetreuer Ersatz einer möglichst angenäherten ›originalen Begegnung‹ wie bei den bisherigen Arbeitsmitteln; sondern das Tun am Sandkasten ist wichtig als ein *motorisches Umsetzen* von etwas Gehörten oder Gesehenen oder Gelesenen oder von der Karte Abgelesenen *in eine so gedachte Wirklichkeit,* die erst im Sandkasten entsteht: eine Küstenlandschaft mit Hafen, die Wattenküste mit einer Hallig, die Heimatlandschaft mit ihren Bergen oder Hügeln, die nachkonstruierten Höhenstufen, eine Schleuse als Modell, ein Deich, eine Oase in ihrer Topographie und mit ihrer Anbauverteilung, eine Schichtstufe, die Darstellung einer ›glazialen Serie‹: Alles dieses Tun nimmt sehr viel Zeit in Anspruch; die Frage ist, ob es gerechtfertigt ist, sich die Zeit dafür zu nehmen. Die Frage ist zu bejahen, wenn der Unterricht nicht in ein bloßes ›Sandkastentun‹ entartet, sondern immer das begründete Ziel hat, nur visuelle Eindrücke und Vorstellungen ohne ›Raumgehalt‹ an einem Modell nun raumhaft aufzubauen. Dieses raumhaft umsetzende Tun ist von großem Erkenntnisgewinn für die Schüler und fördert nachhaltig den Lernerfolg. Ein Modell der Heimatlandschaft mit Bergen oder Hügeln, Tälern und Siedlungen fördert das Verständnis dafür, daß die Dinge eine objektive Lage im Raum zueinander haben, daß es gilt, das bloß subjektive ›vorn‹, ›hinten‹, ›links‹, ›rechts‹, ›davor‹, ›dahinter‹ zu überwinden. So gesehen, ist die Arbeit am Sandkasten ein ungemein wichtiges Arbeitsmittel bei der Gewinnung von ›objektiven‹ *Raumvorstellungen,* bei der Erzielung des Kartenverständnisses. (Vgl. Stückrath, 1965, Aebli, 1968.) Um ein *Kartenverständnis* vorzubereiten, sollte spätestens zu Beginn des 5. Schuljahrs folgender Arbeitsgang ausgeführt werden: Zunächst macht man eine Lehrwanderung zu einem erhöhten Punkt der Heimatlandschaft und betrachtet die Landschaft mit ihren Erscheinungen auf dem Weg dorthin. Ein ›Wanderplan‹ mit entsprechenden Eintragungen wird angelegt. Dann ersteigt man die erhöhte Stelle und betrachtet den Wanderweg von dort, ordnet den Weg in die von oben zu sehende Umgebung ein. »Morgen wollen wir das Gesehene in unserm Sandkasten ›nachbauen‹. Überlegt euch zu Hause, was wir dann alles ›bauen‹ müssen.« Wohin dieses Was nun gebaut wird, darüber entscheidet die Arbeit mit der Formmasse am Sandkasten. Ist das ›Modell‹ fertig, so wird eine Glasplatte drüber gedeckt. »Wir wollen jetzt einmal tun, als sähen wir unsere Landschaft nur direkt von oben und nicht nur von allen Seiten, wie sie durch die Glasplatte erscheint.« Mit Fettstiften werden die wichtigen Umrißlinien auf der Glasplatte nachgezogen: ein ›Grundriß‹ entsteht, die Vorstufe zur Karte. Es lassen sich die Symbole der Karte am Grundriß entwickelnd erarbeiten, die Himmelsrichtungen, die ›Einordnung‹ und der Vergleich mit einer ›richtigen‹ Karte. Das führt zur Frage der maßstabgerechten Zeichnung. Höhendarstellung und ihre Umsetzung in die Symbolfarben der Karte werden erkannt und geübt.

Auch die *Höhendarstellung* anhand von Isohypsen (Linien gleicher Höhe) kann mit Hilfe eines Bergmodells einsichtig gemacht werden. In einem festgelegten Abstand werden mit Fäden und Stecknadeln entlang den Linien gleicher Höhe markiert und dann auf der Glasplatte die markierten Linien nachgezogen. So entsteht allmählich der ›Grundriß‹ einer Berggestalt.

Auch ein *Profil* läßt sich von der Arbeit am Sandkasten ableiten, sofern nur eine Seite des Sandkastens aus Glas besteht. Eine bis an die Glaswand modellierte glaziale Serie oder eine Schichtstufe oder ein Deich werden von der Glasseite ›abgeschnitten‹: der Querschnitt wird ablesbar und damit die Profillinie, die auf der Glaswand festgehalten wird; dann kann das Modell wieder weggeräumt werden: die Zeichnung bleibt erhalten und kann übernommen werden. (Das gilt im übrigen auch für die oben genannten Arbeiten.)

Dem Sandkasten gleichrangig sind ›Modelle‹ aus Styropor und dgl. Auch sind sie haltbarer und lassen sich besser transportieren.

3. ABSTRAHIERENDE ARBEITSMITTEL

a) Karte und Atlas – thematische Karten

Die Karte ist *nicht das* wichtigste Arbeitsmittel des Erdkundeunterrichts schlechthin, wie man aus der in den Schulen noch vielfach geübten Praxis schließen kann – trotz der Warnungen, die jeder erfahrene Erdkundedidaktiker ausgegeben hat und ausgeben wird. Die Karten, vor allem, wenn sie im Atlas gebündelt sind, sind ein verführerisch bequemes Arbeitsmittel für den Lehrer. Jeder Lehrer sollte sich aber die spontane Äußerung eines Kindes auf einen Atlas, den es geschenkt bekommen hatte, vor Augen halten: »Da kann man ja gar nichts sehen, nichts Richtiges!« Auf die Frage nach dem Wieso antwortete es: »Da sind ja gar keine Bilder drin, auf denen man richtig was sehen kann.« Aus dieser Äußerung geht zugleich hervor, daß Bilder für Kinder tatsächlich verkleinerte Ausschnitte aus der Wirklichkeit darstellen, an ihnen sich eine Art originaler Begegnung vollzieht. Genau dies ist an der Karte nicht so leicht der Fall. Der Lehrer, der sich von der Bequemlichkeit, Karten zu handhaben, verführen läßt, weiß nichts von den Schwierigkeiten und nichts von den eigentlichen Möglichkeiten der Kartenarbeit.

Das große Problem bis heute ist zunächst die *Einführung* in das Kartenverständnis selbst geblieben. Die kleineren und größeren Aufsätze dazu sind ziemlich zahlreich. Obwohl die eigentliche Einführung in Maßstabverhältnisse und Kartenverständnis schon im Heimatkundeunterricht des 3. und 4. Schuljahrs gegeben wird, sollte man auch vom Erdkundeunterricht her die Schwierigkeiten angehen, zumindest noch während des 5. Schuljahrs. Man macht immer wieder die Erfahrung, daß in dieser Klasse Maßstabverständnis und Kartenverständnis geübt werden müssen, gelegentlich noch einmal ganz neu vollzogen werden müssen. Kein Problem ist für das Kind die Verkleinerung als solche; sie wird ja ständig im eigenen Zeichnen und Malen vorweggenommen. Viererlei dürfte besondere *Schwierigkeiten* bereiten: 1. der Ausbau der Sicht ›von oben‹; 2. der Aufbau der wirklichen Einsicht in Maßstabverhältnisse und damit in zu übertragene Raumvorstellungen; 3. die Reliefdarstellung; 4. die Himmelsrichtung und die Einordnung der Karten.

Wir gehen im folgenden den einzelnen Schwierigkeiten nach; teilweise Lösungsmöglichkeiten sind schon im Zusammenhang mit dem Sandkasten skizziert worden. Allgemein muß gelten, daß vom Kinde ausgegangen wird. Eine erste Hilfe für den Lehrer, sich darüber zu orientieren, wieweit das einzelne Kind von sich aus ein ›Verständnis‹ für ›Karten‹ besitzt, bietet die Aufgabe, ›*Phantasielandkarten*‹ entwerfen zu lassen. Fast jedes Kind dürfte einen Erwachsenen schon einmal über eine Karte gebeugt gesehen haben, um das Straßennetz zu studieren; oder es hat Karten im Fernsehen betrachtet. Nun soll es also solche Karten einmal selbst entwerfen. Aufschlußreich dürfte die Art sein, in welcher

Weise etwas dargestellt wird und was jedes einzelne Kind für die Darstellung auswählt, welche Objekte, welche Farben, welche Vereinfachungen gewählt werden. Ein Kind malte spontan eine ›Weltkarte‹ und nannte sie ›Heimatkunde über Erdteile‹. Einprägsam waren offenbar die Umrisse von Afrika und Amerika; diese beiden Erdteile konnte man wiedererkennen. Wichtiger als die Erdteile war die ›dingliche Erfülltheit‹ für das Kind: ›viel Gras‹, ›Wassergebiet‹, ›viel Sand‹, ›es wird dämmrig‹, ›Norden‹, ›regenreich‹, ›China‹: alles mit verschiedenen Farben angelegt. Der Symbolcharakter, der *Zeichencharakter der Farbe* war also erkannt. Interessant ist, daß mitten in ›Substanzbezeichnungen‹ eine Ländergestalt erscheint: China – sicherlich Symbol für das Ferne, Unverstandene. Von solchen Versuchen aus sollte man die vier genannten Hauptschwierigkeiten lösen und allmählich zu einer konsequenten Abfolge kommen.

Methodisch exakt und dabei sehr anschaulich führen Hinrichs und Pollex mit der sog. *Kartenfibel* (1966) in den Umgang mit der Karte in der Sicht von oben und dem Verständnis der in ihr enthaltenen Symbole ein. Die Kartenfibel wird ergänzt durch Arbeitsbögen für die Schüler und Arbeitsanweisungen für den Lehrer. Das Umsetzen der Wirklichkeit in die abstrakte Karte wird anhand einer prägnanten Fülle von Beispielen Kindern und Lehrern leicht gemacht.

Ein präzises Arbeiten anhand der Kartenfibel hilft später, große *Schwierigkeiten* zu vermeiden; denn nach den Untersuchungsergebnissen Sandfords fällt es einem großen Teil der Schüler ständig schwer, Maßstab und eingetragene Zeichen und deren Anzahl zu gebrauchen; die simplifizierte Darstellung der Welt auf den Karten wird von den Schülern zu buchstäblich genommen. Sind z. B. an der Eisenbahnstrecke von Kalkutta nach Bombay nur drei Orte eingetragen, dann existieren für den Schüler auch in der Wirklichkeit nur diese drei Orte. Daß es auf einer Tausende von Kilometern langen Strecke mehr als diese drei Orte geben muß, machen sich die Schüler nicht klar. Auch die Ergebnisse Engelhardts zeigen, daß der Unterricht nicht früh genug beginnen kann, die Karte als Orientierungsmittel verständlich zu machen.

Bei dem *Aufbau der ›Sicht von oben‹* sehen die konsequenten Schritte etwa folgendermaßen aus. Zunächst einmal wird der Heimatraum begangen; von wo aus hatte man den ›schönsten Blick‹ auf den Ort, die Ebene, die Eisenbahnstrecke, den Autobahnabschnitt? Verschiedene eigene Standorte in einem begrenzten Raumausschnitt sind zuerst notwendig. Daran schließt sich das Schrägbild an, das alles überschauen läßt, was man im einzelnen gesehen hat; daraus entsteht das Modell im Sandkasten; an ihm wird ein ›Plan‹, ein ›Grundriß‹ entwickelt, eine ›Bildkarte‹. Erst dann folgt ein Luftbild in Senkrechtaufnahme. Das Vergleichen zwischen der eigenen ›Bildkarte‹ und dem Luftbild setzt ein: wo ist dort jenes, hier dieses . . .? Das Luftbild wird schließlich von einer Karte möglichst im gleichen Maßstab und im gleichen Ausschnitt abgelöst. Der letzte Schritt ist erreicht. Eine Reihe von Schulatlanten geben im Heimatteil Beispiele für ein solches konsequentes Aufbauen. Möge der Lehrer sich im einzelnen an seinem Ort davon anregen lassen. Beispiele für das kindliche Erarbeiten von Karten findet man in vielfältiger Art bei Sperling (1965, 1970; ferner bei Cordes, 1973, mit Hilfe des Stereoskopbildes; vgl. auch Haubrich, 1972, sehr eingehend auch bei Engelhardt/Glöcke, 1973).

Der *Aufbau des Maßstabverständnisses* setzt ebenfalls in der Grundschule ein und ist ständig bis ins letzte Schuljahr zu üben. Instruktiv ist der Weg, den Krämer anhand des Klassenzimmers und seiner Einrichtung die Kinder gehen läßt. Erst werden die Tische nur nach dem Augenmaß eingezeichnet. Die Versuche fallen unbefriedigend aus: wieviel Platz vorn und hinten freibleiben muß. Man bedient sich des naheliegenden ›Maßstabes‹, einer Tischlänge. Es wird probiert, wieviel Tische man in der Längsseite des Klassenzimmers aufstellen kann; im Sandkasten oder auf der Platte wird es verkleinert nachgemacht. Jetzt stellt sich bei der Verkleinerung die Frage nach dem Maßstab: sie muß so sein, daß in der Länge acht ›verkleinerte‹ Tische hintereinander Platz haben. Krämer weist besonders darauf hin, daß die Kinder mit Hartnäckigkeit und Genauigkeit verfuhren, alles bis ins kleinste Detail in das ›richtige‹ Verhältnis zu bringen. Es mußte ›richtig‹ sein – von ›Maßstab‹ war zunächst nicht die Rede, weil die Hauptfrage die nach der ›Stimmigkeit‹ der Verhältnisse war. Im praktischen und zeichnerischen Tun aber war unbewußt das ›Maßstabverhalten‹ eingeführt und erkannt. An solchen praktischen Beispielen wird auch eingesehen, was eine ›Vergrößerung‹ und eine ›Verkleinerung‹ des Maßstabes bedeuten. Die Zahlenverhältnisse sollten aber erst nach dem Bruchrechnen eingeführt werden. Denn jetzt erst wird erkannt, daß ein der Zahl nach ›kleiner‹ Maßstab einen Ausschnitt ›groß‹ wiedergibt, ein der Zahl nach ›großer‹ Maßstab aber sehr ›klein‹; oder anders ausgedrückt: die darstellbare Fläche steigt. Gerade diese Verhältnisse sind es, die immer geübt und bewußtgemacht werden müssen. Man sollte sich in jedem Schuljahr je nach Stoff für einige Übungsaufgaben Zeit lassen: »Zeichnet den Umriß der BRD in die Karte mit dem ‚Großen Becken' ein, im selben Maßstab wie diese Karte.« Dasselbe übt man am Ural, an der Pampa. Man kann die Oberrheinische Tiefebene in die Poebene eintragen lassen, in den Rhonegraben, ins Kalifornische Längstal, in die ostafrikanische Grabenzone. Diese Übungen als umsetzendes Tun sind wesentlich wertvoller als die bloßen Vergleichskärtchen, die in einigen Atlanten die Bundesrepublik im Maßstab der jeweiligen Hauptkarte in der

Ecke dieser Karte abbilden. Damit wird deren Wert in keiner Weise bestritten – aber der Wert muß erst einmal durch das eigene Tun erfahren werden.
Bei der *Reliefdarstellung* bereiten die Farben den Kindern unbewußt immer wieder Schwierigkeiten. In naiver Weise haben die Farben Symbolcharakter (vgl. das oben berichtete Beispiel): gelb ist für ein Kind die ›Postfarbe‹; seine ›Weltordnung‹ kommt erfahrungsgemäß ein wenig ins Wanken, wenn es bei einer Auslandsreise diese ›Postfarbe‹ nicht mehr vorfindet. Grün ist die ›Blattfarbe‹ und steht für fruchtbar (vgl. dazu auch Werner, 1953, S. 174–175). Zum besseren Verständnis ist also der umständliche und zeitraubende Weg über den Sandkasten (vgl. dort) unbedingt einzuschlagen. Dann wird auch erkannt, und das ist sehr wichtig, daß nicht dort, wo eine Farbe ›zu Ende‹ ist, eine Geländestufe vorhanden ist, sondern daß der Übergang nach ›oben‹ hin fließend ist, wenn nicht ein schrofferer Anstieg durch besondere Signaturen wiedergegeben wird. Die Notwendigkeit solcher besonderer Signaturen (Schummerung, Schraffierung) wird erst dann eingesehen – und damit ihre Bedeutung.

Zum vierten Problem, der *Himmelsrichtung und Einnordung*, ist entsprechendes im Zusammenhang mit dem Sandkasten ausgeführt worden. Wo jeweils Norden ist, Westen, Süden, Osten: das muß erfahrungsgemäß jedes Jahr neu bewußtgemacht werden, wenn die Klassen den Schulraum gewechselt haben.

Aus diesen Überlegungen ergeben sich bestimmte *Anforderungen an Karten und Atlanten:* Für gleiche ›Aufgaben‹ (Städte, Landschaften, Kontinente) oder für die Höhendarstellung sind immer die gleichen Maßstäbe und die gleichen Signaturen zu verwenden, um die dauernde Vergleichbarkeit zu gewährleisten. Entgegen einer ziemlich verbreiteten Auffassung sollte man die Karten 1:25 000 und 1:50 000 nicht im 5. Schuljahr verwenden, sondern wegen der Fülle des Karteninhalts erst im 9. bzw. 10. Schuljahr. Kindertümliche ›Bilderkarten‹ erfüllen im 5. und 6. Schuljahr den Zweck der Karte, eine Lage- und Relieforientierung zu geben, sehr viel besser. Daher sollte auch der Atlas nicht zu früh eingeführt werden, vor allem, wenn es sich um einen ›guten‹ Atlas handelt – und darunter ist ein Atlas zu verstehen, der differenzierte Karten mit differenzierendem Kartenbild enthält, also mit einer Fülle von Aussagemöglichkeiten ausgestattet ist, die es erst in fortschreitender Anwendung und Nutzung zu verarbeiten gilt. (Als Beispiele für solche Atlanten seien genannt: ›Unsere Welt‹ und der ›Westermann Schulatlas‹.)

Nach Stückrath (1963) entwickelt sich ein *räumliches Denken* beim Schulkind in drei Phasen. Diesen drei Phasen muß die jeweilige Einführung in das Kartenverständnis und in den jeweiligen Umgang mit den

Karten angepaßt sein. In der ersten Phase (sechs und sieben Jahre) bleibt den Kindern der begangene Weg bei der Orientierung in der Landschaft unbekannt. Das Raumerleben beschränkt sich auf einige ausgezeichnete Stellen. Auf der zweiten Stufe der ›gegenständlichen‹ Ordnung (neun bis elf Jahre) erscheint jetzt der Weg als eine Bahn im Raum. Das Kind ist aber noch nicht in der Lage, diesen Weg von einem außerhalb des Weges liegenden Standort sich vorzustellen. Die Flächendarstellungen etwa vom Standpunkt ›oben darüber‹ fallen noch schwer. Die gelungenen Beispiele, die Sperling (1965, 1970) bringt, gehören erst in die dritte Stufe der ›figuralen‹ Ordnung. Jetzt ist eine Überschau über den Weg möglich, und das Kind sucht von sich aus höhere Standorte im Gelände auf, um einen Überblick über den Gesamtverlauf des Weges zu gewinnen. Die eigentliche Kartenarbeit kann also erst von hier ab beginnen. (Vgl. modifizierend: Engelhardt, 1973.)

Gelten alle diese Überlegungen bisher nur den ›normalen‹ physikalischen Karten, so ist bei allen *thematischen Karten* der Sachverhalt noch komplizierter, da abstrakter: Die Temperaturen und Niederschläge, die Bevölkerungsdichte sind ja nicht unmittelbar im Raum zu sehen, sondern Zahlenwerte, die auf einen Raum projiziert sind. Dazu sind es Zahlenwerte, die zum Teil auf Mittelwertbildungen (also auf potenzierter Abstraktion), zum Teil auf Relativgrößen beruhen, von den tatsächlich vorkommenden, absoluten Zahlen völlig abweichen. Will der Schüler verständnisvoll mit solchen Karten arbeiten, so müssen ihm die Grundlagen der Mittelwertbildung, der Bildung von Relativgrößen und die jeweilige einsichtsvolle Begründung für ein solches Verfahren klar sein. Nur so wird er in der Lage sein, die ›Verbreitung‹ einer Erscheinung, ein Gefälle in der Zu- und Abnahme, eine ›Grenze‹ richtig zu deuten und daraus entsprechende Folgerungen zu ziehen.

Thematische Karten des Verkehrs, der Industrie, der Bodennutzung, der Dichten, der klimatischen Erscheinungen sind nicht als bloße Beigaben, als ›Nebenkarten‹ in einem Atlas zu bezeichnen, sondern sie stellen vielmehr eine besonders ergiebige *Arbeitsquelle* dar, eine Quelle, die Fragen aufwirft, eine Quelle, die aufgeworfene Fragen wieder beantworten hilft im Vergleich mit anderen thematischen Karten. Der richtige Umgang mit den thematischen Karten führt zu einer Fülle von Informationen über eine bestimmte Erdgegend, die auch das breiteste Universallexikon nicht zu ersetzen vermag. Was alles abgelesen werden kann, das muß der Lehrer an einem oder mehreren Beispielen in jedem

Schuljahr klarmachen, damit die Fertigkeit ›Umgehenkönnen mit thematischen Karten‹ erworben wird. Aber nicht nur in einem bloßen äußerlichen Sinne, sondern damit eingesehen wird, daß man den Atlas für das spätere Leben gebrauchen kann. Die Bedeutung des Atlas, des Kartenlesenkönnens in diesem Sinne muß als eine *wichtige Kulturtechnik*, die der Mensch sich geschaffen hat, neben Rechnen, Lesen, Schreiben (und in der späteren Berufs- und Lebenswelt gleichrangig mit diesen) durch den Erdkundeunterricht erfahrbar gemacht werden. Besonders das 9. und 10. Schuljahr bieten wertvolle Gelegenheiten. Aus diesen Gründen muß der benutzte Atlas gerade hinsichtlich seiner thematischen Karten genügend differenziert sein. Es wäre in jeder Beziehung kurzsichtig, einen billigen Atlas anzuschaffen; die Mehrkosten für einen besser ausgestatteten Atlas kommen im Arbeitsgewinn voll und ganz heraus. (Beispiele für solche Atlanten wurden oben genannt.) Eine sehr umfangreiche Literatur zu Schulatlanten ist von Sperling (1970, S. 92–100) zusammengestellt worden.

Kommen wir nach diesen allgemeinen Erläuterungen zu konkreten *Arbeitsaufgaben* mit verschiedenen Karten und stellen wir dabei Möglichkeiten und Schwierigkeiten heraus. Die sogenannten *physikalischen Karten* sind stets in der Arbeitseinheit mit Bildern, Berichten, statistischen Angaben zu verwenden. Die Karten dienen der räumlichen Ergänzung, um das Gesehene, Problematische räumlich zu fixieren. Die genannte Arbeitseinheit ist notwendig, weil die Karte der Vielfalt der Eigenarten nicht gerecht werden kann, weil sie generalisiert. Was verbirgt sich beispielsweise hinter den für alle Länder und Kontinente so einheitlichen Stadtsignaturen! Daher muß an der Karte das vergleichende und (durch das Vergleichen) differenzierende Arbeiten ständig geübt werden, und zwar so, daß sich der Schüler von selbst diese Aufgaben stellt und sie selbst vollzieht.

Ausdehnung verschiedener Städte – Ausdehnung verschiedener Industriegebiete – Tatsächliche Länge verschiedener Flüsse (Rhein 1320, Donau 2850, Ruhr 235, Main 524 Kilometer) und Luftlinien (einen Kanon, je nach Heimatort, dazu zusammenstellen) – Beschreibung des Küstenverlaufs (zerlappt, gegliedert, ruhig, ausgeglichen . . .) – Straßen- und Eisenbahnnetz bei einer Stadt (Stern, Ring, Knoten) – Was kann man der Karte über das Rheintal zwischen Mainz und Koblenz entnehmen? – Vergleich mit der Mosel zwischen Trier und Koblenz – Vergleich von Mosel, Main, Neckar (Schiffbarkeit und Staustufen) – Was am Vogelsberg auffällt – Erschließung von Gründen für die Lage oder die Reihung von Städten, Häfen, Straßenführungen, Bau von Schleusen, Talsperren, Anlage von Eisenbahnen und Kanälen, Tunneln – Vergleich der Nord- und Südseiten von Gebirgen (bei West-Ost-Verlauf) oder der West- und Ostseiten (bei Nord-Süd-Verlauf), indem verschiedene thematische Karten (Dichte, Anbau, Klima, Vegetation) herangezogen werden (ähnliche Aufgaben: für ausgedehntere Ebenen, Täler, Seebecken) – wichtige Raumvergleiche (das ›Dreieck des Hoangho‹: Festlegen von Punkten, Messen der Strecken dazwischen, Zeichnung dazu, Aufsuchen eines Dreiecks ähnlicher Größe nördlich der Alpen: Emden–Danzig–München; ähnlich beim Gangesdelta und Aufsuchen eines Dreiecks ähnlicher Größe in Deutschland: Rotterdam–Lübeck–Kassel; die Weite der Sowjetunion, verdeutlicht durch die Transsibirische Bahn; die Schmalheit und Länge der Niloase; die Ausdehnung des Stromgebietes des Amazonas) – Benutzung der *Industriekarten*, um das Ausmaß der Vielseitigkeit der vorhandenen Industrie zu erkennen und die Industriegebiete untereinander zu vergleichen – Zusammenhang mit Verkehrs- und Pendlerkarten – Benutzung der Karten der *Bodennutzung* (nicht, um im einzelnen zu sehen, wo es Weizen, Hafer, Gemüsebau gibt und die bloße Verbreitung einer jeden Anbaupflanze festzustellen, sondern um herauszubekommen, in welchen Gebieten charakteristische Merkmale zusammentreffen und was diese dann über dieses Gebiet aussagen: Weizen, Zuckerrüben; Wein, Gemüse, Obst; Vergleich mit den Klimakarten, Bodenkarten).

Es ist wichtig zu schulen, daß der Schüler solche Aufgabenstellungen, ein *Arbeiten mit ›Kartenfolgen‹*, allmählich mehr oder weniger automatisch vollzieht, daß er auch Kartenausschnitte aus verschiedener zeitlicher Herkunft nach dem ›Vorher‹ und ›Nachher‹ betrachten und daraus die richtigen Schlüsse ziehen lernt. Mehr oder weniger *automatisch* muß er sich selbst bei jedem neuen Gegenstand fragen und sich die Fragen aus dem Atlas beantworten können: Wie liegt das Gebiet zum Heimatort? In welcher Himmelsrichtung? In welcher Entfernung? Wie wird der Maßstab der Karten umgesetzt? Wie kann ich dort hingelangen? Wie lange braucht man dafür? Mit welchen bekannten Strecken und Wegen ist das zu vergleichen? Oberflächengestaltung (Mittelgebirge, Tiefland, Hochland, Becken, Stufen) und Gliederung eines Gebietes und Benennung der einzelnen Teile? Größe, Längen- und Breitenerstreckung? Was sagt der Verlauf der Flüsse über die Abdachung? Wie ist die Wegsamkeit eines Gebirges? Gehen die Straßen über es hinüber? An welchen Stellen? Wieviel Regen empfängt ein Gebiet? Woran liegt das? (Luv – Lee. Vergleich mit der Niederschlagsmenge des Heimatortes.) Was sagen die Temperaturkarten? Wo liegen die wärmsten Teile – die kältesten? Sind die Unterschiede groß oder klein? Woran liegt das? Worauf läßt dies schließen? (Man vergleiche dazu den sehr ausführlichen Katalog von Fragen bei Adelmann, S. 151–155 und S. 173–176.) Auf die Schwierigkeiten der *Klimakarten* (Mittelwerte und ›wahre‹ Werte) wurde schon hingewiesen. Der Nachteil der Vegetationskarten besteht darin, daß das Kulturland ebenfalls dargestellt ist. Der Nachteil der *geologischen Karte* und zugleich ihre Schwierigkeit ist darin zu sehen, daß nicht Gesteine dargestellt werden, sondern Formationen. Sie sagen dem

Kind nichts. In geologische Karten ist daher behutsam einzuführen, und zwar erst im 9. Schuljahr. Das ›Formationenprinzip‹ wird aber auch wieder durchbrochen, indem vulkanische und kristalline Gesteine eingetragen sind.
Für das 5. und 6. Schuljahr empfiehlt sich die Arbeit mit ›*Bildkarten*‹. Die bildhafte Darstellung der Naturobjekte, der Pflanzen, der Viehzucht mit Tieren, der Industrie mit Fabrikschloten und Kraftwerken in den Kartenraum hineingezeichnet ist volkstümlich, wirkt unmittelbarer, sinnfälliger, ist für Phantasie und Vorstellungsvermögen anregender. Der Bericht über eine Wanderung kann in eine ›Bildkarte‹ umgesetzt werden, diese Technik also selbst gelernt und angewendet werden. Es liegen vielfältige Erfahrungen vor, daß der Gebrauch solcher Bildkarten durchaus nicht den Umgang mit den abstrakteren physikalischen und thematischen Karten verbaut, sondern zu ihnen hinzuführen geeignet ist. So sollte der Lehrer gerade im 5. und 6. Schuljahr bei der Besprechung von Städten anschaulich gezeichnete Bildkarten heranziehen, und zwar in dreierlei Form: einmal für die Stadt selbst mit ihren Straßenzügen, Plätzen, Bauwerken; ein andermal für die Stadt in ihrer landschaftlichen Umgebung und schließlich für die Stadt in ihrer Verkehrslage. Hierzu kann man bedenkenlos das für kleinere und größere Orte vorliegende Prospektmaterial der städtischen Verkehrsbüros benutzen und ausnutzen.

Nicht nur der Weltatlas, sondern gerade auch der *Heimatatlas* sollte für alle Klassen und nicht nur für das 5. Schuljahr eine wichtige Arbeits- und Vergleichsgrundlage bieten. Daher sollten die Heimatatlanten mit besonderer Sorgfalt bearbeitet werden. Sie müßten das Heimatland in Karten darstellen, deren Maßstab nicht größer als 1 : 300000 ist und die eine gute Reliefwirkung besitzen. Einige charakteristische Landschaften (›*Typenlandschaften*‹) des Landes im Maßstab 1 : 100000 mit zugehörigen Blockdiagrammen und im selben Maßstab die großen Städte und ihr Umland mit eingetragenen Industriesignaturen und den verdeutlichten Funktionen der einzelnen Stadtteile wie auch die Darstellung der Pendelwanderung gehören als nächstes dazu. Die typischen Hof- und Gebäudeformen wie auch die Verbreitung der typischen Siedlungsformen mit Einzelbeispielen wie auch eine Karte der Besitzgrößen der landwirtschaftlichen Betriebe dürfen nicht fehlen. Die Klimakarten sind nur dann vollständig, wenn die Temperaturen im Januar und Juli, die Niederschläge, der Frühlingseinzug und die Dauer des pflanzlichen Wachstums dargestellt sind. Die Karte der Bodennutzung einschließlich des sorgfältig eingetragenen Waldareals muß ergänzt sein durch eine Karte der Bodengüte und durch die geologische Karte im gleichen Maßstab. Die Industriekarte sollte bei den größeren Industrieorten auch die Anzahl der dort in der Industrie Beschäftigten angeben. Hinzu gehört im selben Maßstab eine Karte der Energie- und Wasserversorgung wie auch des Verkehrsnetzes und seiner Belastung.

(Auf die technischen Details der Kartenkunde soll nicht weiter eingegangen werden. In einer kurzen Übersicht stellt Adelmann, S. 82–98, alles Notwendige zusammen. Wer sich genau informieren will, sei auf Wilhelmy, Kartographie in Stichworten, hingewiesen.

b) Skizzen und Transparente – Zeichnungen

Unter Skizzen sind hier nicht die Strichzeichnungen von Ansichten verstanden, sondern die ›*Faustskizzen*‹ als Umsetzungen der Fülle des Karteninhalts in topographische Skizzen unter Heraushebung allein des Wichtigen oder einiger wichtiger Züge: die vereinfachten Umrisse von Ländern, Regionen, Kontinenten, damit die Grundgestalt sich einprägen kann; die wichtigen Gebirge und ihre Hauptrichtung; die größeren Flüsse; die Hauptverkehrsstränge und ihre Knotenpunkte, woran der Begriff der Stadt als eines Verkehrsknotenpunktes augenfällig wird. Hinzu treten Skizzen von Städtereihen an Küsten, Flüssen, Gebirgsrändern. Eine solche Vereinfachung führt zur Entwirrung, zur besseren Übersicht und damit zu einem besseren Behalten. Dieses Entwirren mit Hilfe vereinfachter Faustskizzen ist gerade auch für den Umgang und für die Auswertung von Wirtschaftskarten bedeutsam. (Die ›Mann‹-Hefte können hier mit einer Reihe treffender Faustskizzen als Vorbilder erwähnt werden, von denen der Lehrer sich anregen lassen kann.) Doch ist der Wert bereits fertig an der Tafel entworfener Skizzen gering. Vielmehr sollen auch die Skizzen ›*entwickelnd*‹ hergestellt werden, so daß die Schüler den Arbeits- und das heißt den Erkenntnisweg motorisch und visuell mitvollziehen können. ›Entwickelnd‹ heißt, daß die Skizze Zug um Zug, wie es gerade der Unterrichtsgang mit sich bringt, an der Tafel entsteht und allmählich aufgefüllt wird.

Im Unterrichtsbeispiel ›Indien‹ wird erst der Khaiberpaß auf der Atlaskarte gesucht, dann auf der Wandkarte bezeichnet, wobei die Wandkarte schon eine erste Vereinfachung des Kartenbildes aus der Ferne leistet, und schließlich auf der Tafel eingezeichnet, und zwar bei der Besprechung des Khaiberpasses als eines wichtigen ›Völkertores‹. Die Skizze entsteht also aus einem funktionalen Zusammenhang. Wieso der Khaiberpaß ein ›Völkertor‹ geworden ist, klärt der weitere Blick auf die Wandkarte: Die Lage zwischen Hindukusch und Himalaya, die als ›große Mauern‹ den Weg nach Indien versperren, drängt den Verkehr auf diese Stelle hin. Die ›großen Mauern‹ werden in breiten, braunen Strichen dazu eingetragen. Verkehrs- wie Kulturströme und die Völkerwellen gehen hinein in die großen Stromtiefländer. Das Hochland von Dekhan ist Rückzugsgebiet der Vorvölker. Stromtiefländer und Dekhan vervollständigen die Skizze je am funktionalen Ort der Erarbeitung. Entsprechend kann bei einer Bildreihe mit charakteristischen Merkmalen aus einem Gebiet verfahren werden: das Bild I wird beschrieben, sein Inhalt erfaßt, seine Lokalität festgelegt, dann das Bild II und das Bild III. In einer gleichzügig entwickelten Skizze werden Was und Wo in ihrem räumlichen Zueinander festgehalten.

Ähnlich können die Stadtpläne der großen Städte mit Hilfe von Skizzen entwickelt werden: Man geht von einem charakteristischen Gebäude oder Platz aus, das oder den man im Dia vorstellt, kennzeichnet dann kurz die Lagesituation dieser Stelle im Stadtplan, geht zum nächsten Dia über, erfaßt dessen Lage, vervollständigt die Skizze zwischen diesen beiden ersten Stellen und gewinnt ähnlich fortschreitend allmählich eine ›fertige‹ Skizze der Stadt. Auf diese Weise nur kann der Grundriß einer fremden Stadt lebendig werden, erfaßt werden.

Der Vorzug der Skizze, einen oder vielleicht auch zwei Grundzüge aus der geographischen Vielfalt herauszulösen und sie übersichtlich-vereinfachend darzustellen, ist dann ein Nachteil, wenn es darum geht, Zusammenhänge innerhalb eines Gebietes entwickelnd zu skizzieren. Dann wird die Skizze sehr rasch überladen und nicht mehr durchschaubar. Man muß dann schon mehrere Skizzen mit demselben Ausschnitt nebeneinander zeichnen: Dabei entsteht das Nebeneinander aus dem Nacheinander. Die Schwierigkeit ist nun, das Nach- und Nebeneinander am Schluß wieder übereinander zu sehen, um das Gesamtgefüge und seinen Zusammenhang mit einem Blick erkennen zu können. Gerade bei wirtschafts- und sozialgeographischen Zusammenhängen ist dies schwierig, vor allem, wenn auch noch historisch-genetische Bedingungen mit hineinspielen. Um diese Schwierigkeiten zu überwinden, sind die *Transparente* entwickelt worden. Jedes Transparent besteht aus mehreren durchsichtigen Folien, von denen jede im gegebenen Ausschnitt nur einen regionalen Zug wiedergibt: das Relief in Strichsignaturen auf der ersten Folie, die Anzahl und Größe der Städte auf der nächsten, die Lage und Art der Industrien auf der weiteren. Klappt man die ›Relieffolie‹ auf die ›Stadtfolie‹ oder umgekehrt, so erkennt man die Lage der Städte im Relief, überdeckt man die ›Stadtfolie‹ mit der ›Industriefolie‹, so läßt sich die industrielle Bedeutung jeder Stadt (unter Berücksichtigung ihrer Lage im Relief) auf einmal ablesen. Durch die schrittweise Entwicklung erst des einen Zuges, dann des anderen und die jeweilige Überdeckung werden Zusammenhänge sichtbar, die aus dem bloßen Nebeneinander von Karten oder Skizzen nicht sofort ableitbar sind.

Die Möglichkeiten, mit Transparenten umzugehen und geographische Zusammenhänge klarzulegen, sind so zahlreich wie die geographischen Aufgaben selbst. Fast einen jeden geographischen Zusammenhang in einer Region, sei es in der Industrie, in der Landwirtschaft, in den Funktionen der Städte und ihrer Stadtviertel, in ihrer sozialen und verkehrsräumlichen Gliederung, kann man in der Form solcher Transparente zergliedern und den Zusammenhang einsichtig machen. Das Transparent – aus der Folge von Skizzen ursprünglich entwickelt – stellt also im Augenblick die unterrichtstechnisch beste Möglichkeit dar, die Hauptschwierigkeit der Geographie, es mit komplexen Sachverhalten zu tun zu haben, nicht nur zur Anschauung, sondern auch zum Verständnis zu bringen. Die Transparente sollten daher im Erdkundeunterricht eine sehr weite Verbreitung finden. Während die von verschiedenen Verlagen angebotenen, entwickelten Transparente wegen des hohen Preises dieser Forderung entgegenstehen, kann sich aber der Lehrer selbst die Transparente zu jedem erdenklichen Zweck je nach Unterrichtssituation und Bildungsstufe selber leicht herstellen, wenn er bereit ist, für Durchdenken und Ausführen einige Zeit zu opfern.

Nicht nur kartenmäßige Zusammenhänge lassen sich durch die Transparente darstellen, sondern auch zahlenmäßige Vergleiche lassen sich anhand von übereinandergelegten Kurven und Diagrammen veranschaulichen. Aus verschiedenen Diagrammen von Klimastationen verschiedener Landschaftsgürtel der Erde, den für diesen bestimmten Landschaftsgürtel typischen Jahresgang des Klimas nach Temperatur und Niederschlägen erarbeiten zu lassen, fällt einem 7. oder 8. Schuljahr sehr schwer und ist ohne große Führung durch den Lehrer kaum zu leisten. Legt man aber die Diagramme zweier unterschiedlicher Stationen übereinander, so kann die Klasse spontan die Abweichungen und unterschiedlichen Merkmale erkennen und das für jede Station Typische selbsttätig herausarbeiten.

Sowohl Skizzen als auch Transparente sollten immer mit verschiedenen Farben ausgeführt werden. Der methodisch-didaktische Wert wird dadurch nach Anschaulichkeit, Erfassung der zusammengehörigen Merkmale und schließlich der Zusammenhänge wesentlich gefördert.

Von den Skizzen und Transparenten wurden einleitend die Zeichnungen abgesondert. Skizzen und Transparente geben gewissermaßen den ›Grundriß‹ irgendeiner geographischen Erscheinung wieder, die *Zeichnung* den ›Aufriß‹ einer Landschaft. Man sollte das Zeichnen in diesem

Sinne auf Wanderungen gelegentlich üben, die Hauptzüge einer gesehenen Landschaft festhalten. Man muß den Schülern zeigen, wie es am besten mit Hilfe eines über das Zeichenblatt gelegten Gitters geht, das man sich auch über die Landschaft gelegt denkt. Dann kann man einigermaßen naturgetreu die wesentlichen Züge an den ›richtigen‹ Stellen eintragen.

Eine Vorstufe dazu wie auch eine wichtige Ergänzung ist die *Umsetzung eines Dias* in eine Zeichnung. Eine solche Umsetzung vorzunehmen ist immer dann wichtig, wenn es darum geht, das Dia für eine längere Zeit auch im Heft festzuhalten. Man verfährt dabei so, daß man das Dia auf die Tafelfläche projiziert, dann den wichtigen Linien mit der Kreide nachfährt und so das Bild in seinen Grundzügen zeichnerisch festlegt. Dieses ›Bild‹ kann dann ins Heft übernommen werden und bietet nun die Gelegenheit, die am Dia erarbeiteten Gegebenheiten (Vegetation, Höhenstufen, Anbau, Gesteine und Relief und dergleichen) genau zu bezeichnen.

Von den Zeichnungen als Aufriß ist es nur ein kurzer Weg zur ›*Schemazeichnung*‹ eines Hochofens, eines Hüttenwerks, einer Talsperre, eines Deiches, eines Bergwerks, die alle den schematischen Aufriß anschaulich machen sollen und oft zugleich die Möglichkeit bieten, gewissermaßen ins Innere zu schauen und dieses in seiner Anordnung zu begreifen. Solche Schemazeichnungen sind dann zugleich Querschnitte von Gegenständen. Diese *Querschnitte* müssen genau wie Skizzen entwickelnd erarbeitet werden. Sie sind nicht fertiges Demonstrationsmittel, sondern ein operativ-funktional einsetzbares Arbeitsmittel. Der fertige Querschnitt eines Bergwerkes wirkt eher verwirrend als verständnisfördernd. Der umgekehrte, operative Weg ist der angemessene: Am Bergwerk zieht der Förderturm mit den umlaufenden Förderrädern die Aufmerksamkeit als erstes auf sich; vom Förderturm läßt sich die Schachtanlage, in die man dann einfährt, erklären; vom Schacht aus die Stollen, das Flöz, die Abbauweisen. In entsprechenden Stufen wird die Schemazeichnung, den Bericht begleitend und veranschaulichend, allmählich ›aufgebaut‹ (bzw. beim Bergwerk ›hinuntergebaut‹). Der fertige Querschnitt als Gesamtüberblick über ein Bergwerk kann dann am Ende Bericht und Schemazeichnung abrunden.

Nachdrücklich muß aufmerksam gemacht werden auf das von L. Barth eingeführte ›*Merkbild*‹, dessen Zweck als Mittel zur Verbesserung des Lernerfolgs er sorgfältig begründet und mit vielen Beispielen überzeugend belegt. Dazu können alle Arten von Zeichnungen, auch die in den folgenden Abschnitten noch erwähnten, herangezogen werden. Ihre wesentliche Aufgabe ist es, an der Tafel so deutlich und übersichtlich entwickelt zu werden unter Eintragen der wichtigen Begriffe, daß sie dem Schüler das klare, auf das Wesentliche reduzierte Bild eines geographischen Sachverhaltes bieten und somit das ›Merken‹, d.h. Behalten, nachdrücklich fördern. Auch kann auf solche ›Merkbilder‹ im Unterricht immer wieder zurückgegriffen werden, da sie *Bausteine des begrifflichen Verständnisses* bilden. Beispiele sind: Verdeutlichen der Verkehrsarten und Verkehrsebenen in der Millionenstadt, Verdeutlichen der Probleme und Strukturen eines industriellen Ballungsgebietes, eines ›Kombinats‹, eines integrierten Hüttenwerkes, des Polartages und der Polarnacht, des Klimaunterschiedes auf den West- und Ostseiten eines Kontinentes. – Die Beispiele verdeutlichen die Fülle der Möglichkeiten sowohl in der Sozial- als auch in der Physiogeographie. Barth stellt Beispiele für viele Sachverhalte, die über die ganze Erde verstreut sind, an exemplarischen Räumen vor.

c) Profil, Kausalprofil, Blockdiagramm, Landschaftsquerschnitt

Das *Profil* ist gewissermaßen die Schemazeichnung einer Landschaft. Wenn das Profil dennoch gesondert von der Schemazeichnung behandelt wird, so deswegen, weil es in Zusammenhang mit der Landschaft und mit Kausalprofil und Blockdiagramm ein Arbeitsmittel eigener Art darstellt. So wie die Skizze die Umsetzung grundrißhafter Elemente der physikalischen und thematischen Karten darstellt, so setzt das Profil die Höhendarstellung der Karte in die anschaulichere dritte Dimension um. (Vgl. im einzelnen: Krumbholz, 1971.)
Bei der *Anlage eines Profils* sind folgende Aufgaben zu lösen:
1. Wo verläuft die Linie, entlang derer das Profil gezeichnet werden soll, am zweckmäßigsten? Nicht der Lehrer, sondern auch der Schüler soll erkannt haben (um Profillinien selbständig aussuchen zu können), daß die Linie quer zu charakteristischen Erscheinungen des Reliefs liegen muß, also nicht in einem Gebirge in seiner Längsrichtung, sondern quer dazu, nicht vor oder hinter einer Schichtstufe zu ihr parallel, sondern quer dazu. Diese Aussage scheint eine Selbstverständlichkeit zu sein, ist es aber nicht; dies sieht man, wenn man einmal diskutieren läßt, warum man ein vorgegebenes Profil gerade an dieser Linie gewählt hat.

Jede Profilanlage bedarf einer solchen vorbereitenden Diskussion. Danach wird die Profillinie als Strecke zwischen den Punkten A und B festgesetzt, die Himmelsrichtungen des Verlaufs bezeichnet.

2. Wie kommt man zum ›Profilmaßstab‹? Im ›Profilmaßstab‹ müssen die Entfernungen der gequerten Gebirge, Täler, Orte und dergleichen zueinander in die richtige Relation gebracht werden, indem man die Entfernungen von A und B aus mißt und dann im richtigen Verhältnis zueinander auf der Profilstrecke markiert. Zum ›Profilmaßstab‹ gehören als wesentlichstes die Höhen. Deswegen sind die höchsten und niedrigsten Geländeabschnitte aufzusuchen, zu benennen und danach die benötigten Höhenabstände über der Grundlinie A–B einzutragen. Die niedrigsten und höchsten Stellen sind gleichzeitig wieder in ihren Entfernungen von A und B aus zu messen und ihre vergleichbaren Stellen im Profil zu markieren. Dabei kommt es weniger auf ein völlig maßstabgerechtes Einzeichnen und eine völlig richtige Wahl des Überhöhungsmaßstabes an. Die Hauptsache ist, daß das mit der Frage nach dem ›Profilmaßstab‹ sich ergebende Grundgerüst der Lagesituationen in sich stimmig ist. Bei der Diskussion wird auf den Unterschied von Längenmaßstab und Höhenmaßstab aufmerksam gemacht und ferner besprochen, daß eine Überhöhung vorliegt und warum das der Fall sein muß.

3. Wie kommt man zur ›richtigen‹ Geländedarstellung? Hiermit ist gemeint, daß die Schüler zwischen den bereits markierten Stellen das Relief nicht aufs Geratewohl zu verbinden haben, wie es häufig genug geschieht, sondern daß das Auge erst einmal geschult werden muß, zu den auffallenden Höhen zusätzlich auch noch andere wesentliche Geländeknicke im Verlauf einer Ebene, eines Beckens, eines Gebirges zu erkennen; dies ist wichtig, damit Anstieg und Abstieg der Profillinie annähernd wirklichkeitsgetreu wiedergegeben werden. Zugleich müssen wieder die Entfernungen solcher charakteristischen Geländeknicke von A und B aus festgelegt und im Profil markiert werden. Sollen die Schüler diese Aufgabe mehr oder weniger allein lösen, ohne daß der Lehrer aus seiner Übersicht sofort die Profillinie richtig einzeichnet, so stellt diese Aufgabe erfahrungsgemäß den zeitraubendsten und schwierigsten Teil dar. Man kann aber nicht behaupten, daß die Schüler mit einem Profil umgehen könnten, wenn sie nicht selbständig alle drei Aufgaben lösen können. An einem günstigen Profil ist das Lösungsverhalten dabei zu klären; dann müssen Übungsaufgaben erfolgen, um es zu schulen.

Günstige Profillinien sind z. B. folgende: Mecklenburg von Norden nach Süden (Grundmoränen, Endmoränen, Sander, Urstromtal); ein Schnitt durch Süddeutschland von Aschaffenburg zum Großen Arber (Schichtstufen); von Regensburg zu den Alpen; die Ile de France von Westen nach Osten auf der Höhe von Paris; das Atlasgebirge im Bereich Algeriens von Norden nach Süden; Indien von der Malabarküste zum Himalaya; Mexiko von Osten nach Westen auf der Höhe von Veracruz; Ekuador von Westen nach Osten auf der Höhe von Quito. Weitere Möglichkeiten werden ausführlich dargestellt durch Krumbholz (1971).

Die genannten Profile bieten zugleich auch eine günstige Möglichkeit, sogenannte *Kausalprofile* zu erarbeiten, d. h. Profile, bei denen versucht wird, die Dimensionen der Höhe und Erstreckung mit weiteren Zusammenhängen zu erfüllen, indem die Aussagen der thematischen Karten in der Form der jeweils an einem Ort sich ›übereinanderlagernden‹ Gegebenheiten ermittelt werden. Ist das Profil die Umsetzung der physikalischen Karte der Höhe nach, so ist das Kausalprofil die Umsetzung der thematischen Karten, um Aussagen für einen Ort oder ein Gebiet zu gewinnen. Wenn dabei von ›Übereinanderlagern‹ die Rede gewesen ist, so ist nicht an eine Anwendung des länderkundlichen Schemas gedacht (nachdem vielfach in sogenannten Kausalprofilen verfahren wird), sondern der Ausdruck ist Folge des methodischen Vorgehens: Erst wird beispielsweise die Bevölkerungsdichte entlang der Profillinie untersucht bzw. die Häufung von Städten, dann die Industrie, die Bodennutzung, die Bodengüte, die Gesteine, die klimatischen Gegebenheiten: Aus dem Nacheinander des Aufsuchens wird ein Unter- oder Übereinander der Eintragungen. Die Bedeutung des ‹Übereinanders› der Eintragungen ist darin zu sehen, daß Abhängigkeiten der Eintragungen untereinander erkannt werden können. Das Kausalprofil ist also Ausdruck des Versuchs, ›vertikale Abhängigkeiten‹ zu erkennen. Die Bezeichnung ›kausal‹ für solche Abhängigkeiten und damit für diese Art des Profils ist nicht ganz zutreffend, da es sich meist nur um Beziehungen, aber nicht um echte kausale Abhängigkeiten handelt; dennoch hat sich für diese Art der Umsetzung thematischer Karten das Wort ›Kausalprofil‹ eingebürgert. Vorsichtiger würde man also dann von ›Kausalprofil‹ sprechen, wenn mindestens zwei Funktions- oder Beziehungszusammenhänge im Profil ausgedrückt sind, so daß sie zusammen überschaubar sichtbar werden (daher auch ›synoptisches Diagramm‹:

Beispiel dafür in Ebinger, S. 103, am Schnitt von den Südvogesen zum Südschwarzwald). Wird das Kausalprofil dadurch erweitert, daß man unter dem jeweiligen Reliefabschnitt des Profils tabellenartig dem länderkundlichen Schema entsprechend den ganzen zugehörigen länderkundlichen Stoff anordnet, so spricht man besser von einem *synoptischen Schema* (vgl. das Beispiel von A. Haas in ›Erdkunde im Gymnasium‹, S. 526). Ein synoptisches Schema oder ein synoptisches Diagramm sollte keinesfalls nach dem länderkundlichen Schema erarbeitet werden, wie es immer wieder geschieht (vgl. das Beispiel bei Haas, S. 525), sondern im dynamischen Sinne: Eine auffällige Erscheinung wird entlang des Profils verfolgt und dann wird versucht, sie in mögliche Zusammenhänge mit anderen Erscheinungen zu bringen, die entlang desselben Profils anhand der verschiedenen thematischen Karten verglichen werden. (Zuvor muß der Schüler allerdings wissen, was und wie etwas in und durch thematische Karten dargestellt wird.)
Sowohl das Arbeiten mit der thematischen Karte als auch die Erstellung eines Profils und ferner die Umsetzung thematischer Karten in ein Profil bilden recht *komplexe Aufgaben*. Während das einfache Profil schon im 5. Schuljahr angewendet werden kann, weil, wie die Erfahrung zeigt, die Erfassung eines Gegenstandes durch einen Querschnitt schon vollzogen werden kann, ist das Kausalprofil wegen seiner Komplexität frühestens erst vom 7. Schuljahr ab möglich. Eine anschaulichere Form des Profils, die auch für das Kausalprofil verwendet werden kann, ist das Blockbild oder *Blockdiagramm*. Es ist im Klett-Verlag zum sogenannten *Landschaftsquerschnitt* erweitert worden. Im übrigen wird die Arbeit mit dem anschaulicheren Blockbild in Unterricht und Büchern noch sehr vernachlässigt. Einen einfachen Sachverhalt, etwa den Querschnitt der oberrheinischen Tiefebene, eines Kastentals, eines Trogtals, kann der Lehrer jedoch ziemlich rasch selber an der Tafel entwickeln. Er braucht nur die einfache Querschnittlinie zweimal hintereinandergestaffelt zu zeichnen, wobei die zweite Linie etwas nach rechts versetzt wird, und dann die wichtigen Geländeknicke in beiden Profilen miteinander zu verbinden und die durch beide Profile herausgeschnittenen Abfälle je nach dem Grad der Neigung etwas zu schraffieren, und schon entsteht ein schlichtes ›dreidimensionales‹ Bild der Landschaftsform. Für die Entwicklung von zugleich korrekten und komplizierter gebaute Landschaften darstellenden Blockbildern hat Benzing ein Verfahren aufgezeigt, nach dem man Blockbilder selbst anfertigen kann.

Für einmal entwickelte Profile, Kausalprofile, Blockdiagramme bietet sich als ›Tragematerial‹ vor allem das *Transparent* an; denn es kann immer wieder verwendet werden. Ferner können von ein und demselben Profil Transparente mit verschiedenem thematischen Inhalt angefertigt werden, die dann wiederum einfach überlagert werden können. Den mit Kreide gezeichneten Profilen an der Tafel wird damit die leicht entstehende Fülle der Eintragungen genommen; zugleich verdeutlichen die übereinandergelegten Transparente Beziehungen besser, als es die Kreidezeichnung an der Tafel vermag.

In jedem Fall sind Schnitte, Profile, Blockbilder sehr wichtige geographische Arbeits- und Darstellungsmittel. Im Durchschnitt aller Lehrbücher, die für Volksschulen herausgegeben werden, findet man jedoch nur vier bis sechs auf hundert Seiten.

Sind Profile und Kausalprofile in der Tat *operative Arbeitsmittel,* die einen Operationskomplex verdeutlichen helfen, so kann dies nicht voll von den schon genannten *Landschaftsquerschnitten* gelten. Sie enthalten meist zuviel zusätzliche Angaben, als daß sie als Arbeitsquelle eine echte Verwendung finden könnten. Ganz gewiß eignen sie sich aber vorzüglich dazu, das Erarbeitete noch einmal im Gesamt eines Landes zusammenzufassen, also für den Schluß eines Arbeitsganges zu einem regionalen Thema.

d) Zahlen und Statistik

Diese stellen keineswegs einen entbehrlichen Zusatz dar, sondern sind nicht nur als unumgängliches Daten- und Faktenwissen von großem Wert, sondern auch als *Arbeitsquellen* wesentlich. Adelmann formuliert: »Zahlen sind Strahlen.« Wocke schreibt: »Die Statistik aber ist das Instrument, mit dem allein die wirtschaftliche Leistung eines Werkes, eine Hofes, eines Dorfes, einer Stadt, eines Landes oder seiner Menschen, d. h. Menge und Wert der erzeugten Güter gemessen werden kann« (S. 99). »Wenn von Schweden gesagt wird, daß es viel Holz veredelt und ausführt, so sagt das noch recht wenig. Erst die genauen Zahlenangaben, verglichen mit der Gesamtausfuhr und mit denen anderer Länder, geben ein Bild der tatsächlichen Verhältnisse und der Rolle, die die Holzwirtschaft in Schweden spielt« (S. 100). Zahlen sind selbst *Erkenntnisquellen,* sie müssen nur richtig zum Sprechen gebracht werden.

Wocke urteilt: »In der Volksschule ist die planmäßige Auswertung geographischer Zahlen bisher nicht sonderlich viel betrieben worden« (S. 100). Daher gehört in die Handbibliothek des Lehrers jedes Jahr neu der Fischer-Weltalmanach, aus dessen dürren Zahlenwerk der Verständige eine Fülle vonsprechenden Zahlen zusammenstellen kann, die auch im Schüler wertvolle Erkenntnisse aufleuchten lassen. Daher gehört in jede Schulbibliothek alle zwei bis drei Jahre das Statistische Jahrbuch der Bundesrepublik hinein, das nicht nur Zahlen aus der Bundesrepublik liefert, sondern aus der DDR und aus aller Welt. Ein erstes Verständnis für den Umgang mit Zahlen und den möglichen Aussagen bietet die eigene Umwelt des Schülers; auf sie ist immer wieder zurückzugreifen in Vergleichen, zu ihr sind immer wieder Beziehungen herzustellen. (Wocke: »Die Grundlagen für das Verständnis von solchen Zahlen werden in der Heimatkunde gelegt«, S. 100.) Wichtig ist dabei, daß es sich nicht nur um absolute Zahlen handelt. Diese für sich allein sagen nur selten etwas aus. *Sprechende Zahlen* sind erst solche, die in sich schon Beziehungen ausdrücken: also relative Zahlen, Prozentsätze. Sie müssen zunächst nicht eine tiefere Einsicht vermitteln, sondern richtiges Verständnis. Aus den genannten Quellen kann man sie sich selbst erarbeiten, oder man sammelt alle Zahlenangaben aus dem Wirtschaftsteil der Zeitung – und zwar so viele, wie man deren nur habhaft werden kann. *Schaubilder* aller Art gehören dazu. Dann sieht man auf einmal, daß beispielsweise bei der Schweiz nicht so sehr der Fremdenverkehr, die Milchwirtschaft, die Schokoladenherstellung im Vordergrund stehen, sondern 90 Prozent der Ausfuhrartikel der Schweiz entfallen auf Industriegüter. Die Schweiz ist also von ihrer Wirtschaftsstruktur her ein Industrieland. Die Zahlen für die Beschäftigtenstruktur bestätigen dies und lassen die zuerst genannten Vorstellungen zu Klischees werden. Sprechende Zahlen muß man sich zusammenstellen für die Entwicklung des Verkehrsnetzes, für den Verkehr (Tonnenkilometer, mittlere Transportentfernungen in den verschiedenen Ländern), für den Wasserverbrauch der verschiedenen Industrien und die Notwendigkeit einer gesicherten Wasserversorgung, die Notwendigkeit und Bedeutung von Talsperren (eine sprechende Zahl hierzu: Um ein Kilogramm Papier mittlerer Güte zu erzeugen, braucht man 1000 Liter, also 1000 Kilogramm Wasser), für die Energieversorgung, den Stromverbrauch pro Kopf der Bevölkerung in verschiedenen Ländern (und was sich daraus für Lebensstandard und Industrialisierung unmittelbar ablesen

läßt), für die Kohlenförderung bei uns und anderswo in ihrer räumlichen und zeitlichen Entwicklung, für das Verständnis der industriellen und landwirtschaftlichen Entwicklung überhaupt.
Für die Entwicklung der Landwirtschaft sei folgendes Beispiel erwähnt (nach Zielinski 1965, S. 85–89):

Funktionsgleiche Tätigkeiten benötigen heute einen größeren Lernaufwand als früher. Um das Mähen zu lernen, benötigte man mit der Sichel 10 Minuten, mit der Sense eine Stunde, mit der pferdebespannten Mähmaschine 10 Stunden, mit der vollmotorisierten Mähmaschine 30 Stunden; aber der höhere Lernaufwand lohnte sich hinsichtlich des Rückgangs beim Arbeitsaufwand, bezogen auf 100 Quadratmeter gemähter Fläche: mit der Sichel benötigte man dafür eine Stunde, mit der Sense 15 Minuten, mit dem pferdebespannten Mähdrescher 2 Minuten und mit dem vollmotorisierten 40 Sekunden.

Mit dem letzten Beispiel haben wir auch schon einen Übergang zu dem, was Wocke die ›echte geographische Zahl‹ genannt hat. Darunter sind zu verstehen alle Zahlen, die Bevölkerungs- und Wirtschaftsverhältnisse in ihrer Beziehung auf den Raum ausdrücken: Die Bevölkerungsdichte bietet einen fast unmittelbaren Rückschluß auf den Charakter eines Raumes und stellt so einen ungeheuer wichtigen Ansatz dar, der auch den Schüler zum Fragen veranlassen muß nach dem Warum der hohen oder geringen Dichte. Die Hektar-Erträge stellen ein Maß für die Intensität oder Extensität einer Landwirtschaft dar, vor allem, wenn sie noch verbunden sind mit der Angabe über die mittlere Größe der bäuerlichen Anwesen in einem Gebiet. Die Art der Bodennutzung in Großbritannien, Mitteleuropa, Finnland, Dänemark weist auf die unterschiedlichen Produktionsziele hin. Die Art der Landwirtschaft bzw. der ›Bodennutzung‹ ganz allgemein läßt die Beziehung von Größe des Nährraums und der Intensität der Landwirtschaft erkennen (pro Einwohner werden benötigt in einer Jagd- und Sammelwirtschaft 100 Hektar, beim tropischen Hackbau 6–20 Hektar, beim intensiven Ackerbau 1 Hektar, beim Gartenbau 0,15 Hektar: Das heißt, daß durch den Gartenbau tausendmal mehr Menschen ernährt werden können, daß die ›innere‹ Agrarfläche um das Tausendfache erweitert worden ist). Ein besonders fruchtbarer Ansatz bei ›geographischen Zahlen‹ ist der Vergleich der Bevölkerungsdichte auf die Gesamtfläche und auf die Agrarfläche bezogen (z. B. bei Norwegen; dann wird zwingend erkennbar, daß die Menschen genötigt sind, auf andere Weise ihren Lebensunterhalt zu verdienen, durch die Handelsflotte – Schiffstonnen pro Einwohner im Vergleich Norwegens und der Bundesrepublik –, durch besondere Formen der Industrialisierung – Vergleich der Kilowattstunden pro Einwohner beider Länder).

›Sprechende Zahlen‹ und ›geographische Zahlen‹ sind immer *Bezugszahlen, Vergleichszahlen;* sie stehen nie isoliert; sie geben dadurch den unmittelbaren Zugang zu einer Erkenntnis und Einsicht. Man sollte dabei allerdings beachten, daß die Fertigkeit, mit Dichtewerten z. B. umgehen zu können, bereits recht anspruchsvoll ist.

Nicht alles Zahlenmaterial im Unterricht muß diesen hohen Erwartungen entsprechen. Oft genügen einfache Vergleichszahlen zur Verdeutlichung, nur um *Größenordnungen* vorstellbar zu machen, ein gewisses staunendes Aufnehmen zu erreichen. Die Anzahl der Beschäftigten in einem einzigen Hochhaus in New York entspricht der Gesamtbevölkerung einer Kleinstadt. Australien hat nur ein Prozent Ackerfläche – aber es exportiert landwirtschaftliche Güter. Fast jeder fünfte Franzose lebt im Großraum Paris, ungefähr jeder vierte Einwohner der Bundesrepublik in Nordrhein-Westfalen. Der Baumbestand unserer Wälder liegt maximal bei 10–15 Arten, in den tropischen Wäldern bei 1000–2500. (Eine Fülle solcher Zahlen zu Größenordnungen und Vergleichen bietet Wocke, S. 100 ff.)

Alle diese Zahlen und statistischen Angaben dienen nicht dazu, genau gelernt zu werden; nur die Größenordnungen soll der Schüler sich merken und sie mit Größen seiner Heimat vergleichen können. Es muß ein wichtiges Ziel des Erdkundeunterrichts in allen Schuljahren sein, eine *›Heimattafel‹* an Zahlen zu erarbeiten, die mit *›Fremdzahlen‹* je neu erweitert werden kann. Vom 5. Schuljahr an muß das Verständnis für erdkundliche Zahlen geweckt werden, bis dann im 9. oder 10. Schuljahr die besondere Stufe des Umgangs mit Zahlen und *Tabellen* und *Statistiken* erreicht wird. Zahlen müssen dann gesehen werden als *Arbeitsmittel,* einen Eindruck vom Ablauf bestimmter *Prozesse* der industriellen und landwirtschaftlichen Entwicklung ermöglichen, solche Prozesse erfaßbar werden lassen und sie mit Hilfe weiterer Zahlen erklärbar machen. Vom 5. Schuljahr an muß der Schüler lernen, auch Zahlen selbst zu erheben, *selbst zu messen* (Wetterbeobachtung, Verkehrsmessungen), damit er lernt, auch *Fehlerquellen* im statistischen Material zu berücksichtigen, damit er lernt, daß keine absolut feststehenden Angaben möglich sind, daß sie vielmehr nur Hinweise, wenn auch sehr wichtige, geben, die es richtig zu verstehen gilt.

Hanisch (1964) hat gezeigt, wie schon im ›Heimatkundeunterricht‹ ein Zahlenverständnis ›höherer‹ Art möglich wird, auch in *dörflicher Umgebung*. Die Kinder wurden aufgefordert, ihr Heimatdorf bzw. ihre Herkunftsorte einmal so zu sehen zu versuchen, wie sie einem Fremden auffallen könnten bei einem Besuch. Eine Fülle wichtiger Beobachtungsdetails kam zusammen über Dorf- und Bevölkerungsstruktur, die das Verständnis für die besonderen Funktionen verschiedener Orte grundlegte. Dann wurden die Flächen jeder Gemeinde angegeben und die Einwohnerzahlen. Es ergab sich eine enge Beziehung zwischen Größe und Einwohnerzahl (also der Dichte) und der Funktion. Ähnliches könnte in einer *Stadt* an den verschiedenen Stadtvierteln grundgelegt werden.

Gerade der Erdkundeunterricht ist in der Lage (bzw. sollte in der Lage sein), zu einem solchen denkend-statistischen Erfassen der gesamten Umwelt zu führen und damit nicht nur eine wichtige *Fertigkeit* (Umgehen mit Zahlen), sondern auch eine wichtige *Fähigkeit* (statistisches Erfassen) in die Ausbildung des Menschen für seine spätere Berufs- und Lebenswelt einzubringen. Aber noch weitere Fertigkeiten müssen geübt werden – und zwar vom 9. Schuljahr an: die *Umsetzung* in Kurven und Diagramme und die Umsetzung in thematische Karten. Thematische Karten (von der geologischen Karte und der Bodenkarte einmal abgesehen) sind im Grunde nichts anderes als in den Raum projizierte, auf eine Fläche bezogene Umsetzungen von Zahlen bzw. Zahlenverhältnissen.

e) Diagramme

Nicht nur die Umsetzung von Zahlen in Diagramme ist bedeutsam, sondern der Umgang mit den Diagrammen selbst. Auch hierfür ist es wichtig, daß der Lehrer selbst alle möglichen Arten von *Schaubildern* und Diagrammen sammelt und zur Verfügung hält, daß er auch die Schüler dazu anregt, entsprechend zu verfahren; auch hier empfiehlt sich die Einrichtung einer eigenen ›Diagramm-Kartei‹, die der Klasse zur Verfügung steht.

Das Umgehen mit Diagrammen wird am besten gelernt durch das Umsetzen von Zahlen in Diagramme, und zwar, indem man zunächst den Weg über *Schaubilder* wählt. Bekannt ist die Darstellung der agrarischen Erzeugung durch Symbole (Ähren, Milchkannen) in jeweiliger Größe von Jahr zu Jahr, von Land zu Land; bekannt ist die Veranschaulichung von Klimadaten durch entsprechend gezeichnete Thermometer oder Regenmesser an verschiedenen Orten von Monat zu Monat. Auf diese Weise entstehen zunächst Schaubilder, die dann unter Abstraktion von den Symbolen in *Stabdiagramme* umgewandelt werden. Die oberen Enden der Stäbe können dann in einem nächsten Schritt durch eine fortlaufende Linie verbunden werden. Nimmt man jetzt die Stäbe weg, so bleibt die *abstrakte Kurve* übrig. In ähnlicher Weise sollte man die verschiedenen Diagramme stufenmäßig erarbeiten. Nach Hanisch werden vom 7. Schuljahr ab alle Darstellungsformen erfaßt, doch erst beim Erwachsenen ist kein Unterschied des Lernerfolgs mehr festzustellen, wenn man Tests mit bildhaften und mit abstrakten Formen macht. Somit dürfte in der Schule die Hauptzeit des Arbeitens mit Diagrammen vom 9. Schuljahr ab einsetzen. Durch Tests hat sich gezeigt, daß von allen *Diagrammarten,* bei denen prozentuale Anteile (und nicht absolute Größen) wiedergegeben und erfaßt werden sollen, Kreisdiagramme am besten geeignet sind, den Anteil zu schätzen. Kreisdiagramme geben also die beste Übersicht. Doch sind Stabdiagramme wie auch dreidimensional gezeichnete Würfel oder Kugeln nicht wesentlich schlechter. Streifendiagramme sind dagegen weniger leicht durchschaubar, zwingen also zu einer genaueren Betrachtung und damit zum tieferen Eindringen in die Materie. Unmittelbar anschaulich dagegen sind wieder einfache ›Mengenbilder‹, bei denen eine Gesamtmenge durch das stets gleich große Grundsymbol (Mensch, Kiste, Waggon) in der der Gesamtmenge entsprechenden Anzahl verdeutlicht werden. (Vgl. zu den verschiedenen Diagrammformen und Schaubildern vor allem Ebinger, S. 100–101, und Th. Rössler, 1958, sowie Ehrenfeuchter et al., 1966.) Diagramme können nun wieder mit dem Raum, mit der Erdstelle verbunden werden, für den oder für die sie charakteristisch sind. Solche *Kartogramme* machen den unmittelbaren räumlichen *Vergleich verschiedener ›statistischer Situationen‹* deutlich. Will man z. B. die Berufsstruktur der Viertel einer Stadt erarbeiten, so empfiehlt es sich, zunächst die Häufungen bestimmter Vertreter von Berufen für jedes Stadtviertel getrennt zu bestimmen und dann mit entsprechenden Symbolen in die jeweiligen Viertel der Stadtkarte einzutragen. In ähnlicher Weise lassen sich Wahlergebnisse auswerten, in dieselbe Karte einsetzen und zum baulichen und beruflichen Bild des jeweiligen Viertels in Beziehung setzen. Geübt wird dabei wiederum die Fertigkeit, verschiedene Werte, die es zu einer Raumstelle gibt, zueinander über eine Karte in Beziehung zu setzen; erworben wird damit die Fähigkeit, komplexe Sachverhalte zu erkennen und durchschaubar zu machen. (Vgl. dazu auch Geipel 1969, S. 151.)

f) Lehrbücher

Die *Anforderungen* an die Schulbücher, mit denen die Schüler umgehen sollen, bestimmen sich von zwei Seiten her: sie müssen auf der einen Seite Arbeitsmaterial bereitstellen, auf der anderen Seite sollen sie der wiederholenden Aufnahme des in der Schule behandelten Stoffs dienen. Beide Aufgaben sind nicht leicht zu verbinden. Doch gibt es folgende Möglichkeit, beides sachgerecht zu tun. (Vor allem auf die ›Sachgerechtigkeit‹ kommt es an, die man bei manchen Lehrbüchern noch etwas vermißt, insofern sie auf das bloß Interessante aus sind und den Text nicht in einer sachlich-nüchternen Weise formulieren, sondern erzählend.) Mit Rauch (1969), der eine sehr gründliche Untersuchung zum Erdkundebuch und zu den Arbeitsmappen vorgelegt hat, sind wir darin einig, daß folgende Gesichtspunkte erfüllt sein müssen:

1. Sachtext und berichtender bzw. erzählender ›Quellentext‹ sind klar voneinander zu trennen. *Quellentexte* sind als Arbeitsmaterial notwendig, der Sachtext für das wiederholende Lernen. Quellentexte sind dazu da, daß daraus Informationen weiterführender Art gewonnen werden können. Ferner sollen daran die Schüler erfahren, aus welchen und aus wie vielen verschiedenen Quellen Informationen stammen können.
2. Das Schulbuch soll nur solche Karten enthalten, die nicht im Atlas vorhanden sind, *Sonderkarten* also, die zusätzliche Arbeitsinformationen zu einem Problem, zu einer Aufgabe vermitteln, ohne die die Aufgabe nicht zu lösen ist.
3. Dasselbe gilt für *Diagramme* und statistische Angaben. Die Schulbücher sollten ›didaktisch‹ so konzipiert sein, daß allmählich alle Arten von Diagrammen und Tabellen im Verlauf von Arbeitsaufgaben völlig vertraut werden.
4. Der Bildteil bringt oft nur bloß Interessantes oder wenig Charakteristisches. Solche *Bilder* sollten ausgemerzt werden. Die Unterschriften zu den Bildern dürfen keine Auswertungen enthalten (da sonst die Arbeit am Bild vorweggenommen wird), sondern nur zusätzliche Informationen, die unter Umständen für die Auswertung wichtig sind. Auswertungen als Ergebnisse der Arbeit gehören in den Sachtext. Die Bilder sollten nach Möglichkeit Farbfotos sein. Nach Rauch ziehen Schüler Farbbilder bei weitem den Schwarz-Weiß-Bildern vor. Allerdings geht, so Fick (1973), Motiv vor Farbe. Auch sollten

die Bilder möglichst großformatig sein, um den ›Aufforderungscharakter‹ zu betonen. Insgesamt schätzen Schüler am Text die Übersichtlichkeit und die gute Einteilung; der Sachtext soll nicht zu knapp sein, sondern lehrreich; der Quellentext spannend und interessant. (Nach Rauch.)

In die *Arbeitsmappen* gehören (und nicht ins Buch, ebenfalls nach Rauch):
1. Stumme Karten aller Art, die auch eine Reliefdarstellung enthalten. Bloße Stempelumrißkarten haben sich hinsichtlich des eidetischen Eindrucks und Gedächtnisses als nicht vorteilhaft erwiesen. Solche Karten gehören deswegen in die Arbeitsmappe und nicht ins Buch, weil ja in sie gezeichnet und eingetragen werden soll; Korrekturen müssen vorgenommen werden können.
2. Arbeitsaufgaben zum Ausfüllen und Ergänzen. Rauch stellte bei der Schülerbefragung fest, daß an erster Stelle befürwortende Antworten folgender Art entstanden: Man kann selbst eintragen; die Mappe enthält Zeichnungen zum Anmalen; sie enthält Arbeitsaufgaben.

Hinsichtlich der Formulierung der Texte in den Lehrbüchern hat Rauch ebenfalls Untersuchungen angestellt (1969, S. 116), und zwar in der Weise, daß die Nachhaltigkeit des Aufgefaßten getestet wurde. »Wie muß eigentlich ein Text beschaffen sein, damit der vermittelte Stoff optimal im Gedächtnis haftet?« Das Ergebnis sieht folgendermaßen aus: Ein kurzgefaßter Merktext, der in knapper Reihung zehn Tatsachen enthält, ergibt im Schnitt nur 3,8 richtige Wiedergaben; eine längere, farbige Schilderung dagegen ergibt auf ebenfalls zehn in ihr enthaltene Tatsachen eine richtige Wiedergabe durch die Schüler von 7,0.

Die Bemühungen um neue Lehrbücher aufgrund einer gewandelten didaktischen Auffassung zielen darauf ab, von bloßen ›Lesebüchern‹ wegzukommen zu echten ›Arbeitsbüchern‹. Dies ist sowohl im Sinne der Reformpädagogik (Arbeitsschule) als auch im Sinne des lernziel-orientierten Unterrichts. Als ein erstes Beispiel eines Lehrbuches vom reformpädagogischen Ansatz aus darf man ›Fahr mit in die Welt‹ nennen, eine Weiterführung unter einem anderen didaktischen Ansatz stellt ›Geographie‹ dar sowie ›harms geographie‹; an Lernzielen ist ›Welt und Umwelt‹ orientiert.

Die Absicht ein Arbeitsbuch zu schaffen, ist jedoch nicht überall gleich gut gelungen.

Erstens erheben sich z. T. erhebliche Bedenken beim mangelnden *Zusammenspiel* von Text, Bild- bzw. anderem Arbeitsmaterial und Aufgaben- bzw. Problemstellungen. Nicht immer stellen diese Materialien wirkliche Arbeitsmaterialien dar, die mehr als eine bloße Abrundung des Textes bieten, die zu einer Erweiterung des Horizontes führen, die die Möglichkeit geben, Querverbindungen zu schaffen und damit die Problemstellungen zu einer Lösung zu bringen, die zu einer inneren Differenzierung des Unterrichts und zu einem im ganzen planmäßigen *Erwerb von Lösungsstrategien* führen. (Vgl. dazu auch Fick, 1973.)

Zweitens bedienen sich die ›Arbeitsbücher‹ der Technik der sogenannten ›*Fallstudie*‹. Dieses ist an sich richtig, wird aber häufiger nicht konsequent durchgehalten. Als wesentliche Konsequenzen der Fallstudientechnik erscheinen folgende drei: a) sie müssen sich auf *wenige Lernziele* beschränken und nicht verschiedene vermengen; b) sie müssen von einer *zentralen Problemstellung* für die zu erreichenden Lernziele ausgehen und diese durchhalten; c) sie müssen für die Lösung und die Lösungswege *sinnvolles Material* bereitstellen – und zwar auf kindangemessene Weise und nicht in zu abstrakten Fragestellungen und in vom Schüler undurchschaubaren Denkschritten.

Drittens sollten die Fallstudien *stufenweise* so fortschreiten, daß das selbständige Lösungsverhalten und das Umgehen mit dem ›geographischen Material‹ allmählich von den Schülern erworben werden kann und jeweils komplexere Fragestellungen angegangen werden können. (Beitrag zu einer ›*Lernspirale*‹.)

Viertens neigen einige Lehrbücher dazu, das Fallstudienprinzip modisch überzubetonen und dadurch nur ›Tupfengeographie‹ zu vermitteln; es fehlen systematisierende, verallgemeinernde, den *Transfer* über die Erde hinweg anpeilende Abschnitte. Ungelöst scheint noch zu sein, wie ›länderkundliche‹ Fragenkreise in der Form von Arbeitsbüchern sinnvoll angegangen werden können.

g) Schülerreferate

Als Bericht über das, was eine Gruppe erarbeitet hat, erwachsen sie in einer ungezwungenen Unterrichtssituation und sind dadurch gerechtfertigt. In allen anderen Fällen muß man genau Zweck und Schwierigkeiten prüfen. Als ›Ganzbericht‹ zu Ländern oder komplexeren Problemen, den ein Schüler anhand eigenen bzw. vom Lehrer erhaltenen Materials vorbereitet und vorträgt, sind sie in ihrem Wert fast Null, wie die Erfahrung selbst im 9. und 10. Schuljahr gezeigt hat. Dagegen für relativ einfache Sachverhalte, z. B. eine Schilderung des Walfischfangs, ein Bericht über das, was auf einem Fischmarkt oder Obstmarkt vor sich geht, oder Berichte über Entdeckungsreisen, stellen sie eine wertvolle Belebung des Unterrichts dar. Mit solchen Schilderungsaufgaben kann sofort im 5. Schuljahr begonnen werden, falls die Voraussetzungen im ›Sachkundeunterricht‹ des 3. und 4. Schuljahres eingeübt worden sind.

h) Frageimpulse – Anstöße – Hausaufgaben

In jeder Unterrichtsform steht der Lehrer immer wieder vor der Aufgabe, einen Impuls für die Weiterarbeit, für ein neues Angehen zu geben. Diese Anstöße sollten aber von der Sache aus gesetzt werden. Dazu empfehlen sich weniger die bekannten ›W‹-Fragen (woher – wohin – wie heißt – in welchem – wo – wieviel – wie groß – wie hoch – wie lang – warum – weshalb), da sie zumeist zu gezielt und punktuell sind, sondern solche Impulse, die zum eigenen Nachdenken, Beobachten und Erfassen anleiten. Alles, was der Lehrer im ersten eigenen Impuls als eine solche ›W‹-Frage spontan formulieren möchte, sollte er in indirekte Aufforderungen von der Sache her umformulieren: »Schaut euch diese Stelle genauer an . . .« – »Vergleicht . . .« (nach Größe, Höhe, Länge, Umfang, Merkmal, Gegenstand, Problem) – »Achtet auf Vorteile« (oder Nachteile) – »Beurteilt die Gunst . . .« (oder Ungunst) – »Das und das haben wir kennengelernt: achtet auf Beziehungen (oder Zusammenhänge) . . .«. Hausaufgaben sollten weniger der bloßen Wiederholung dienen, als einerseits der Vorbereitung auf den Stoff und andererseits der Umsetzung des erarbeiteten Stoffes: sei es in ein anderes Medium, sei es in neu durchdenkender Form von einem anderen Gesichtspunkt aus. Auf diese Weise wird einerseits der erarbeitete Stoff durchaus wiederholt – aber in der Form der ›immanenten Wiederholung‹ in neuen Beziehungen –, andererseits wird der erarbeitete Stoff bereits wieder angewendet (Lernen des Transfers).

Umsetzungsaufgaben in andere Medien sind in den vorstehenden Abschnitten immer wieder besprochen worden. Es ist notwendig, noch einige gedankliche Aufgaben *nachbereitender Art* zu skizzieren. Einige Beispiele seien genannt.
»Stelle in einer Art Tabelle zusammen, worin Norwegen und Schweden verschieden sind. – Versuche die Unterschiede zu begründen.« –
»Stelle in einer Aufstellung zusammen, worin Schweden und Finnland sich ähnlich sind. Begründe die Ähnlichkeiten.«
»Fasse dein Wissen über die Türkei zusammen, indem du alles zusammenträgst, was für das Binnenland – was für das Küstenland wichtig ist.«

Sind diese Beispiele der bisherigen, üblichen Länderkunde entnommen, so dürfte es nicht schwer sein, sie auf lernzielorientierte Stundeneinheiten ebenfalls anzuwenden; denn das Schema der Umsetzung ist ähnlich: Gleiche oder unterschiedliche Sachverhalte werden übersichtlich dargestellt, Ähnlichkeiten oder Abweichungen begründet.

Von den *Grundbegriffen* als wichtigen Bausteinen eines jeden Unterrichts ist die Rede gewesen. Auch hier sind nachbereitende Aufgaben wichtig: »Durchdenke, was wir in den letzten Wochen (Monaten, im letzten Halbjahr) bearbeitet haben. Was scheint dir selbst daran am wichtigsten gewesen zu sein? Warum? Mache es an einem von dir selbst gewählten Beispiel klar.« Solches Verfahren sichert eine wesentlich bessere Kontrolle des Lernerfolgs als bloße, stundenweise Wiederholungen und Abfragungen. Zugleich sind sie eine Kontrolle des Lehrenden (was ankam, was nicht, was schwierig war: Man muß sich dann selbst nach den Gründen des unterschiedlichen Ausfalls fragen).

Eine *vorbereitende Aufgabe* formulieren wir nach Sperling (1970): »Ein Dorf soll im Urwald neu angelegt werden – etwa in einem Entwicklungsland. Das Gelände dort sieht so und so aus. (Eine Planskizze wird dazu bereitgestellt.) Fünfzehn Familien sollen dort siedeln. Wie teilen sie das Land am zweckmäßigsten auf? Wo sollen die Höfe stehen? Begründe Einteilung und Stellenwahl.« Diese und ähnliche Aufgaben sind durchaus schon im 7. Schuljahr möglich. Schüler arbeiten gerade an solchen ›Planspielen‹ gern mit.

Wesentlich erscheint, daß bei allen Aufgaben, zu Hause oder in der Schule, ein sogenanntes ›Überlernen‹ erfolgt; denn nur so ergibt sich aufgrund vieler lernpsychologischer Experimente eine echte Nachhaltigkeit des Lernens. ›Überlernen‹ bedeutet, daß das einmal in einem bestimmten Zusammenhang als Einsicht Gelernte in je neuen Zusammenhängen, unter Umständen auch mit je neuen Medien, geübt wird, bis es sicher ›sitzt‹. Ein bloß einmaliges Lernen ist Unfug, da bloßer Zeitverlust, wenn man sich nicht die Mühe macht, es in anderen Situationen erproben zu lassen. Daher sind die *Umsetzungsaufgaben* jeder Art so wichtig. Denn je stärker ein Sachverhalt in immer anderen Wissenzusammenhängen einen *weiteren* ›Stellenwert‹ erhält, um so sicherer wird er auf Dauer gewußt. (Vgl. Gagné; Hilgard und Bower.)

4. Systematik der geographischen Fertigkeiten

Am Schluß der Beschäftigung mit den Medien möge als Form der Zusammenfassung eine Übersicht stehen. die die wichtigsten instrumentalen Lernziele des geographischen Unterrichts systematisierend enthält. Dabei stehen die übergreifenden Lernziele am Anfang, die untergeordneten Lernziele werden geordnet im Sinne der zunehmend geforderten abstrahierenden Leistungen.

I. 1. Geographische Fachbegriffe verstehen, erklären und richtig anwenden.
2. Grundvorstellungen zu räumlichen Maßen und geographischen Zahlen besitzen und anwenden.
3. Sich auf der Erde orientieren:
   a) Topographisch – mit Globus und Karte.
   b) Lagemäßig – mit dem Gradnetz (Globus, Karte, Ortsregister), nach dem ›Weltmodell‹, nach der Lage zu den Geozonen (geographisch-ökologische Lage).
   c) Lageverhältnisse und Raumgrößen erfassen.

II. 1. Beobachten in der Natur.
2. Beobachten an Experimenten, an Sachgegenständen, an Modellen, am Sandkasten.
3. Schätzen von Entfernungen.
4. Messen von geographischen Erscheinungen mit Instrumenten.
5. Erkunden und Registrieren geographischer Erscheinungen (z. B. Verkehrszählung, Gebäudekartierung, Standortkartierung).

III. Bildelemente beobachten und beschreiben (›Normalbild‹, Luftbild – schräg und senkrecht).
a) Bild und Karte einander zuordnen.
b) Zwischen Bildelementen Zusammenhänge erkennen.

IV. Mit physischen Karten umgehen.
a) Kartensymbole lesen und in die Wirklichkeit übertragen (bzw. umgekehrt).
b) Höhenschichten und Höhenlinien lesen und deuten.
c) Bezug von Relief und Karte herstellen.

V. Mit Profilen und Blockbildern umgehen.
a) Einfache Profile und Blockbilder lesen.
b) Profile unter Benutzung von Höhenschichten bzw. physischen Karten zeichnen.
c) Kausalprofile lesen.
d) Kausalprofile mit Hilfe von physischen und thematischen Karten anfertigen.
e) Mit Hilfe von Kausalprofilen Zusammenhänge sinnvoll erfassen.

VI. Geographisch wesentliche Aussagen aus Texten ausgliedern und wiedergeben (Lehrbücher, Lesehefte, Reiseliteratur, Nachschlagewerke, Zeitungen, Prospekte).

a) Zu gegebenen Texten geographisch sinnvolle Stichwortreihen aufstellen.
b) Zu gegebenen Textstellen passende Bilder suchen und umgekehrt.
c) Inhalts- und Stichwortverzeichnisse benützen.
VII. Thematische Karten lesen und beschreiben.
a) Die verwendeten Wiedergabetechniken (Symbole, Linien gleicher Zahlenwerte – Isarithmen) kennen und verstehen.
b) Zwischen verschiedenen Kartenelementen kausale Zusammenhänge herstellen (vgl. auch V).
VIII. Statistische und graphische Darstellungen bzw. Angaben lesen und deuten im Hinblick auf wichtige geographische Zusammenhänge, z. B.:
a) Klimadaten und Wettersymbole lesen und auswerten.
b) Klimadiagramme nach Meßwerten zeichnen.
c) Klimadiagramme beschreiben und Klimatypen zuordnen.

(Vgl. zum Vorstehenden: Dorn und Jahn, 1965, den Hamburger Lehrplan 1973.)

VII. Vorbereitung einer Unterrichtseinheit

Zur richtigen und angemessenen Vorbereitung einer Unterrichtseinheit und ihres Aufbaus bedarf es aller Überlegungen, die in den vorangegangenen Kapiteln angestellt wurden.

Im wesentlichen sind folgende *drei Großschritte* notwendig, deren inhaltliche Formulierung vor allem in den drei beigegebenen Unterrichtseinheiten zu »Mittelrhein«, »Unser Wetter«, »Mexiko« skizziert worden sind (siehe Kap. IX). Die drei großen Schritte sind im einzelnen:

1. Die Orientierung über die Lehr- und Lerninhalte

Sie betrifft den *Stoff,* die *Stufenangemessenheit,* die *soziologische Situation* der Klasse und die *Arbeitsmittel.*

Die Orientierung hinsichtlich des Stoffes geschieht anhand der Schulbücher, und zwar nicht nur desjenigen Schulbuchs, das gerade an der Schule eingeführt ist. Aus der *Sichtung* der verschiedenen Schulbücher – und Atlanten – ergibt sich eine Fülle von Hinweisen für die Gewichtigkeit des Stoffs, seine Strukturierung, seine Schwierigkeiten, lassen sich eine Fülle von Möglichkeiten erschließen, wie mit Arbeitsaufgaben, Schilderungen, Berichten, Bildern, Tabellen, Diagrammen der vorliegende Stoff in die Schulstube umgesetzt werden kann. Zur Orientierung über den Stoff sind auch die Quellenlesehefte der verschiedenen Verlage heranzuziehen. Zur Abklärung noch unklarer Zusammenhänge sind Lexika und die geographischen Standardlehrbücher zu benutzen.

2. Die Ordnung der Ziele, Inhalte, Wege und Medien

Sie steht unter zwei Gesichtspunkten: a) einem didaktischen (im engeren Sinne) und b) einem methodischen.

a) *Didaktisch:* Aus der Fülle des Stoffs muß ausgewählt werden. Diese Auswahl hat sich an den Lern- bzw. Bildungszielen zu orientieren: Was soll erreicht werden? Um diese Frage besser abzuklären, muß man sich jeweils die Frage vorlegen: Warum soll gerade dieses oder jenes erreicht werden? (Vgl. dazu: das exemplarische Prinzip, Ethos und Erdkunde, didaktische Analyse, Curriculumrevision, thematisierte Länderkunde, Lernziele.)

b) *Methodisch:* Eine Stoffgliederung, ein Stoffaufbau, der nur aus dem logischen bzw. kausalen Zusammenhang der didaktischen Ziele erfolgt, ist zunächst noch völlig ungeeignet; er kann so nicht in die Schulstube übernommen werden; denn die *abstrakte Sachstruktur* ist nicht unbedingt diejenige, über die sich der Stoff den Schülern in derselben Reihenfolge zu erschließen hätte. Hier nun ist zu überlegen, wie dieser vorgeordnete und vorausgewählte Stoff aufzubereiten ist. Bei diesem Wie spielen die Fragen, die mit der Stufenangemessenheit und der soziologischen Situation der Klasse zusammenhängen, eine entscheidende Rolle: welche Schwierigkeiten ergeben sich daraus für das Verständnis des Stoffes, aber auch welche Möglichkeiten. Man muß Klarheit darüber haben, was Schüler aus diesem, was Schüler aus jenem soziologischen Bedingungsfeld beitragen können, was nicht. Aus solchen Überlegungen ergeben sich oft entscheidende Hinweise auf die Anfangssituation des Unterrichts, den ›Einstieg‹, sowie auf den *Kind-Sach-Bezug* (vgl. Arbeitsunterricht).

Nachdem diese Schwierigkeiten durchdacht und berücksichtigt sind, stellt sich als nächstes die Frage, wie der Stoff – gerade unter diesen Schwierigkeiten und Möglichkeiten – so aufbereitet wird, daß er von den Schülern erarbeitet werden kann. Das heißt: welche Arbeitsmittel sind an welchen Stellen einzusetzen, bereitzustellen, damit die Sachstruktur des Stoffes auch von den Schülern angemessen wahrgenommen werden kann. Auf diesem Hintergrund empfiehlt es sich zunächst, den Stoff von der Situation der Schüler aus so zu durchdenken, daß man bereits vorweg zu erkennen versucht, an welchen Stellen besondere *Schwierigkeiten* (oder besondere *Möglichkeiten*) auftauchen müssen –

auftauchen müssen aus der Sachstruktur *dieses* Stoffes für *diese* Schüler. Es ist dann zu überlegen, wie solche Seiten des Objekts mit welchen Arbeitsmitteln für den Schüler aufgeschlossen werden können, und zwar so, daß der Schüler sie selber mit den bereitgestellten Hilfsmitteln aufschließen kann. Das heißt, daß auch bei der methodischen Vorbereitung das bloße Wie allein nicht genügt, sondern daß man sich die Frage nach dem Warum der Bereitstellung eines Mittels genau beantworten kann. (Kind-Sach-Bezug!)

3. Die Ordnung der Unterichtsschritte als Zuordnung von Medium, Verfahren, Inhalt und Ziel

Erst auf diesem Hintergrund ist es möglich, aus der gedanklichen *Ordnung des Stoffes* eine *unterrichtliche Ordnung* zu machen, den Stoff aus ›Stoffschritten‹ in wirkliche ›Unterrichtsschritte‹ zu übersetzen‹. Diese ›Übersetzung‹ ist die wesentliche Aufgabe, die der Lehrer im Hinblick auf den Unterricht zu leisten hat; er kann sie aber erst leisten, wenn die beiden vorangehenden Großschritte der Vorbereitung getan sind. Die ›Übersetzung‹ dient weniger der detaillierten Festlegung des Unterrichts, sondern der Freiheit und *Souveränität des Unterrichtsablaufs;* der Freiheit der Unterrichtsentwicklung durch die Schüler selbst und der Souveränität des Lehrers, den Schülern diese Freiheit nicht zu nehmen. Denn eine jede aus der Schülerarbeit sich ergebende neue Situation kann von dem souverän vorbereiteten Lehrer in ihrer vollen Wirksamkeit spontan für den Unterrichtserfolg eingebracht werden. Durch die notwendige ›Übersetzung‹ des Stoffs in Unterrichtsschritte (mit der erst die Vorbereitung abgeschlossen ist) wird die Toleranz der Selbsttätigkeit der Schüler und diese Selbsttätigkeit selbst nicht behindert, sondern erst in voller Schärfe des Tuns ermöglicht. »Das Geheimnis einer gut gelungenen Stunde besteht in dem originalen Stufenaufbau, der im Hinblick auf *diese* Kinder und im Hinblick auf *diesen* Stoff sich als *die* natürliche Verständnisbrücke anbot« (H.Roth, 1964, S. 324). (Kind-Sach-Bezug!).

Für eine genauere Analyse alles dessen, was mit der Unterrichtsvorbereitung und Planung zusammenhängt, sei auf Heimann 1962 und 1968 hingewiesen, ferner auf Schulz 1968 und 1969. Es ist hier nicht möglich, die dort gemachten Überlegungen im einzelnen zu schildern. (Vgl. als ein ähnliches Ordnungsschema das Unterrichtsbeispiel ,,Unser Wetter".) Es sei darauf verwiesen, daß für unsere

Hauptschritte alle Strukturelemente des *Heimann-Schulzeschen Ordnungsschemas* in Frage kommen. Allerdings scheint es in einer Erdkundedidaktik bzw. -methodik nicht sinnvoll zu sein, das Verfahren (= Methodik im engsten Sinne) und die Arbeitsmittel (Medien und Medienwahl) streng voneinander zu trennen. Die Sachstruktur der geographischen Gegenstände und demzufolge der sie erhellende Erdkundeunterricht läßt nur ein *Zueinander* zu: Durch das angestrebte Verfahren wird das Arbeitsmittel festgelegt, durch das Arbeitsmittel das eingeschlagene Verfahren. Zu den *Sozial- und Aktionsformen* des Unterrichts ist zu sagen, daß auch diese nicht unabhängig von den Inhalten und den zu ihrer Vermittlung notwendigen Verfahrenstechniken getrennt werden können. Sozial- und Aktionsformen sind nicht Unterrichtsbestimmtheiten sui generis, sondern müssen im Dienst des jeweils angestrebten Ziels stehen. (Vgl. ›Mexiko‹, ›Südafrika‹.) Eine Fülle von weiteren Anregungen erhält man aus Heyn (1973) an acht sehr ausführlichen Unterrichtsbeispielen. Vgl. auch das Ablaufschema bei ›Arbeitsunterricht‹.

4. Der Einstieg

Ein schwieriger Punkt für den Unterricht, von dem vieles für die Selbsttätigkeit, für die Motivation des Mittuns und Mitarbeitens abhängt, ist die Anfangssituation, der Hinführungsakt oder kurz der ›*Einstieg*‹ in eine Unterrichtseinheit. Der Einstieg muß nicht für jede Unterrichtsstunde neu gesetzt werden, sondern nur für jede neue Unterrichtseinheit. Besteht eine Unterrichtseinheit aus mehreren Stunden, so ist jede Stunde im einzelnen aus ihrer Stellung in der Einheit, aus deren Verlauf sie sich ja ergibt, genügend motiviert.

In der erdkundlichen Arbeit gibt es eine Fülle von Möglichkeiten, die sich aus der Fülle der Arbeitsmittel ergeben. Fast jedes Arbeitsmittel kann einen Einstieg bringen. Allerdings sollte man sehr zurückhaltend sein bei der Verwendung von Kartenaufgaben als Einstieg. Vielfach fängt noch fast jede Stunde mit einem solchen ›Einstieg‹ an. Vielmehr hat der Einstieg den Sinn, die Aufmerksamkeit der Schüler auf einen bestimmten Gegenstand zu richten und für diesen Gegenstand Interesse zu erzeugen, und zwar so, daß aus dem richtigen Einstieg heraus sich die Unterrichtseinheit entfalten kann, indem der Einstieg schon die Impulse setzt, die je und je das Weitere aus sich selbst hervorbringen und hervortreiben. Der Einstieg muß also auf den ›*goethischen Punkt*‹ abzielen, auf diesen hin angelegt sein, von diesem her den Unterrichtsgang anzielen.

Ein Dia (ohne die Ortsangabe vorwegzunehmen; sie sollte nach Möglichkeit aus den Beobachtungen am Dia erschlossen werden als Umsetzung und Transfer des Gesehenen), ein Film (ohne Titelvorspann), eine Tabelle, ein Diagramm, eine Schilderung, eine Zeitungsnotiz, ein Gegenstand, der für das zu behandelnde Gebiet charakteristisch ist: sie alle erregen Aufmerksamkeit, führen zu Fragen, führen zum Thema, zur Auseinandersetzung.

Eine Zeitung veröffentlicht eine *Großanzeige* Südafrikas, die man den Schülern zeigt: »Fortschrittliches Südafrika – Schatzkammer der Welt«. Diese Anzeige enthält Zündstoff genug, sich mit Südafrika zu beschäftigen und auseinanderzusetzen.

Eine andere *Zeitung* berichtet: »Bewaffnete Männer mit falschen Bärten, Forderungen an die Regierung, ein auf eine Visitenkarte gekritzeltes Lebenszeichen – alle Elemente eines Kriminalstücks sind bei der Entführung des deutschen Botschafters in Guatemala vorhanden. In Guatemala sind Mord und Entführung an der Tagesordnung«. Dieser Bericht kann die Einleitung dazu bilden, warum genau dies so ist, was in Lateinamerika in Unordnung ist, daß solche Dinge an der Tagesordnung sind. Im 8. Schuljahr spätestens sind die Schüler aufgeschlossen für diese Problematik. Das Bild kann angereichert werden durch Informationen, die die Schüler selbst kennen können: die dünne herrschende Schicht, das weithin arme Volk, die Lebenserwartung eines Indios von höchstens fünfunddreißig Jahren, das Analphabetentum (in dem relativ wohlhabenden Guatemala können vier von fünf Einwohnern nicht lesen) . . .

Die Diskussion um ein billiges japanisches *Transistorradio* (trotz der riesigen Transportentfernung, trotz des Hersteller- und Händlergewinns) eröffnet die Diskussion um Japan. (Vgl. Haubrich, 1974.)

Der *Landschaftsquerschnitt* über die Niloase (ein Landschaftsquerschnitt, der nichts Wesentliches vorwegnimmt) führt die Verhältnisse Ägyptens vor. Eine *Tabelle* über das Wachstum von Los Angeles läßt nach Gründen und Problemen der Entwicklung fragen. (Statistik als Einstieg, entgegen Schmidt.)

Ein *Gespräch* über Frankreich und die Franzosen leitet ein: Was wißt ihr . . . (Zusammengetragen wird: Käse, Wein, Paris, Eiffelturm, Parfüm, Feinschmecker, Mode, Boutiquen, Angeln, Burgen, Schlösser, Champagner: eine Fülle von Möglichkeiten, Klischees in den richtigen Rahmen zu bringen, eine Fülle von Möglichkeiten, Paris und Frankreich zu ›behandeln‹, eröffnen sich.) (Entgegen Schmidt.)

Ein *Test* in einer fortgeschrittenen Klasse kann ebenfalls ein Einstieg sein. Man erkennt, was man schon weiß – was man noch nicht weiß. Man braucht nur das zu erarbeiten, was noch nicht bekannt oder nicht genau genug bekannt ist. Man vergleiche auch, was unter den Stichworten ›Aktualität‹ (III, 2, C, a), ›dynamisches Prinzip‹ (S. I, 202), ›Arbeitsunterricht‹ (S. II, 11 und vor allem S. II, 15) im allgemeinen und im besonderen ausgeführt worden ist.

Auch zu den Einstiegen empfiehlt es sich, daß man sich eine Art Kartei oder zumindest Notizen dazu sammelt, in die man Informationen aller Art aufnimmt, die für den Einstieg geeignet erscheinen, aber auch Erfahrungen, welche Einstiege zu welchem Stoff günstig waren und welche nicht (mit den Vermutungen über die Gründe des Erfolgs oder Mißerfolgs).

Bei den Unterrichtsbeispielen (Kapitel IX, Mittelrhein: 5. a, e: erlebnisbetonter *Reisebericht;* Indien: *Dia* von Benares) sind nur solche aufgenommen worden, die sich im Unterricht als für diese Stoffe geeignet erwiesen haben.

Von Schmidt werden u. a. folgende Einstiegsmöglichkeiten genannt: ein *Problem,* mit dem Menschen zu kämpfen haben (Mangel an Wasser, Überangebot an Wasser, Übervölkerung, Bodenverheerung); *Gegenüberstellung* zweier Ansichten über ein Land (oder zu einem Problem), die auf ihre Richtigkeit zu prüfen sind; Vergleich zweier Stoffgebiete als Möglichkeit, eine Problematik zu erkennen (hier ist es so, dort so, warum?); die *Reise* vom Heimatland oder Heimatort zu einem Gebiet (von E. Darga rigoros abgelehnt; aber hin und wieder doch brauchbar); *rätselhafte,* unverständliche Erscheinungen (Polarnacht, Polartag; Wachstum und Ernten zu allen Jahreszeiten); die Repräsentanz fremder Gebiete bei uns (durch Güter oder Gastarbeiter oder Reiseandenken).

Auch charakteristische *Musikstücke,* Schlager und dgl. können die Repräsentanz fremder Gebiete *in* uns wachrufen und zu reflektierten Erkenntnissen führen (Melodie und Text z. B. von ›El Condor passa‹: Indios und ›Lateinamerika‹ als ›Kulturerdteil‹).

Wie wesentlich ein zielgerichteter Einstieg über das Wecken der Motivationsbereitschaft für den Lernerfolg ist, hat Raßmann (1972) an erdkundlichen Beispielen nachgewiesen.

VIII. Kontrolle des Lernerfolgs

Das Problem, wie eine Leistung, etwa durch eine Note, zutreffend beurteilt werden kann und soll, ist alt. Noten geben oft nur den *subjektiven* Eindruck des Lehrers wieder, der sich gründet auf so wenig objektiv zu beurteilende Kriterien wie Mitarbeit in der Stunde, Wiederholungen zu Beginn der nächsten Stunde oder aufgrund von kurzfristig und einmalig eingepauktem ›Zettelarbeitswissen‹ (bei dem meist ein bloßes *Faktenwissen*, aber kein eigentliches Problemlösungsverhalten überprüft wird), Führen und Ausschmücken des ›Arbeitsheftes‹ und dgl. (vgl. Ingenkamp, 1971).
Nicht als ob Noten, die ein solches ›Allgemeinbild‹ des Schülerverhaltens im Fach bewerten, in diesem Sinne überflüssig seien; aber sie können stärker abgesichert werden, wenn man auch die kognitive Seite objektiver überprüft hat (*Problemlösungsverhalten, Anwendungsverhalten* geographischer Methoden und Hilfsmittel und dgl.), und zwar mit Hilfe von Tests.
Tests erlauben es auch, die *Rangfolge der Leistungen* des einzelnen Schülers innerhalb des Spiegels einer Klasse zutreffender zu ermitteln. Dabei werden die erreichbaren Punktwerte aller Testfragen als 100 gesetzt; sodann kann mit der sog. ›Stasix-Methode‹ (standardisierte Sechser-Einteilung) nach den aufgrund der Normalverteilungskurve festgelegten Prozentanteilen die ›Note‹ rasch ermittelt werden: die besten 9% der Schüler erhalten eine ›1‹, die nächsten 16% eine ›2‹, die nächsten 25% eine ›3‹, die nächsten 25% eine ›4‹, die letzten 16% bzw. 9% eine ›5‹ bzw. eine ›6‹. (Vgl. zur Darstellung dieser und anderer Methoden:

Gaude und Teschner, Wendeler.) (Die Stasix-Methode ist übrigens wegen ihres Schematismus nicht ganz problemlos.)
Im ganzen sollten Tests allerdings weniger ein Mittel der Zensurengebung sein als vor allem ein Mittel für den Lehrer, seinen *Unterricht* auf seinen Unterrichtserfolg hin zu überprüfen und dann zu überlegen, auf welchen unterrichtlichen Maßnahmen gute und weniger gute Resultate der Schüler wohl beruhen. Voraussetzung für eine solche Ermittlung ist der an Lernzielen orientierte Unterricht. Nach Mager geht es darum, im Test ein eindeutig beobachtbares Verhalten des Schülers so zu kontrollieren, daß der Lernerfolg objektiv sichtbar wird. Dazu gehört auch, daß die wichtigsten Bedingungen und der Beurteilungsmaßstab für ein noch als ausreichend geltendes Verhalten angegeben werden. Unter solchen Ansprüchen darf das *Lernziel* nicht einfach definiert werden als: »das Bevölkerungs- und Ernährungsproblem Indiens kennen«, sondern als: »fünf Möglichkeiten zur Überwindung des Bevölkerungs- und Ernährungsproblems Indiens innerhalb von . . . Minuten ohne äußere Hilfe aufschreiben; drei richtige Lösungen sind noch ausreichend.« (Nach Schanz 1973.)

Bei den Tests unterscheidet man sog. ›objektivierte Tests‹ und ›informelle Tests‹. *Objektivierte Tests* haben aufgrund einer Kontrolle sehr vieler Versuchspersonen eine recht große Zuverlässigkeit bei der Entscheidung darüber, welchen ›Notenrang‹ innerhalb der Skala eine erreichte Punktzahl erhalten muß. D. h. objektivierte Tests sind nicht mehr auf die Rangverteilung einer einzigen Klasse bezogen.
Von Ingenkamp und Mitarbeitern sind bis 1968 drei erdkundliche Schulleistungstests, objektiviert für bestimmte Klassenstufen, herausgegeben worden: Deutschland (5.–7. Kl.), Europa (6. u. 7. Kl.), Außereuropa (7. u. 8. Kl.). Eine genauere Untersuchung der in diesen Tests geforderten und abgefragten Kenntnisse ergab, daß sie zu über 60% rein topographisches Wissen abfragen, etwa nach folgender Art: Welche der folgenden Städte liegt *nicht* in Deutschland? Bremen – Hamburg – München – Stockholm – Wiesbaden. (Nach Niemz, 1972.) In solchen Tests spukt offenbar noch die herkömmliche Auffassung von ›Geographie‹.
Die Entwicklung objektivierter Tests ist außerordentlich aufwendig und langwierig. Daher erklärt es sich, daß bis jetzt keine weiteren und stärker den kognitiven Bereich der Geographie betreffenden Tests erar-

beitet worden sind; denn je ›kognitiver‹ das zu testende Wissen ist, um so schwieriger wird die Testkonstruktion.

Wegen dieser Schwierigkeit sollten die *informellen Tests* verwendet werden. Sie werden ›informell‹ genannt, da sie für die Festlegung des Lösungsniveaus und der Rangfolge nicht an sehr viele Versuchspersonen gebunden sind und speziell auf die Situation in einer oder mehreren Klassen einer Schule oder benachbarter Schulen zugeschnitten sind. Sie können von jedem Lehrer entwickelt werden, sind aber auf eine im gegebenen Rahmen objektive Auswertung hin anzulegen.

Dafür sind bestimmte Anforderungen notwendig. Zunächst heißt *objektiv*, daß immer die gleichen Resultate herauskommen, gleichgültig welcher Beurteiler sie ermittelt hat. (Es ist selbstverständlich, daß beim Ablauf des Tests keine zusätzlichen Lösungshilfen gegeben werden dürfen.) Die Testaufgaben müssen ferner eine größtmögliche inhaltliche Übereinstimmung mit der überprüften Sachstruktur aufweisen, d. h. diese möglichst adäquat widerspiegeln (sog. *Validität*). Bei jeder Testkonstruktion stellte diese Anforderung *die* Schwierigkeit dar; denn einerseits gehen leicht subjektive Bewertungsmaßstäbe des Testentwerfers über die Sachstruktur in die Aufgabenstellung ein, andererseits ist es auch dann, wenn aufgrund von vielen Vergleichen diese Fehlerquelle ausgeschaltet ist, immer noch schwierig, die Aufgabe so zu stellen, daß der Schüler adäquat zeigen kann, ob er sie richtig verstanden hat. Hier helfen auch die Taxonomien der Schwierigkeitsgrade von Aufgaben und Intellegenzleistungen wenig. (Vgl. die nicht befriedigende Zuordnung der Testaufgaben bei Schanz zu den kognitiven Schwierigkeitsstufen bei Bloom – ganz abgesehen davon, daß die von Bloom und Mitarbeitern aufgestellte Taxonomie selbst widersprüchlich ist.)

Erst aufgrund einer sorgfältigen Validierung ist es möglich, die Meßergebnisse für die einzelnen Aufgaben zuverlässig zu ermitteln *(Reliabilität)*. Sodann ist der *Lösungsgrad* festzulegen, d. h. etwa die Bestimmung, daß eine Testaufgabe von 80% der Schüler richtig zu lösen ist (oder dgl.). Lösen mehr als 80% der Schüler eine Testaufgabe richtig, so kann in der Regel angenommen werden, daß die Aufgabe zu leicht war. (Ausnahmen wären Aufgaben im ›affirmativen‹ Wissensbereich: hier sollten gerade 100% der Schüler eine richtige Antwort erreichen; als Beispiel vgl. die oben angeführte Testfrage nach Ingenkamp.) Mit dem Lösungsgrad (bzw. Schwierigkeitsgrad) ist auch die Forderung der sog. ›*Trennschärfe*‹ verbunden. D. h. der Test muß es möglich machen, die

schwächeren und die stärkeren Schüler deutlich zu erkennen, und d. h., daß der Test solche Aufgaben enthalten muß, bei denen die Wahrscheinlichkeit der richtigen Beantwortung durch die stärkeren Schüler und die der falschen durch die schwächeren gegeben ist.
Sowohl für die Feststellung des Schwierigkeitsgrades als auch der Trennschärfe gibt es *Berechnungsverfahren*. (Vgl. Wendeler, 1969, Gaude und Teschner, Schanz, 1973) Schanz entwickelt ein seiner Ansicht nach zutreffenderes Verfahren als das übliche, um den Schwierigkeitsgrad festzulegen. (Beim üblichen Verfahren wird die Summe der richtigen Lösungen dividiert durch eine Zahl N ($\times$ 100). Die Zahl N errechnet sich aus der Zahl der Schüler minus der Summe der richtigen Lösungen plus der Summe der falschen Lösungen.)
Die Tests sollten in der *Aufgabenart* abwechseln. Am einfachsten sind die *Ja/Nein-Antworten* und die *Lückentext*-Aufgaben, bei denen der Schüler u. U. auch ohne genaue Kenntnis, sondern aufgrund von intelligentem Raten zu einem richtigen Ergebnis gelangt. Damit testet man im Grunde weniger das wirkliche Wissen (worum es aber im Test geht) als stärker die allgemeinen Intelligenzleistungen (z. B. Auffassungsgabe).

Einen etwas höheren Schwierigkeitsgrad besitzen die sog. *Auswahlantworten*. Bei ihnen sollen aus einer Reihe von vorgegebenen Begriffen die richtigen herausgefunden werden (vgl. die topographische Aufgabe oben). Solche Aufgaben haben den Vorteil, daß sie zeitsparend sind. Sollen sie eine gewisse Trennschärfe haben, müssen die Begriffe oder Wörter, die falsch sind (die sog. *Distraktoren,* d. h. Wörter, die vom Richtigen ablenken), plausibel genug erscheinen, so daß man in die ›Falle‹ geht, wenn man kein exaktes Wissen hat. Ein Beispiel aus der Produktenkunde (im Themenkreis ›Indien‹) möge dies nach Schanz verdeutlichen: ›Was ist Jute?‹ Antwortmöglichkeiten: Rinderart – Stoffart – Faserpflanze – Frucht. Hier erscheint jeder Distraktor, selbst die Rinderart – aufgrund sprachlicher Assoziationen – als sinnvoll. Nach Schanz scheint die Auswahlantworttechnik optimaler zu sein, wenn noch als zusätzlicher Distraktor eine ›freie Antwort‹ möglich ist. Dann muß nämlich der Schüler überlegen, ob die vorgegebenen Wörter tatsächlich die richtige Antwort enthalten oder ob nicht die von ihm zu findende und frei einzusetzende nicht noch ›besser‹ ist.

›*Freie Antworten*‹ scheinen überhaupt eine gute Möglichkeit zu sein, den Wissensstand des Schülers zu überprüfen, da er gezwungen ist, die

Antwort ohne Stütze an Vorgegebenheiten zu formulieren. Allerdings leiden bei zu häufiger Anwendung freier Aufgaben Validität, Reliabilität und Trennschärfe – denn wie will man mit Punktwerten die Ausführlichkeit und Genauigkeit festlegen (ohne wiederum subjektiv zu werden), mit der eine ›freie Antwort‹ eine Sachstruktur wiedergibt oder nicht.

Uns erscheinen ›*Ordnungsantworten*‹ der verschiedensten Form am besten geeignet, Praktikabilität, Zeitersparnis, kognitives Anspruchsniveau und beobachtbares Schülerverhalten miteinander zu verbinden. Ordnungsaufgaben können sein: Bezeichnen von Zeichnungen mit fehlenden oder auszuwählenden Begriffen an den ›richtigen‹ Stellen (als Anwendung und Umsetzung des Wissens), die Auswahl aus mehreren vorgegebenen Zeichnungen, die Umsetzung einer Zahlenreihe in eine Kurve (z. B. Klimawerte), die freie Zuordnung von Begriffen aus zwei verschiedenen Reihen, aus denen die ›richtigen‹ Begriffspaare selbst gebildet werden müssen, das Eintragen einer Kurve in ein Koordinatensystem aus Temperaturen und Monaten, um die Kenntnis der Begriffe (hier nach Schanz: z. B. Kontinentalklima, Ozeanisches Klima) zu überprüfen. An der folgenden Zeichnung soll über die Zuordnung von ›Arbeitsplatzdichte‹ und ›Stadtviertel‹, insbesondere ›Industrieviertel‹ und ›Stadtkern‹ (bzw. ›Geschäftszentrum‹ oder ›City‹) eine stadtgeographische Einsicht getestet werden.

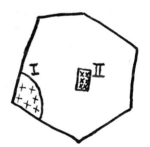

Ordne den Vierteln mit verschiedener Arbeitsplatzdichte ×× innerhalb einer Stadt die richtigen Begriffe zu:
I = ...
II = ...

Die Zeichnung stellt ein Beispiel dar aus einem Test, an dem das Vorwissen der Schüler zu stadtgeographischen Grundbegriffen *(Vortest)* und nach erfolgtem Unterricht der Lernerfolg als *Wissenszuwachs (Nachtest)* kontrolliert werden sollte. Der Test wurde in einer Reihe von Klassen durchgeführt zwischen dem 5. und 9. Schuljahr. Er erbrachte auch deutliche Abhängigkeiten von der Altersstufe der Schüler. Die dargestellte Aufgabe wurde z. B. im 5. und 6. Schuljahr nicht gelöst. Erfahrungen mit ähnlichen *Testaufgaben in verschiedenen Klassenstufen* fehlen. Da zudem die sinnvolle Konstruktion gerade von geographischen Testaufgaben eine zeitraubende Arbeit ist, schlagen Niemz und Schanz vor, alle geographischen Testaufgaben in einer zentralen ›Test-Item-Bank‹ zum Abrufen durch die Lehrer zu sammeln.

Für die *Anordnung der Aufgaben* im Test und seine Länge macht Schanz folgende Vorschläge. Am Anfang sollen zwei bis drei leichte Fragen stehen, als sog. ›Eisbrecherfragen‹. Die übrigen Aufgaben sollten im Sinne eines ansteigenden Niveaus angeordnet sein. (Dies ist jedoch nur dann möglich, wenn der Test Einzelwissen überprüft, und nicht sachlogisch zusammengehörendes Wissen.) Ein Test solle aus wenigstens 30 verschiedenen Aufgaben bestehen; denn erst dann wird eine genügend breite Streuung der Schülerantworten erreicht, die es erlaubt, die Schülerleistungen befriedigend zu differenzieren.

Abschließend ist darauf hinzuweisen, daß die erwähnte zeitraubende Konstruktion geographisch sinnvoller Tests gerade aus der schon oft erwähnten Komplexität der geographischen Gegenstände herrührt. Diese macht es schwierig, einerseits Testaufgaben so einfach und so exakt wie möglich zu formulieren (um die zu weite Ambivalenz zu vermeiden), andererseits ein beobachtbares, exaktes, nicht ambivalentes Schülerverhalten hervorzurufen. Auch hier greift man am besten zu eindeutigen Zeichnungen und Abbildungen, an denen die zu testende Einsicht demonstriert werden kann. Das ›Erfinden‹ eindeutiger Zeichnungen erfordert jedoch wegen der Komplexität einen gewissen Einfallsreichtum.

IX. Beispiele für Unterrichtseinheiten

Vorbemerkung: Die Beispiele sind ›länderkundlich‹ zumeist; doch sind sie – auch nach den neuen Lehrplänen – nicht veraltet, vom – sowieso abzulehnenden – Beispiel ›Skandinavien‹ abgesehen. Sie zeigen, was ›thematisierte Länderkunde‹ sein kann und leistet.

1. »SKANDINAVIEN«: BEISPIEL EINER UNTERRICHTSEINHEIT NACH DEM LÄNDERKUNDLICHEN SCHEMA (6. SCHULJAHR)

1. Stunde: Lage, Form, Entfernungen, Grenzen.

2. Stunde: Oberfläche und Boden: Schären, Fjord, Fjell; Entstehung von Fjell und Fjord durch die Eiszeit; Zeichnung eines Profils von Westen nach Osten; Steilküste im Westen, treppenförmige Abdachung im Osten, Flachküste; Flüsse und Seen.
(Zum Teil als Schülervortrag: Fjell)
Klima (Niederschläge in Bergen und Stockholm: Erklärung), Seeklima, Landklima, Golfstrom, Steigungsregen, Wetterscheide, Jahreszeiten.
Bodenschätze (Schülervortrag)

3. Stunde: Landwirtschaft und Fischfang, Nordgrenzen des Getreidebaus. Politische Staaten und Bevölkerung (Schülerreferat). Wikinger und Finnen. Lappen. Polarnacht und Mitternachtssonne.

4. Stunde: Die einzelnen Staaten.
Dänemark als Inselland und Bauernland: Inseln, Verkehr, Landwirtschaft, Kopenhagen als Hauptstadt, berühmte Dänen, Erklärung der Namensendung auf -sen.
Norwegen – Land der Fjorde und des Ödlands: Oslo, Wasserkräfte, Fischfang, Walfang.

Schweden – Erz und Holz: Schonen, Götaland, Göteborg, Stockholm, Uppsala, die Urwälder Nordschwedens, Metallwaren, Bevölkerungsdichte, Sozialstaat.

5. *Stunde:* Wiederholung und Vorführung von drei Lichtbildserien zu Schweden, Norwegen, Dänemark (insgesamt rund vierzig Dias) mit Erläuterungen durch den Lehrer.

6. *Stunde:* Finnland

7. *Stunde:* Island

Aus den Bemerkungen zu den einzelnen Stunden:

»Von großem Wert erscheint mir, daß die Schüler lernen, ein Kartenbild zu deuten und auszuwerten. Sie sollen also möglichst viele Fakten aus der Karte herausholen. Die Arbeit mit und an der Karte wird deshalb in allen Stunden einen wesentlichen Raum einnehmen.«
»Eine bloße Auszählung von Fakten wäre unvollständig. Wirtschaftliches Denken und damit Verständnis für wirtschaftliche Zusammenhänge sind in der heutigen Welt unerläßlich.«
»Kurzreferate: gleichzeitig Sprech- und Sprachübung.«
»Schüler erhalten Impulse: sollen möglichst viel selbst herausfinden.«
Zur 5. Stunde: »Alle Theorie muß Stückwerk bleiben, wenn man für die Richtigkeit der Behauptungen nicht den Beweis antreten kann.« Dafür konnten »drei Lichtbildserien beschafft werden, die den Kindern zum Abschluß der Lehreinheit . . . einen lebendigen Eindruck von den Reizen und Eigenheiten des europäischen Nordens vermitteln sollen.«

Kommentar

Die Anschauung steht also am Schluß; die Arbeit mit der abstrakten Karte stellt die Hauptsache dar; Kartenarbeit und Kurzreferate ›bewältigen‹ den Stoff in der Form der Aneinanderreihung. Es wird nicht klar, was die Schüler nun selbst überhaupt herausfinden sollen, wie etwa ›Seeklima‹ und ›Landklima‹ ›erarbeitet‹ werden, wie hier die ›Impulse‹ und welche gegeben werden.
Diese Art von ›Länderkunde‹ macht geographisches Arbeiten steril und läßt Erdkunde als ›Bildungsfach‹ in der Tat fragwürdig werden.

2. Der Mittelrhein

Beispiel für a) Unterrichtsvorbereitung, b) ›originale Begegnung‹
(5./6. Schuljahr)

1. Vorbereitung auf Kind- und Stufengemäßheit

Behandlung des Themas ist vorgesehen für das 5. bzw. 6. Schuljahr. Das Anschauliche, Sichtbare, Konkrete spielt eine sehr große Rolle. Einfache Zusammenhänge werden *im* Konkreten erfaßt, und zwar meist logisch-assoziativ, nicht streng logisch-kausal. Die Schüler sind in diesem Alter noch ungebrochen eingebettet in die menschliche Umwelt. Es ist daher an allem Sinnenfälligen, sozial und psychisch Nahem anzuknüpfen, der Einstieg entsprechend auszusuchen.

2. Vorbereitung auf den Stoff

Hier geht es nur um die Gesichtspunkte, die für *diese* Unterrichtseinheit unmittelbar relevant sind. Diese sind:

a) das Mittelrheingebiet als nördlichstes Weinbaugebiet größeren Umfangs auf der Erde;
b) die Gründe dafür: steile Hänge aufgrund starker Zertalung – dazu günstiges Einfallen der Sonnenstrahlen – der Schiefer, der die Sonnenwärme nach Sonnenuntergang langsam abgibt – lange Tradition, entsprechende Ausprägung der Siedlungen;
c) die Rebenart und ihr Anbau (Riesling, monokulturartig, bodenangepaßt, klimaangepaßt: frostresistent, geneigte Terrassen, große Umlagungen);
d) Verteilung der Rebterrassen im Gelände (Sonnenseiten; auf den Schattenseiten: ungepflegte Niederwälder und ebenfalls ungepflegte Obstanlagen);
e) Talform (Breite, Länge; Vergleich mit Niederrhein, Oberrheinischer Tiefebene; Bezeichnung des Talabschnitts: »Mittelrhein«);
f) Talenge und Lage der Siedlungen. Ortsbild (eng, schiefergedeckte Häuser: Vergleich zu den Häusern der eigenen Heimat; die schiefergedeckten Häuser – Hinweis auf die Gesteine des Tals bzw. Gebirges!);

g) der Verkehr – die Verkehrsadern – die Schwierigkeiten – am dichtesten befahrene Wasserstraße Europas – Schiffstypen – Felsen – Klippen – Tunnel – Lotsen;
h) Fremdenverkehr, Burgen und Romantik (Sagen, Lieder, Loreley);
i) die »Schönheit« des Tals (als Ausdruck aller Komponenten).

3. Orientierung

Was steht dazu in den Schul- und Lehrbüchern? Erweiterung und Vertiefung der Gesichtspunkte! Was halten die Bücher für wesentlich? In welcher Reihenfolge? Inwiefern berechtigt? Urteilsbildung!

4. Didaktische Orientierung

Begründete Auswahl aus den unter 2. genannten Gesichtspunkten: Was sollen die Schüler an regelhaften Einsichten gewinnen? Was sollen sie von dieser deutschen ›Charakterlandschaft‹ kennenlernen? Worauf (vom vergangenen Unterricht, von der ›Nahwelt‹) kann man aufbauen? Worauf kann man verweisen? Was weglassen (da schon früher erarbeitet)?
Formulierung des didaktischen Ziels: Vermittlung eines anschaulichen und zutreffenden Bildes der bekannten und beliebten Tallandschaft des Mittelrheins unter Einordnung in die topographischen Gegebenheiten.

5. Methodische Orientierung

A. Die Unterrichtsmittel

a) Der Zugang ergibt sich vom Anschaulich-Erlebnismäßigen her: Film? Dias? Reisebericht?
b) Wandkarte: Entfernungen, topographische Orientierung, (Atlas in dieser Stunde unnötig);
c) Erarbeitung einer Lageskizze – entwickelnd im Laufe der Stunde (Heimatort – Bingen – Koblenz mit Mosel und Lahn – Bonn – Mittelrhein – Rheinisches Schiefergebirge) – Entfernungen dazu!
d) Erarbeitung einer Profilskizze: Sonn- und Schattenhang, Lage der Siedlungen, Verkehr, Tunnel, Klippen. Ebenfalls entwickelnd. Nach und nach eintragen vom Beobachteten her (Dias, Karte, Bericht);

e) Einstieg: Erlebnisbetont. Lustiger Bericht über eine Reise. Lied (Schallplatte). Fremdenverkehr. Motivation: Dorthin möchten wir auch gern einmal eine Reise machen. (Vater war dort beim Betriebsausflug.) Wir wollen auch mal sehen, was er – andere – dort gesehen haben mögen. Neugierde wird geweckt. Vorgehen wird klar: die unterrichtliche Übereinstimmung wird hergestellt.

B. Die Unterrichtsform

Reiner Arbeits- oder Gruppenunterricht erscheint nicht angebracht: a) da die unterrichtliche Stimmung ›zersplittert‹ wird; b) da manches Neue gebracht wird. Daher: entwickelnder Arbeitsunterricht mit möglichst wirklichkeitsnaher ›originaler Begegnung‹.

C. Der Stundenaufbau

Vom Einstieg her: »Fahrt«. Was folgt sinngemäß aufs Fahren als Unterrichtsschritt (nicht vom Stoff her: Stoffschritte: Siehe 2 a–i!)? Aussteigen – Ansehen eines mittelrheinischen Städtchens – Wandern auf die Burg – Blick über die Landschaft. Also auch hier: Das tuende Erleben wird nachvollzogen. Dem entspricht am besten ein Film zu den einzelnen Stationen. Diesen gibt es aber so nicht. Also die entsprechenden Dias: Das Dia steht stellvertretend für die Abschnitte, für das, was die Reisenden (und wir als sie) gesehen haben bzw. gesehen haben könnten, wenn sie die Augen offenhalten.

Alles Gesehene schrittweise an der Tafel festhalten. Am Schluß Zusammenfassung anhand des Tafelbildes; Erschließen möglicher Zusammenhänge. Etwa: »Am Mittelrhein haben wir das nördlichste Weinbaugebiet der Erde kennengelernt. Ihr habt alles gesehen, woran das liegen kann. Überlegt!« Dann noch topographische Zusammenfassung anhand der entwickelten Skizze. Überschrift: »Am Mittelrhein, dem nördlichsten Weinbaugebiet der Erde.«

Anmerkung: Die Unterrichtsschritte sind von den Anschauungsmitteln her formuliert. Zur ›Anschaulichkeit‹ gehört auch der Name und das Aussehen des Schiffes, mit dem man auf dem Rhein fährt. Zum Aussehen: »Ein Schiff der weißen Flotte.« Zum Namen: Rhein – Goethe – Düsseldorf – Europa – Nederland – France – Deutschland. Welchen

Namen wählt man am besten (vielleicht schon mit Rücksicht auf die anschließenden Stunden rheinauf oder rheinab)?

6. *Geplanter Unterrichtsverlauf*

»Eine Fahrt auf dem Mittelrhein.« Unterrichtsschritte:

a) Einstieg: siehe oben.
b) Überleitung: Wir wollen einmal selber sehen, warum die Leute dorthin fahren.
c) Dia: Schiff, Fahrgäste, Blick auf Landschaft mit Burg (*ein* Dia: mit Blick vom Schiff über die Fahrgäste auf die Landschaft!).
d) An welcher Stelle wir dort sind: Beginn der Entwicklung der topographischen Skizze!
e) Wie wir von unserem Heimatort dorthin gekommen sind.
f) Wir steigen in einer Weinstadt aus. Dia: Bacharach; im Ortszentrum: Gasthäuser, Fachwerk, Schieferdächer, enge Straßen; Hintergrund: steiler Sonnenhang mit Weinterrassen.
g) Wir beginnen, uns die Lage des Ortes im Tal klarzumachen: beginnende Arbeit am Profil.
h) Wir steigen auf die Burg und blicken von oben herab: Dia (Talenge, Verkehrswege – Straßen, Eisenbahnen – Tunnel, Schiffahrt, enge Ortslage, Sonnenseite, Schattenseite – Weinterrassen – Waldseite).
i) Vervollständigung des Profils.
k) Wiederaufnahme bei h: welche Schwierigkeiten die Schiffahrt auf dem Rhein hat (Bericht, Schilderung: Binger Loch, Lotse, Lied von der Loreley).
l) Erste zusammenfassende (abstrahierende) Phase: Vergleich des Rheintals mit anderen schon bekannten Abschnitten des Rheinlaufs – mit Tälern der Heimat, »Mittelrhein«.
m) Vervollständigung der topographischen Skizze: wie weit der Mittelrhein reicht. Städte dort, in der Mitte; Mosel und Lahn als Nebenflüsse. Das Gebirge: die schiefergedeckten Häuser: Rheinisches Schiefergebirge.
n) Schluß (siehe oben).

Anmerkung: Topographie mit Funktion im ganzen Unterrichtsgeschehen! Erwächst aus diesem; nicht bloß ›aufgelegt‹, sondern Bestandteil des ›Gesamtbogens‹ der Unterrichtseinheit.

3. Mexiko: Beispiel für vollen Arbeitsunterricht (7./8. Schuljahr)

I. Vorüberlegungen

1. Zum Stoff: Folgende Gesichtspunkte können bei der Behandlung eine Rolle spielen: a) Mexiko als das ›Ende Nordamerikas‹ (Relief, Gliederung, Vulkane, Enge von Tehuantepec); b) Mexiko ist der ›Anfang Lateinamerikas‹ (Spanier, Eroberung, Azteken, Mexiko-Stadt, Tempel, Pueblo-Dorf, weiterwirkende Probleme: Bodenreform, ejido-System); c) Mexiko ist ein gutes Beispiel für die tropische Höhenstufung der Vegetation und des Anbaus (Unterschied Osten – Westen!); d) Mexiko ist ein wirtschaftskräftiges Land (Landwirtschaft, Bodenschätze, Industrie, stabile Währung); e) Mexiko reicht aus den Subtropen in die Tropen und hat Anteil an verschiedenen Windsystemen; f) Topographie (im Zusammenhang mit den Abschnitten!).

2. Auswahl: b), c), d) können am Beispiel Mexikos besonders gut erkannt werden. Zudem sind sie wichtige Züge fast ganz Lateinamerikas, die also gut typisierend behandelt werden können. a) und e) können orientierend mit einfließen; jedoch muß auf ihnen nicht der Schwerpunkt liegen. Mexiko südlich der Enge von Tehuantepec wie auch die Mayas müssen ebenfalls nicht erarbeitet werden, liegt doch der nationale Schwerpunkt im mexikanischen Hochland.

3. Arbeitsmittel in der Zuordnung zum Stoff

Referat (Buch) für die Eroberungsgeschichte; Profil für das Relief und die Höhenstufen wie für den Ost-West-Unterschied; Landschaftsquerschnitt für die Zusammenfassung des am Profil Erarbeiteten und die Weiterführung; Schilderung einer Fahrt von Mexiko-Stadt zur Ostküste; Erinnerung an die Olympiade oder die Fußballweltmeisterschaft als Einstieg; Dias für die verschiedenen Höhenstufen, Vulkane, Kathedrale, Universität, Aztekenbauten, Pueblo-Dorf, Bevölkerung (Indio, Kreole, Mestize); Karten und Skizzen zur Bevölkerungsdichte, Wirtschaft, Verbreitung des Anbaus und Verbreitung der Höhenstufen, des Eroberungszuges von Cortez; Klimadiagramme; topographische Angaben. Bereitstellung all dieser Mittel für die Schüler.

4. Überlegungen zum Aufbau der Unterrichtseinheit

Trotz der Schülerarbeit nicht müßig. Der Lehrer sollte sich darüber klar sein, auf welche Weise *er* das Objekt »Mexiko« auf beste Weise nahebringen würde. Auch: in wieviel Schulstunden das Thema geschafft werden kann.
Voraussichtliche Dauer: fünf Stunden.
Im folgenden aber nicht nach Schulstunden gegliedert, sondern nach den Hauptteilen des Arbeitsweges.

II. Der Arbeitsgang

A. Unterrichtsgespräch

1. Nennen des Themas. Sammeln der Eindrücke dazu (spontan, wahllos) aus dem mitgebrachten Vorwissen. (Lehreranstoß: Was kennt ihr schon? – Nach einiger Zeit: Vergleicht mit dem, was wir bei den USA kennengelernt haben! Was fehlt uns in Mexiko noch im Vergleich dazu?) Anschreiben der Nennungen an die Tafel in der ungeordneten Reihenfolge: Mexiko, Azteken, Cortez, Silber, Erdöl, Vulkane, Erdbeben, . . .
Nicht genannt werden: die Höhenstufen. (Vom Lehrer wäre es falsch, das Stichwort hier selber zu geben. Die Erarbeitung muß sich später ›von selber‹ ergeben!)
2. Ordnen der Nennungen. (Lehreranstoß: Was gehört zusammen? – Nach einiger Zeit: Was fangen wir damit an? Haben wir damit genug?)
3. Festlegen der Reihenfolge der Erarbeitung. (Lehrerhilfen: Was steht mit dem einen, was mehr mit dem anderen in Zusammenhang? Was interessiert euch am meisten? Warum?)
(Es interessiert: Mexiko, die Azteken, die Eroberung, die Vulkane, die Bodenschätze, die Indios, wie sie leben; aus dem Anstoß im Vergleich mit den USA folgt: Bevölkerungsgruppen, Dichte der Bevölkerung, ihre Verteilung, Erforschung der Ursachen dafür; das Aussehen der Landschaft[en].)
4. Festlegen der Arbeitsmittel. Ausgangsfrage: Was können wir mit welchem Arbeitsmittel am besten klären? Durchmustern von Buch, Atlas. Daraus neue Anregungen zu Stoff und Gliederung. Einer

übernimmt es, einen Vortrag über die Entdeckung und Eroberung zu halten. Festlegen der Arbeitsmittel und der Reihenfolge.

B. *Arbeit der Klasse:* Aus- und Aufeinanderfolge

1. Die Mexikaner – wie sie geworden, wie sie leben, *wo* sie wohnen, *wie* sie wohnen (Land – Stadt).
In welchen Landesteilen sie wohnen.
Herausfinden der Ursachen dafür. Vergleich mit Klimadiagrammen.
Lesen eines Berichtes dazu (Reiseschilderung).
2. Je nach den herausgefundenen Zusammenhängen ergibt sich eine ›Verzweigung‹:
   a) Vulkanismus und Relief (›Ende Nordamerikas‹): Betrachten von Dias, Skizzen, Wachstum des Paricutin . . . Entwurf einer topographischen Skizze.
   b) Einordnung des Aufgefallenen in den Landschaftsquerschnitt – Höhenstufen der Vegetation, des Anbaus. Betrachtung verschiedener Dias zu jeder Höhenstufe.
3. Die Wirtschaftskraft Mexikos. Tabellen. Wirtschaftskarte. Bericht über die Lage in der Landwirtschaft. Schilderung eines ejido-Dorfes. Auswertung.
4. Wiederholende Zusammenfassung.

(Im Vorstehenden ist nur eine mögliche Reihenfolge skizziert: Je nach Interesse der Klasse kann auch mit 3. angefangen werden oder mit 2 a). Die Klasse muß jedoch so geschult sein, daß sie im ständigen Austausch der Gedanken bei Erarbeiten zusieht, daß die Abfolge des Tuns ›stimmig‹ bleibt, d. h. für die Erstwahl und das Fortschreiten die Gründe angibt. Die ›Gegenstände‹ als solche stehen ja aus Abschnitt A fest.)

4. SÜDAFRIKA: BEISPIEL FÜR GRUPPENUNTERRICHT
(7./8. SCHULJAHR)

Vorüberlegungen: siehe Text S. 28 ff.
Die Erarbeitung von Südafrika im vorgeschlagenen Sinn stellt ein Beispiel dafür dar, daß polikausale Zusammenhänge vorliegen; es wird deutlich, daß ›monokausal‹ orientierte ›Fallstudien‹ allein nicht genügen, um ›polikausales‹ Verständnis zu erreichen.

I. Stoffziele

Der Lehrer muß sich darüber im klaren sein, was an den stofflichen Grundzielen tatsächlich erarbeitet und von den Schülern geleistet werden kann. Falls der frühere Unterricht nicht vertan ist, muß dies folgendes sein (Transfer!):
1. Die Gliederung des Landes: a) nach Relief; b) nach den klimatischen Erscheinungen.
2. Die Abfolge der Landwirtschaftsgebiete (von Süden nach Norden; von Osten nach Westen).
3. Die Lage der Bodenschätze, deren Bedeutung für das Land, ihre Bedeutung über die Grenzen des Landes hinaus.
Damit sind die wichtigsten Arbeitsgruppen ebenfalls klar.
Aus dem Vorwissen der Schüler kommt erfahrungsgemäß an weiteren Gesichtspunkten: Weiß und Schwarz – Johannisburg als große ›Goldstadt‹ (oder Kapstadt als große Hafenstadt). (Für den erdkundlichen Vergleich ist wichtig, daß auch schon andere typische Stadt- und Siedlungsbilder in Europa, in Afrika – Algier, Kairo, Ibadan, Bergbausiedlung in Katanga – behandelt worden sind. Die Schüler wissen, was sie selbständig zu erarbeiten haben – Transfer! –. Verweis auf diese Beispiele!).
Als neue Erkenntnis muß sich aus dem Unterricht als Arbeitsertrag ›von selber‹ ergeben: der Südostpassat und seine Bedeutung.

II. Der Unterricht
(nicht in Stundeneinheiten, sondern als Arbeitseinheiten!)

1. Phase: Das einleitende Unterrichtsgespräch

Wie »Mexiko«. Dann: »Das alles sollt ihr allein machen. Erzählt mal erst, wie ihr es machen wollt.« Weitere Anstöße: »Wie haben wir *das* früher gemacht? *Jenes?*« Zum Beispiel hinsichtlich der Oberfläche: a) in der Form einer groben Gliederung des Landes von der physikalischen Karte her; b) in der Form eines Profils (z. B. der Querschnitt durch die Atlasländer von Norden nach Süden im Bereich Algeriens – an diesem Profil wurden die unterschiedlichen Volksdichten, Nutzungen, Pflanzenkleid und Klima bearbeitet).

Wiederholung, was wir mit dem Profil erreicht habe. Wie wir es angelegt haben, wo, warum. Diskussion eines Profils durch Südafrika. Diskussion verschiedener Schnittlinien. Vor- und Nachteile. Ergebnis: Wir müssen zwei Profile legen: eines von Westen nach Osten (oder umgekehrt), eines von Süden nach Norden (oder umgekehrt). Wieviel Gruppen brauchen wir, wenn für jede Profillinie Landwirtschaft, Klima, Relief dargestellt werden sollen (›Profilgruppen‹).

Was nicht am Profil dargestellt werden kann: welche Gruppen wir sonst noch brauchen (siehe oben).

Aufgabe (Ende der 1. Phase): Ordnen des gesammelten Materials entsprechend den Gesichtspunkten. Einprägen der groben Gliederung des Landes (Kernwissen für alle, da es der Verständigung der Gruppen über Wo und Wie bei der kommenden Gruppenarbeit dienlich ist: also wiederum funktionsgerechte ›Einbindung‹ des Topographischen je nach Notwendigkeit!).

Weitere topographische Kenntnisse: die großen Städte – die Hauptflüsse – die politischen Einheiten.

2. *Phase* = 1. Phase der eigentlichen Gruppenarbeit

Zunächst Bildung weiterer ›thematischer Gruppen‹ zusätzlich zu den Profilgruppen mit Hilfe des geordneten Materials: Bergbau (Gold, Diamanten), Industrie, Johannisburg, Kapstadt, Weiß und Schwarz = fünf Arbeitsgruppen. Aufgaben: sichten, ordnen, notieren, diskutieren dessen, was wichtig erscheint, in jeder Gruppe. Die ›Reliefgruppe‹ beginnt damit, ein Profil vom Atlas auf die Tafelfelder zu entwerfen. Die übrigen ›Profilgruppen‹ arbeiten zu ihren Themen entlang ihres Profils und im Zusammenhang mit dem gesammelten Material. Zusammenfassendes Notieren für jeden größeren Raum.

Aufgabe des Lehrers: Hinweise für Höhen- und Entfernungsverhältnisse, für Auswertung des Materials (aber erst, wenn Schwierigkeiten auftreten, über die sich die Gruppe nicht schlüssig werden kann).

3. *Phase:* = 1. Berichtsphase

Die Profilgruppen sind aufgrund der einfacheren Fragestellung zuerst fertig. Die anderen Gruppen unterbrechen ihre Arbeit. Die Profilgruppen tragen anhand des Profils ihre Befunde vor.

4. Phase: = erste Zusammenfassungsphase, zweites Unterrichtsgespräch.

Gemeinsame Diskussion und Deutung (Mittelmeerklima, Erschließen des Südostpassats, Begründung dafür, Einordnung der Befunde in die Gliederung des Landes, vertieftes Verständnis für Landwirtschafts- und Klimaverhältnisse in den einzelnen Räumen, Vergleich der Ausstattung und Wirtschaft in den Küstenräumen, in den Hochbecken).
Feststellen, was noch weiter erschlossen werden müßte. Über einzelne besonders interessant erscheinende Gebiete möchte man jetzt mehr wissen (Motivation erst hier möglich – nicht schon von vornherein!): wie die Landschaften aussehen, wie Menschen dort leben, wie die Viehwirtschaft betrieben wird, wie die Bewässerungswirtschaft, wie die Persianerzucht. Die ›arbeitslos‹ gewordenen ›Profilgruppen‹ übernehmen nun solche ›regional-thematischen‹ Gebiete: Basuto-Hochland, Kalahari, Oranje und Bewässerung, Persianer in Südwestafrika. Verteilung des Materials. Besondere Aufgabe: Suche nach guten Bildern und Schilderungen. Auswertung dieser Bilder und Schilderungen.
Besondere Möglichkeit des Lehrers (wie sonst nie!): Hilfe bei der Auswahl aussagekräftiger Bilder, Schärfen des Blicks dafür.

5. Phase: = zweite Berichtsphase.

a) Berichte der ›thematischen‹ Gruppen. Klärung.
b) Aufgabe: Seht euch die Schulbücher dazu an. Vergleicht! (Erst hier werden die Schulbücher herangezogen; denn erst hier ist es mit Gewinn möglich: Vergleich der eigenen Ergebnisse mit den Darstellungen dort – Ergänzungen.)
c) Berichte der ›regional-thematischen‹ Gruppen.

6. Phase: = zweite Zusammenfassungsphase.

Feststellen der Ergebnisse.
Aufgabe an alle (zur Überprüfung und zur Vertiefung des Verständnisses): Beurteilt jetzt die wirtschaftliche Stellung Südafrikas und seiner größeren Räume im Gesamtzusammenhang.
Beurteilt die möglichen Entwicklungen und Gefahren.

7. Phase: Wiederholung (Ergebnissicherung).

5. Indien: Beispiel für ›Dynamischen Unterricht‹ (7./8. Schuljahr)

Vorüberlegungen: Die Indien bestimmenden Kräfte sollen so farbig und plastisch wie möglich, entsprechend der Bildungsstufe, in den Mittelpunkt gestellt werden. Normalerweise denkt man dabei zuerst an den Monsun und dann erst an die religiös-soziale Struktur Indiens. Die Reihenfolge muß aber umgekehrt sein; zwar ist der Monsun für das gesamte Wirtschaftsleben Indiens und für seine Nahrungsgrundlage wichtig – aber für den Inder ist die Wirtschaft in der Wertskala zweitrangig. Im Unterricht sollte aber mit dem begonnen werden, was »Indien« zu Indien macht; das ist der Monsun zunächst in einer nur äußerlichen Weise. Das wichtigste ist zunächst, ein Verständnis für das fremde Volk, seine Lebensart und Lebensumwelt zu gewinnen. Dieses Verständnis muß da ansetzen, an der Stelle, die am besten geeignet ist, in das Zentrum des Gegenstandes vordringen zu lassen. Setzt man bei Indien in dieser Weise die religiöse und soziale Lebenswelt an den Anfang, so hat man damit auch psychologisch und vom Einstieg her die besten Bedingungen geschaffen, wie die Erfahrung beim Thema Indien gelehrt hat. Zugleich ergibt sich bei diesem Ansatz gewissermaßen eins aus dem anderen, das eine treibt das andere hervor und weiter (›goethischer Punkt‹), wie der zu schildernde Verlauf zeigen wird.
Nach Ansicht des Verfassers verbietet sich strenger Arbeitsunterricht, erst recht Gruppenunterricht; vielmehr ist dem Gegenstand ein lebendiger, dynamischer, arbeitsunterrichtlicher Impulsunterricht angemessen im Wechsel von Lehrer- und Schülerbeitrag. Auf diese Weise kann besonders gut der Reiz des Fremden zur Geltung gebracht und von daher ein tieferes Verständnis für die besonderen Schwierigkeiten und Nöte dieses großen Landes geweckt werden; denn es muß immer wieder neu angesetzt werden, den Schüler zum ›Staunen‹ zu bringen. Auf diese Weise ist es möglich, ein erstaunlich hohes Maß des Verständnisses und der Beeindruckung bei Schülern der 3. Bildungsstufe zu erreichen. Der Bildungsstufe gemäß sind Schilderungen und Verlauf vereinfacht und gelegentlich drastisch. Dennoch kommt es auch hier auf die ›Poli-Kausalität‹ an. (Vgl. Vorbemerkung zu ›Südafrika‹.)
Einen anderen, eher für das 8./9. Schuljahr möglichen, lernzielorientierten Gang kann man entnehmen: J. Birkenhauer »Indien zwischen gestern und morgen.«

Verlauf der Unterrichtseinheit (etwa acht Stunden).

1. Stoffziel: Religion und Kaste

Einstieg: Am Ganges bei Benares (Film, Dias): der heilige Fluß – die Waschungen darin – die Macht der Religion – die tiefe Religiosität.
Weiterführung: In einem Tempel (Schilderung, Film): die Standbilder – die Tempeltürme – die Tempelteiche – das Tempelinnere – das betende Volk – die wichtigen Götter (Brahma, Schiwa, Wischnu, Kali) – die mit Butter eingeriebenen Standbilder – die heiligen Kühe.
Ergebnis: Am Beispiel der Kühe, ihrer Riesenzahl, ihrer geringen wirtschaftlichen Bedeutung, der Rücksichtnahme auf sie, selbst im Verkehr der Millionenstädte: Die Religion als eine das ganze Land und das ganze Leben bestimmende Macht.
Weiterführung: Verdeutlichung an der Teilung Indiens und Pakistans. Was man deswegen wirtschaftlich in Kauf genommen hat (Lehrerbericht).
Wiederaufnahme: Die Waschungen und ihre Bedeutung: z. B. religiöse Verunreinigung als Folge der Berührung durch Mitglieder anderer Kasten = tieferer Kasten. Waschung als Beseitigung der Verunreinigung. Die Kasten und der Glaube an die Wiedergeburt. Die Bedeutung des Glaubens an die Wiedergeburt. Die äußere Welt als die eigentlich unwichtige Welt. Fatalistische Einstellung (Lehrerbericht und Erörterungen im lebhaften Wechselgespräch).
Weiterführung: Die Kasten und ihre Stufung. Hauptgruppen. Berufskasten. Hierarchie der Kasten und der Unberührbaren nach der Art des ausgeübten Berufes. Die mit den schmutzigsten Arbeiten ganz unten. (Unterrichtsform: wie eben!)
Schülerfolgerung: Bedeutung für die modernen technischen Berufe.
Weiterführung: Die Bedeutung der Kasten nicht nur religiös, sondern auch sozial-wirtschaftlich als eine Art ›Lebensversicherung‹: Garantie für den einzelnen für sein religiöses, soziales, wirtschaftliches Leben.
Folgerung: Das Kastensystem weist jedem Menschen von vornherein den ihm für sein ganzes Leben zustehenden Platz zu. Diskussion der Vor- und Nachteile. (Zum Beispiel ein Ölmüller, der durch den technischen Fortschritt seinen Beruf verliert, kann nicht einfach einen anderen Beruf ergreifen.)

Die Kasten heute: werden aus Tradition und Lebensnotwendigkeit beibehalten, auch wenn ihre religiöse Unantastbarkeit gesetzlich abgeschafft worden ist. Aus der Zerstörung des Kastensystems ergeben sich große Schwierigkeiten – das Kastensystem ist aber auch ein Hindernis für die moderne industrielle Entwicklung. *Exkurs* zur Entstehung des Kastensystems. (Der Unterricht sollte so eindringlich geführt worden sein, daß die Schüler von selbst an dieser Stelle – oder auch schon vorher – danach fragen, wie denn das System, das uns so unrationell anmutet, entstanden ist.) Dieser Exkurs gibt die Möglichkeit, die ethnologischen Grundlagen Indiens (Wedda, Drawida, Arier, Inder) und die sprachlichen Schwierigkeiten darzulegen. Zugleich die Einwanderungswellen. Dazu ihre Bauwerke, soweit noch nicht behandelt: Islam, europäische Kolonisation als einzige von der See herkommende Welle.

2. Stoffziel: Topographische Erarbeitung

Ergibt sich im Zusammenhang mit dem ›Exkurs‹ funktional aus dem Unterrichts- und Stoffgang! Einwandererwellen und Kasten: Herkunft – Khaiber-Paß als Pforte – die Gebirgsflügel beiderseits (fortschreitende Entwicklung einer topographischen Skizze an der Tafel) – Vorstoßrichtungen entlang den großen Niederungen der großen Ströme – das Dekhan – die West- und die Ostghats – die großen Städte (von den indischen, islamischen, europäischen Gründungen her!). Größe und Ausdehnung des gesamten Gebiets.
Weiterführung: Die Verteilung der Groß- und Millionenstädte, die Einwohnerdichte. Eintragen in die Skizze. Diskussion der Zahlen, der Bedeutung der Verteilung.

3. Stoffziel: Indien als Bauernland

Einstieg: = Herleitung aus der vorangegangenen Diskussion: Verhältnis der Stadtbevölkerung zur Landbevölkerung – die Anzahl der Dörfer und die Größe des Landes – die Entfernungen – Vergleich mit der BRD. (Weitere Eintragungen in die Skizze!)
a) Die Gebiete der dichtesten Besiedlung: wie es dazu kommt. Veranschaulichung der Gebiete, des Anbaus mit Dias (Bewässerungskulturen an Indus und Ganges. Reis, Jute, Tee. Anzahl der Ernten.)

b) Die Gebiete geringerer Dichte: das Hochland von Dekhan (Baumwolle – dazu das Spinnrad seit Gandhi als nationales Symbol – Bombay als Haupthafen – Bewässerungsformen, Anbauformen – Hirse – die Armut – die Ackergeräte – der Wegfall der Viehzucht – der Kuhdung als Brennmaterial – die Bedeutung des Geldverleihers – das Bild der Landschaft: Trocken- und Dornsavanne). Unterernährung, Lebenserwartung.
c) Die Westghats als Gebiet tropischer Sonderstellung (die Fülle ihrer Produkte).

Skizzierung der Zusammenhänge an einem an der Tafel fortschreitend entwickelten Profil auf der Linie Katmandu – Mandalur (= Himalaya – Ganges – Dekhan – Westghats) = funktionaler Zusammenhang von Unterrichtsgang und Veranschaulichungsmittel!

4. Stoffziel: Der Monsun als Ursachenzusammenhang mit der Verteilung der Anbaugebiete und der Bevölkerungsdichten.

Ausgang: (Dias). Das trockene Hochland mit seinen leeren ›Tanks‹ und die tropische Küste der Westghats als Gegensatz.

Vermutete Ursachen (Steigungsregen). Vergleich mit den Niederschlagsarten über die Höhe der Niederschläge in den verschiedenen Jahreszeiten. Erschließung der regenbringenden Winde in den verschiedenen Jahreszeiten. Erschließung des Monsungeschehens. Entwurf einer (begleitenden) Skizze.

Schilderung: Heraufkommen des Monsuns. Art der Niederschläge. Ablauf des Monsuns als Jahreszeit.

Die Baumwollpflanze als eine diesem Klimaablauf angepaßte Pflanze.

Der Monsun: Segen und Fluch. – Fluch:
a) wenn er zu viel bringt (Abgeschnittenwerden – dazu: die schlechte Verkehrsaufschließung des Landes);
b) wenn er zu wenig bringt (Flucht zum Geldverleiher: der beginnende ›Teufelskreis‹).

Zusammensetzung: Die Religion und Gesellschaft als ›inneres Lebensgesetz‹, der Monsun als ›natürliches Lebensgesetz‹ Indiens.

5. Stoffziel: Die moderne Entwicklung

Die Schilderung des Teufelskreises führt zur Frage nach den Änderungsmöglichkeiten.

a) in der Landwirtschaft (Bewässerung, Staudämme; Dias): Erwachen der Gewißheit, daß der Mensch etwas tun kann. Düngung. Herstellung von Kunstdünger (= Überleitung zu:)
b) in der Industrie (die wichtigen Standorte – Karte – Beispiel Rourkela – die Tatawerke – die Möglichkeiten für weitere Industrialisierung – die Bodenschätze; Karte).

Ergebnis: Indien ein potentiell reiches Land. Stand: Stahl pro Kopf bei uns – dort; Schwierigkeiten der Industrialisierung (Immanente Wiederholung von 1.). *Dazu:* Problem der Facharbeiter – Schulbildung – Schilderung einer Lehrwerkstätte. Das Problem der schlechten Verkehrsaufschließung. Verbesserung der Marktlage – Verbesserung der Landwirtschaft – Aufbrechen des ›Teufelskreises‹ (Schluß). *Vergleich:* mit der Anfangssituation.

6. ›UNSER WETTER‹

Beispiel einer Unterrichtseinheit im 9. Schuljahr für

a) Transparenz
b) induktiv-erschließenden Unterricht
c) Umwandlung von Stoff – in Unterrichtsgliederung
d) Impulsunterricht im arbeitsunterrichtlichen Sinne.

I. Vorüberlegungen

a) Behandlung im 9./10. Schuljahr. Für die Unterrichtseinheit benötigt man zwei Schulstunden. Blockstunde wäre geeignet.
b) Unterrichtsziel: Begriffsklärungen und ein erstes sehr einfaches, volkstümliches Verständnis der Grundlagen.
c) Der Stoff gliedert sich innerhalb der Einheit folgendermaßen: I. Das Wetter am Unterrichtstage und den Vortagen (Schwierigkeiten bei im Wetterbeobachten ungeschulten Klassen!). II. Der Wetterbericht, Teil I, zum heutigen Tage. III. Wetterbeobachtungen mit Instrumenten. IV. Der Wetterbericht, Teil II. V. Die Luftmassen. VI. Die Sonne als ›Wettermotor‹.

II. Die Unterrichtsschritte (vgl. dazu ständig: *III.*)

Stoffabschnitt	Unterrichtsschritt	Denkanstöße, Arbeitsmittel
I.	1. Gespräch über das heutige Wetter (»schön« – »schlecht«; günstig – ungünstig; windig – wolkig usw.	Sprich über das heutige Wetter
	2. Diskussion der Aussagen	Beurteile die Aussagen. Versuche, sie treffender zu formulieren.
	3. Beschreibung des heutigen Wetters	
	4. Vergleich mit dem Wetter an den Vortagen	Vergleicht!
	5. Zusammenfassung und Begriffsklärung Regel I als ›Wetterdefinition‹: Ergebnissicherung	Faßt alles zusammen! Versucht, es in einem allgemeinen Satz auszudrücken!
II.	6. Verlesen des Wetterberichts	Wettervorhersage der lokalen Zeitung: Was sagt er aus?
	7. Verlesen des Wetterberichts	Wettervorhersage einer überregionalen Zeitung: Vergleicht!
	8. Diskussion der Unterschiede und Folgerungen	Unterschiede? Erklärt sie!
III.	9. Gespräch über weitere Wettererscheinungen	Hinweis: Beim Wetter noch manches wichtig, was man nicht sehen, vielleicht nur fühlen kann. Wie sind hier Feststellungen möglich?
	10. Vorzeigen einer kleinen Wetterstation	Erklären der Vorrichtung. Beobachtet!
	11. Erarbeitung der Wetterlage heute – an den Vortagen	Vergleicht die Beobachtungen mit dem Wetter heute – gestern – vorgestern. Stellt fest, was an Wettererscheinung und Wettermessung zusammengehört.

	12. Zusammenfassung = zweite Ergebnissicherung Regel II: Grund Regel III: Hoch und Tief	(Wie beim fünften Schritt)
IV.	13. Verlesen des Wetterberichts: Fortsetzung	Auch über Hoch und Tief enthält der Wetterbericht Angaben. (Vgl. z. B. Fahr mit in die Welt, IV, S. 137: dort der erste Bericht.)

(Anmerkung: es wird hier auf das Buch zurückgegriffen, weil der Wetterbericht vom Tage die wesentlichen weiterführenden Begriffe nicht enthielt.)

	14. Kurze Erörterung	Stellt fest, was neu vorkommt.
V.	15. Klärung des Begriffs der Luftmasse in mehreren Schritten	Was wird über die Luftmsassen ausgesagt! Was gehört zusammen? Zieht Folgerungen aus den verschiedenen Temperaturen der Luftmassen. Bedeutung der Herkunft! Vergleicht die Wetterlage und die Luftmassen. Stellt den Zusammenhang fest!
	16. Dritte Ergebnissicherung = Regel IV	Formuliert den Zusammenhang!
VI.	17. Erörterung der Regel IV	Hinweis: In Regel IV ist eine weitere Erkenntnis verborgen. Überlegt! Hilfe: Zeichnung (Eintragen der Luftmassen und ihrer Strömungsrichtung auf der nördlichen Halbkugel – sehr vereinfacht). (Vgl. Abb. unten!) Begründet die Strömungsrichtungen.
	18. Feststellung des Grundes	
	19. Vierte Ergebnissicherung = Regel V	
	20. Die Stunde als Operationskomplex	Vor Hausaufgabe: Noch einmal abschließende Betrachtung mit der Klasse: *Wie* sind wir zu un-

seren Ergebnissen gekommen?
Verfolgt es anhand der Tafel!
Warum sind wir zu diesen Ergebnissen gekommen?
= Festlegung des Operationskomplexes als Gesamtes – Einordnen der Teiloperationen!
(Vgl. Aebli, 1966.)

VII. Erläutert die neuen Wörter und die Regeln. Zieht dazu das Buch heran, S. 137, Ziffern 1–5 (Hausaufgabe).

III. Tafelanschrift

1. Die Tafel wird aufgegliedert in drei Teile:
   a) die gesamte obere Tafelfläche: Festhalten der Beschreibungen und Begründungen in tabellenartiger und stichwortartiger Form;
   b) ›neue‹ Wörter (Sprachschatzschulung);
   c) die Regeln.

Die Regeln werden auf einer Umklappseite geschrieben, die *neuen Wörter* (b) unten: subjektiv, objektiv, lokal, regional, Definition, Meteorologe, Thermometer, Hygrometer, Barometer, Niederschlag, Luftdruck, Luftfeuchtigkeit, Erschließen, Luftmasse, polar, tropisch, Sonneneinstrahlung.

Die Regeln (c)

I. Das Wetter ist die Summe aller augenblicklichen Wettererscheinungen.
II. Die Wetterlagen sind der Grund für den Ablauf der Wettererscheinungen.
III. Wir unterscheiden hauptsächlich zwei Hauptwetterlagen: Hochdruckgebiet, Tiefdruckgebiet (abgekürzt: »Hoch« – »Tief«).
IV. Die wichtigsten Wetterkräfte sind die kalten (polaren) und die warmen (tropischen) Luftmassen. Sie bewirken die meisten Hoch- und Tief-Wetterlagen.
V. Die Sonneneinstrahlung läßt die verschiedenen Luftmassen entstehen. Daher ist die Sonne der eigentliche Wettermotor.

Erläuterung: Kaltluft wird stets mit schwarzen Pfeilen, Warmluft mit offenen Pfeilen gekennzeichnet.

Die Tafelnotizen (als ›Transparenz‹ des Stundenverlaufs) = a) (Die Spalten der Tafelnotizen sind im folgenden numeriert, da die Spalten hier nicht fortlaufend geschrieben werden können. Auf der Tafel stehen sie unnumeriert über die ganze Tafelbreite nebeneinander. Die Tafelanschrift wurde in der Stunde entsprechend dem Stundenverlauf von Spalte drei her nach ›vorn‹ und ›hinten‹ entwickelt. Der operationale Zusammenhang wird an der Tafel durch Pfeile verdeutlicht.)

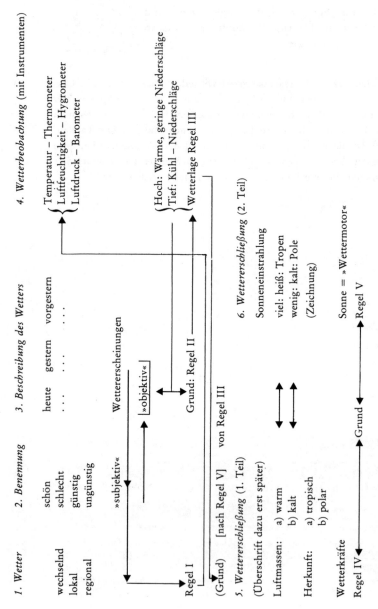

1. *Wetter*	2. *Benennung*	3. *Beschreibung des Wetters*			4. *Wetterbeobachtung* (mit Instrumenten)
wechselnd	schön	heute	gestern	vorgestern	Temperatur – Thermometer
lokal	schlecht	...	...	...	Luftfeuchtigkeit – Hygrometer
regional	günstig				Luftdruck – Barometer
	ungünstig				

Wettererscheinungen

»subjektiv«   »objektiv«

Regel I   Grund: Regel II

(Hoch: Wärme, geringe Niederschläge
Tief: Kühl – Niederschläge
Wetterlage Regel III

(Grund) [nach Regel V]   von Regel III

5. *Wettererschließung* (1. Teil)
(Überschrift dazu erst später)

Luftmassen: a) warm
b) kalt

Herkunft: a) tropisch
b) polar

Wetterkräfte
Regel IV

6. *Wettererschließung* (2. Teil)

Sonneneinstrahlung

viel: heiß: Tropen
wenig: kalt: Pole
(Zeichnung)

Sonne = »Wettermotor«
Grund → Regel V

(Die Pfeile verdeutlichen die Zusammenhänge und machen auch an der Tafel die erschließende, induktive Erarbeitung von »vorn nach hinten« und wieder »zurück« deutlich.)

Literaturverzeichnis

Es sind fast nur solche Titel aufgenommen, die im Text erwähnt werden. Darüber hinausgehende Werke findet man bei A. Schmidt, 4. Auflage.

1. Pädagogik und Didaktik – Curriculumtheorie

Th. Ballauf, Systematische Pädagogik, Heidelberg 1962.
H. H. Becker, Über Wesen und Gliederung wissenschaftlicher Pädagogik (= Pädagogische Taschenbücher 10), Ratingen 1964.
H. Blankertz, Theorien und Modelle der Didaktik. München 1973, 7. Aufl.
E. S. Bloom (Hrsg.), Taxonomy of Educational Objectives (TEO). New York 1956. (16. Aufl. 1971).
O. F. Bollnow, Pädagogische Forschung und philosophisches Denken, in: Röhrs, Erziehungswissenschaft und Erziehungswirklichkeit, Frankfurt 1964.
W. Brezinka, Die Pädagogik und die erzieherische Wirklichkeit, in: Röhrs, Erziehungswissenschaft und Erziehungswirklichkeit, Frankfurt 1964.
E. Darga, Der ›Einstieg‹ als methodisches und psychologisches Problem, in: Lebendige Schule, 1965, S. 29 ff.
K. W. Döring, Lehr- und Lernmittel, Weinheim 1969.
W. Flitner, Allgemeine Pädagogik, Stuttgart o. J., 3. Aufl.
W. Flitner, Die gymnasiale Oberstufe, Heidelberg 1961.
H. Frank, Kybernetische Grundlagen der Pädagogik, Baden-Baden 1962.
G. Frey, Gruppenarbeit in der Volksschule, Stuttgart 1965, 2. Aufl.
K. Frey, Die Taxonomie des Curriculums. In: Paedagogica Europaea, VI, S. 50 ff., 1970/71. Braunschweig.
K. Frey, Theorien des Curriculums. Weinheim 1971.
F. von Cube, Der kybernetische Ansatz in der Didaktik, in: Kochan, Allgemeine Didaktik – Fachdidaktik – Fachwissenschaft, S. 143 ff.
H. Gaudig, Freie geistige Schularbeit in Theorie und Praxis, Breslau 1925, 4. Aufl.
B. Gerner (Hrsg.), Das exemplarische Prinzip, Darmstadt 1963.
H. Gieding, Welterleben und Weltwissen, in: Erziehung zum Produktiven Denken (= A.-Kern-Festschrift), Freiburg 1967.
G. Hausmann, Ganzheit und Aktualgenese in ihrer Bedeutung für die Methodik des Unterrichts, in: Kochan, Allgemeine Didaktik – Fachdidaktik – Fachwissenschaft, S. 3 ff.
P. Heimann, Einleitung, zu: Unterricht, Analyse und Planung = Heimann – Otto – Schulz = Reihe B. Auswahl, Hannover 1968. 3. Aufl.

H. W. Jannasch, G. Joppich, Unterrichtspraxis, 1964, 5. Aufl.
W. Klafki, Studien zur Bildungstheorie und Didaktik, Weinheim 1964, 2. Aufl.
W. Klafki, Zur Diskussion über Probleme der Didaktik, in: Kochan, Allgemeine Didaktik – Fachdidaktik – Fachwissenschaft.
W. Klafki, Das Problem der Didaktik, in: 3. Beiheft der Zeitschrift für Pädagogik.
W. Klafki, Die Stufen des Pädagogischen Denkens, in: Röhrs, Erziehungswissenschaft und Erziehungswirklichkeit, Frankfurt 1964.
D. Knab, Möglichkeiten und Grenzen eines Beitrags der Curriculum-Forschung zur Entwicklung von Bildungsplänen, in: Reform von Bildungsplänen. Frankfurt 1969.
D. Kochan (Hrsg.), Allgemeine Didaktik – Fachdidaktik – Fachwissenschaft. Darmstadt 1970.
O. Kopp, Das Verhältnis der Allgemeinen Didaktik zu den Fachdidaktiken, in: Kochan, Allgemeine Didaktik – Fachdidaktik – Fachwissenschaft.
M. J. Langeveld, Einführung in die theoretische Pädagogik, Stuttgart 1965, 5. Aufl.
R. F. Mager, Lernziele und programmierter Unterricht, Weinheim 1969, 3. Aufl.
B. Manschot, Kind und Fernsehen, in: Jugend, Film und Fernsehen, 1968, S. 164 ff.
E. Meyer, Der Gruppenunterricht, Worms 1954.
E. Meyer, Praxis des Exemplarischen, Stuttgart 1962.
C. Möller, Technik der Lernplanung. Weinheim 1969. 2. Auflage 1970.
K. Odenbach, Studien zur Didaktik der Unterrichtslehre, Braunschweig 1961.
G. Otto, Fach und Didaktik, in: Kochan, Allgemeine Didaktik – Fachdidaktik – Fachwissenschaft.
J. H. Pestalozzi, Wie Gertrud ihre Kinder lehrte, 1800. (Vgl. dazu auch A. Vogel und G. Hausmann.)
E. König, H. Riedel, Unterrichtsplanung als Konstruktion, Weinheim 1970.
S. Robinsohn, Bildungsreform als Revision des Curriculum. Neuwied 1967.
H. Röhrs, Allgemeine Erziehungswissenschaft, Weinheim 1961.
H. Röhrs, Erziehungswissenschaft und Erziehungswirklichkeit, Frankfurt 1964.
H. Roth, Zum Pädagogischen Problem der Methode, in: Röhrs, Erziehungswissenschaft und Erziehungswirklichkeit, Frankfurt 1964.
O. Scheibner, Arbeitsschule in Idee und Wirklichkeit, Heidelberg 1951.
H. Scheuerl, Die exemplarische Lehre, Tübingen 1958.
G. Schildt, Lernschritte schreiben, Braunschweig o. J.
W. Schulz, Unterricht, Analyse und Planung (= Reihe B 1/2. Auswahl), Hannover 1968, 3. Aufl.
W. Schulz, Didaktik als Theorie und Lehre, in: Die Deutsche Schule, 54. 1962, S. 407 ff.
W. Schulz, Aufgaben der Didaktik (= PZ – Didaktische Informationen), Berlin 1969.
A. Stenzel, Stufen des Exemplarischen.
K. Stöcker, Moderne Unterrichtsgestaltung, München 1960.
M. Wagenschein, Zur Klärung des Unterrichtsprinzips des exemplarischen Lernens, in: Die Deutsche Schule, 1959.
M. Wagenschein u. a., Exemplarisches Lernen (= Auswahl, Reihe A. 6), 1962.
U. Walz, Soziale Reifung in der Schule, Die sozialerzieherische Bedeutung von Gruppenunterricht und Gruppenarbeit, Hannover 1960.

Th. Wilhelm, Die erziehungswissenschaftliche Diskussion über die Aufgaben der Didaktik, in: Kochan, Allgemeine Didaktik – Fachdidaktik – Fachwissenschaft.

Th. Wilhelm, Theorie der Schule, Stuttgart 1967.

O. Willmann, Didaktik als Bildungslehre, Freiburg 1957, 6. Aufl.

A. Witak, Moderne Gruppenarbeit, Wien 1952, 2. Aufl.

J. Zielinski, Lernen nach Programmen, in: Weg in die Wirtschaft, 16, 1965, S. 85 ff.

Nachträge zur 4. Aufl.

H. Bokelmann, Curriculumwissenschaft – Euphorie oder Innovation, in: Zeitschr. f. Pädag., 1973, S. 453 ff.

H. Blankertz et al., Curriculumforschung – Strategien, Strukturierung, Konstruktion, Essen 1971.

H. u. K. Brügelmann, Offene Curricula – ein leeres Versprechen?, in: Die Grundschule, 1973, S. 165 ff.

J. Bruner, Der Prozeß der Erziehung, Berlin 1970.

K. G. Fischer, Emanzipation als Lernziel der Schule von morgen, in: P. Ackermann, Curriculumrevision im sozialwissenschaftlichen Bereich der Schule, Stuttgart 1973.

K. Heipcke, R. Meßner, Curriculumentwicklung unter dem Anspruch praktischer Theorie, in: Zeitschr. f. Päd. 1973, S. 351 ff.

H. v. Hentig, Systemzwang und Selbstbestimmung, 2. Aufl., Stuttgart 1969.

H. A. Hesse, W. Manz, Einführung in die Curriculumforschung, Urban-TB 150, 2. Aufl., Stuttgart 1972.

G. C. Hiller, Konstruktive Didaktik, Düsseldorf 1973.

Huber, Thomas, Husén, Robinsohn, v. Hentig, Schulreform durch Curriculumrevision, Stuttgart 1972.

W. Lempert, Zum Begriff der Emanzipation, in: Neue Sammlung, 1973.

H. L. Meyer, Einführung in die Curriculum-Methodologie, München 1972.

F. Minssen, Legitimationsprobleme in der Gesellschaftslehre = Aus Politik und Zeitgeschichte, Beilage zur Wochenzeitung ›Das Parlament‹, B 41/73 (1973).

C. Möller (Hrsg.), Praxis der Lernplanung, Weinheim 1974.

W. Potthoff, A. Wolf, Einführung in Strukturbegriffe der Erziehungswissenschaft, Freiburg 1974.

S. B. Robinsohn (Hrsg.), Curriculumentwicklung in der Diskussion, Düsseldorf-Stuttgart 1972.

H. Roth, Pädagogische Anthropologie, 2 Bde., Hannover 1971.

H. Spada, P. Häußler, W. Heyner, Denkoperationen und Lernprozesse als Grundlage für lernzielorientierten Unterricht, IPN, Kiel 1973.

2. Psychologie

H. Aebli, Psychologische Didaktik, Stuttgart 1966, 2. Aufl.

H. Aebli, Grundformen des Lehrens, Stuttgart 1968, 5. Aufl.

R. Gagné, Bedingungen des menschlichen Lernens, Hannover 1969.

W. Correll, Einführung in die pädagogische Psychologie, Donauwörth 1966.

W. Correll, Die Information im Unterrichtsprogramm, in: Skinner – Correll, Denken und Lernen, Braunschweig 1967.

W. Correll, Lernpsychologie, Donauwörth 1968.

H. Düker und R. Tausch, Über die Wirkung der Veranschaulichung von Unterrichtsstoffen auf das Behalten, Zschr. f. exper. u. angew. Psych., 1957, S. 384 ff.

W. Hansen, Die Entwicklung des kindlichen Weltbildes, München 1952, 3. Aufl.
E. R. Hilgard, G. H. Bower, Theorien des Lernens, Stuttgart 1970.
R. Oerter, Moderne Entwicklungspsychologie, Donauwörth 1967.
A. Petzelt, Kindheit – Jugend – Reifezeit, Freiburg 1955, 2. Aufl.
H. Remplein, Die seelische Entwicklung des Menschen im Kindes- und Jugendalter, München 1964, 12. Aufl.
H. Roth, Pädagogische Psychologie des Lehrens und Lernens, Hannover 1963, 7. Aufl.
B. F. Skinner, Verhaltenspsychologische Analyse des Lernprozesses, in: Skinner – Correll, Denken und Lernen, Braunschweig 1967.
F. Stückrath, Kind und Raum, München 1963.
F. Stückrath, Studien zur Pädagogischen Psychologie, Braunschweig 1965.
H. Werner, Einführung in die Entwicklungspsychologie, München 1953, 4. Aufl.
K. Zietz, Abriß der Kinder- und Jugendpsychologie, Braunschweig 1955, 5. Aufl.
K. Zietz, Psychologische Voraussetzungen der Denkerziehung, in: Pädagogische Psychologie (= Bd. 10 des Handbuches der Psychologie), Göttingen 1959.
K. Zietz, Kind und physische Welt, München 1963, 2. Aufl.

Nachträge zur 4. Aufl.

D. P. Ausubel, Psychologie des Unterrichts, 2 Bde., Weinheim 1974.
Bergius, Denken und Lernen, in: H. Roth, 1971, 6. Aufl.; Analyse der Begabung, in: H. Roth, 1971, 6. Aufl.
Heckhausen, Motivationsproblem, in: H. Roth, 1971, 6. Aufl.
B. Inhelder und J. Piaget, The Child's Conception of Space, 1956.
C. F. van Parreren, Lernprozeß und Lernerfolg, 2. Aufl. Braunschweig 1972.
H. Roth (Hrsg.), Begabung und Lernen, 6. Aufl. Stuttgart 1971.
Smith, Hudgins, Pädagogische Psychologie, 2 Bde., Stuttgart 1971 und 1972.

3. Grundlegende Werke zum Gegenstand und zur Methode der geographischen Wissenschaft

D. Bartels, Zur wissenschaftstheoretischen Grundlegung einer Geographie des Menschen, Wiesbaden 1968 (= Erdkundliches Wissen, Heft 19).
H. Carol, Das agrargeographische Betrachtungssystem, in: Geographica Helvetica, 1952, S. 17 ff.
W. Czajka, Systematische Anthropogeographie, in: Geographisches Taschenbuch 1962/63 (Neuabdruck in Storkebaum).
R. Gradmann, Das länderkundliche Schema, in: Geographische Zeitschrift, 37, 1931.
R. Gradmann, Dynamische Länderkunde, in: Geographische Zeitschrift, 34, 1928.
A. Hettner, Die Geographie, Ihre Geschichte, ihr Wesen und ihre Methoden, Breslau 1927.
A. Hettner, Methodische Zeit- und Streitfragen, in: Geographische Zeitschrift, 35, 1929.
H. Kohl, Bedeutung und Entwicklungsfragen der Geographie in der DDR, in: Petermanns Geographische Mitteilungen, 1968.
H. Lautensach, Der Geographische Formenwandel, Bonn 1953.

E. Neef, Die theoretischen Grundlagen der Landschaftslehre, Gotha 1967.
E. Neef, Entscheidungsfragen der Geographie, in: Petermanns Geographische Mitteilungen, 1969, S. 277 ff.
E. Obst, Das Problem der allgemeinen Geographie, in: Verhandlungen des Deutschen Geographentages München 1948 (Neuabdruck in: Storkebaum).
S. Passarge, Aufgaben und Methoden der vergleichenden Landschaftskunde, in: Verhandlungen des 20. Deutschen Geographentages Leipzig, Breslau 1922.
S. Passarge, Die Grundlagen der Landschaftskunde, 3 Bde., Hamburg 1919–1928.
S. Passarge, Die Landschaftsgürtel der Erde, Breslau 1923.
F. Ratzel, Über Naturschilderung, München 1923, 4. Aufl. (Reprographischer Nachdruck: Darmstadt 1966).
H. Richter, Naturräumliche Strukturmodelle, in: Petermanns Geographische Mitteilungen, 1968.
K. Ruppert, Entwicklung, Lehre, Forschung 1969 des Wirtschaftsgeographischen Instituts der Universität München, München 1969.
K. Ruppert, F. Schaffer, Die Konzeption der Sozialgeographie, in: Geographische Rundschau 1969, S. 205 ff.
H. Spethmann, Dynamische Länderkunde, Breslau 1928.
H. Spethmann, Das länderkundliche Schema in der deutschen Geographie, Berlin 1931.
W. Storkebaum (Hrsg.), Zum Gegenstand und zur Methode der Geographie, Darmstadt 1967.
J. H. von Thünen, Der isolierte Staat, 1826–1863 (Neudruck vorgesehen).
C. Troll, Die geographische Landschaft und ihre Erforschung, in: Studium generale, 3. 1950 (Auch in Storkebaum).
Verhandlungen des Deutschen Geographentages Kiel 1969.
L. Waibel, Probleme der Landwirtschaftsgeographie, in: Verhandlungen des Deutschen Geographentages Bad Nauheim 1934, Breslau 1935 (Neudruck vorgesehen).
W. Wöhlke, Die Kulturlandschaft als System von Veränderlichen, in: Geographische Rundschau, 1969, S. 298 ff.
H. Uhlig, System und Organisationsplan der Geographie, in: Geoforum, 1, 1969.

Nachträge zur 4. Aufl.

Abler, Adams, Gould, Spatial Organization, London 1972.
G. Bahrenberg, Räumliche Betrachtungsweise und Forschungsziele der Geographie, in: Geogr. Zeitschr., 1972, S. 8 ff.
D. Bartels (Hrsg.), Wirtschafts- und Sozialgeographie, Köln 1970.
H. Beck, Geographie – Europäische Entwicklung in Texten und Erläuterungen, Freiburg 1974.
G. Beck, Zur Kritik der bürgerlichen Industriegeographie, Göttingen 1973.
J. Birkenhauer, Der Begriff der Inwertsetzung und die Frage einer regionalen Geographie, in: Freiburger Geographische Mitteilungen, 1973, Heft 1, S. 1 ff.
W. Bunge, Theoretical Geography, 2. Aufl. Lund 1966.
R. J. Chorley, P. Haggett, Models in Geography, London 1967.
R. J. Chorley, P. Haggett, Models, paradigms and the new geography, in: Chorley and Haggett, 1967, S. 19 ff.
D. Grigg, Regions, models and classes, in: Chorley and Haggett, 1967, S. 461 ff.
– Vgl. deutsch: D. Grigg, Die Logik von Regionssystemen, in: Bartels, 1970, S. 183 ff.

A. A. Grigoryev, The present state of the theory of geographic zonality, in: C. D. Harris (Hrsg.), Soviet Geography, 1962, S. 182 ff.
P. Haggett, Geography – a modern synthesis, 1972, New York (im Text = 1972 a).
P. Haggett, Einführung in die kultur- und sozialgeographische Regionalanalyse, Berlin 1973 (im Text = 1972 b).
G. Hard, Die ›Landschaft‹ der Sprache und die ›Landschaft‹ der Geographen, Bonn 1970.
G. Hard, Die Geographie, Sammlung Göschen 9001, Berlin 1973.
P. Hauck, Warum muß sich der Geographielehrer mit konvergenztheoretischen Auffassungen auseinandersetzen?, Zeitschr. f. d. Erdkundeunterricht, 1970, S. 299 ff. (Berlin-Ost).
W. Manshard, Die Stellung der Geographie, in: Geographische Rundschau, 1971, S. 373 ff.
E. Neef, Zu einigen Fragen der vergleichenden Landschaftsökologie, in: Geograph. Zeitschr., 1970, S. 161 ff.
E. Neef, Geographie und Umweltwissenschaft, in: Petermanns Geograph. Mitteilungen, 1972, S. 81 ff.
D. Partzsch, Daseinsgrundfunktionen, in: Handwörterbuch der Raumforschung und Raumordnung, Bd. I. 1970, S. 424 ff.
A. K. Philbrick, This Human World, New York 1963.
G. Schmidt-Renner, Elementare Theorie der ökonomischen Geographie, Gotha 1966.
V. B. Sočava, Geographie und Ökologie, in: Petermanns Geograph. Mitteilungen, 1972, S. 89 ff.
D. R. Stoddart, Organism and ecosystem as geographical models, in: Chorley and Haggett, 1967, S. 511 ff. (vgl. deutsch: D. R. Stoddart, Die Geographie und der ökologische Ansatz, in: Bartels, 1970, S. 115 ff.).

4. Zu einzelnen wichtigen geographischen Fragen

J. Büdel, Die Rumpftreppe des westlichen Erzgebirges, Verhandlungen des 25. Deutschen Geographentages, Breslau 1925.
J. Büdel, Die Flächenbildung in den feuchten Tropen, in: Verhandlungen des 31. Deutschen Geographentages Würzburg 1957, Wiesbaden 1958.
J. Büdel, Das System der klimagenetischen Geomorphologie, in: Erdkunde, 1969.
W. Christaller, Die zentralen Orte in Süddeutschland, Jena 1933 (Neudruck).
H. Flohn, Zur Didaktik der allgemeinen Zirkulation der Atmosphäre, in: Geographische Rundschau 1953, S. 41 ff., 1960, S. 129 ff. und 189 ff.
R. Gradmann, Das mitteleuropäische Landschaftsbild nach einer geschichtlichen Entwicklung, in: Geographische Zeitschrift, 1901, S. 361 ff. und 435 ff.
R. Gradmann, Die Steppenheidetheorie, in: Geographische Zeitschrift. 1933, S. 265 ff.
G. Jensch, Das ländliche Jahr in deutschen Agralandschaften, Berlin 1957.
W. Lauer, Humide und aride Jahreszeiten in Afrika und Südamerika und ihre Beziehungen zu den Vegetationsgürteln, in: Studien zur Klima- und Vegetationskunde der Tropen (= Bonner Geographische Abhandlungen 9), 1952.
H. Louis, Probleme der Rumpfflächen und Rumpftreppen, in: Verhandlungen des 25. Deutschen Geographentages zu Bad Nauheim 1934, Breslau 1935.
H. Louis, Über Rumpfflächen und Talbildung in den wechselfeuchten Tropen, in: Zeitschrift für Geomorphologie, N. F. 8, 1964 (Sonderheft).

E. Neef, Das Physiotop als Zentralbegriff der komplexen Physischen Geographie, in: Petermanns Geographische Mitteilungen, 1968.
O. Schlüter, Die Siedlungsräume Mitteleuropas in frühgeschichtlicher Zeit (= Forschungen zur Deutschen Landeskunde, Bände 63, 74, 111), Remagen 1952–1958.
D. Scholz, Zur Methodik der wirtschaftsräumlichen Gliederung in der DDR, in: Petermanns Geographische Mitteilungen, 1968.
L. Waibel, Urwald – Veld – Wüste (Reprographischer Nachdruck, Kiel 1965).
C. Troll, Die räumliche Differenzierung der Entwicklungsländer in ihrer Bedeutung für die Entwicklungshilfe, Wiesbaden 1966 (= Erdkundliches Wissen, Heft 13).
C. Troll, K. H. Paffen, Karte der Jahreszeitenklimate der Erde, in: Erdkunde, 1964.

5. Handbücher, wichtige Länderkunden, Statistiken

L. Berg, Die geographischen Zonen der Sowjetunion, 2 Bde., Leipzig 1958.
Afrika-Handbuch, Hamburg 1967.
Fochler-Hauke (Hrsg.), Fischer-Weltalmanach.
R Gradmann, Süddeutschland, 2 Bände, 1931, 1. Aufl. (Reprographischer Nachdruck, Darmstadt 1964).
Harms, Handbuch der Erdkunde in 10 Bänden, München.
A Kolb, Ostasien, Heidelberg 1963.
R. Konetzke, H. Kellenbenz (Hrsg.), Iberoamerika-Handbuch, Hamburg. (Jeweils in neusten Auflagen).
Köppen-Geiger, Handbuch der Klimatologie, 5 Bände, 1930 ff.
N. Krebs, Vergleichende Länderkunde, Stuttgart 1966, 3. Aufl.
Länderlexikon, 3 Bände, Hamburg 1953–1960.
Lexikothek: Länder, Völker, Kontinente. (Bertelsmann, Lexikon-Verlag).
E. Otremba, Allgemeine Agrar- und Industriegeographie, Stuttgart 1953 (= Band 3 von ,,Erde und Weltwirtschaft", hrsg. von R. Lütgens).
O. Schmieder, Die neue Welt, Teil I: Mittel- und Südamerika, München 1962. Teil II: Nordamerika, München 1963.
O. Schmieder, Die alte Welt, Band I: Der Orient, Wiesbaden 1965. Band II: Die Mittelmeerländer, Kiel 1969.
Statistisches Jahrbuch der Bundesrepublik Deutschland.
H. Wilhelmy, Kartographie in Stichworten (Hirts Stichwortbücher), Kiel 1966.
Lateinamerika-Jahrbuch 1 ff., Köln 1964 ff.
Osteuropa-Handbücher: W. Markert (Hrsg.)
  Sowjetunion, Köln 1965.
  Polen, Köln 1959.
  Jugoslawien, Köln 1954.
Fischer-Länderkunden, hrsg. v. W. W. Puls

6. Didaktik des Erdkundeunterrichts: Allgemeines und Grundlagen

J. Adelmann, Methodik des Erdkundeunterrichts, München 1955, 3. Auflage.
L. Bauer (Hrsg.), Erdkunde im Gymnasium, Darmstadt 1968.
J. Birkenhauer (Hrsg.): Beispiele zu einem lernzielorientierten Erdkundeunterricht in der Sekundarstufe I = Beiheft 2 zur Geographischen Rundschau, Braunschweig 1972.
J. Birkenhauer, H. Baubrich: Das geographische Curriculum in der Sekundarstufe I. Düsseldorf 1971.

J. Birkenhauer, Die Länderkunde ist tot. Es lebe die Länderkunde, in: Geographische Rundschau, 1970.
H. Ebinger, Einführung in die Didaktik der Geographie, Freiburg 1971.
H. Ebinger, Erdkunde in der Volksschule, Lübeck 1966.
E. Ernst (Hrsg.), Arbeitsmaterialien zu einem neuen Curriculum. = Beiheft 1 der Geographischen Rundschau. Braunschweig 1971.
E. Ernst, Lernziele in der Erdkunde, Geographische Rundschau, 1970, S. 186 ff.
K. E. Fick, Erdkundliche Didaktik im Umbruch. In: Pädagogische Welt, 24. Donauwörth 1970.
K. E. Fick, Kategoriale Erdkunde. In: Westermanns Pädagogische Beiträge 23. Braunschweig 1971.
R. Geipel, Erdkunde – Sozialgeographie – Sozialkunde, Frankfurt 1960.
R. Geipel, Freiheit und Bindung des Menschen im Raum, in: Geographische Rundschau, 1962, S. 95 ff.
R. Geipel, Die Arbeitsweise des Geographen und ihre Bedeutung für die politische Bildung, in: Geographische Rundschau, 1962, S. 484 ff.
R. Geipel, Die Geographie im Fächerkanon der Schule, in: Geographische Rundschau, 1968, S. 41 ff.
R. Geipel, Industriegeographie als Einführung in die Arbeitswelt, Braunschweig 1969.
R. Geipel (Hrsg.), Wege zu veränderten Bildungszielen im Schulfach »Erdkunde«. = Sonderheft 1 von »Der Erdkundeunterricht«. Stuttgart 1971.
Grotelüschen-Schüttler, Dreimal um die Erde, Unterrichtswerk, Berlin-Hannover 1968.
H. Hendinger, Ansätze zur Neuorientierung der Geographie im Curriculum aller Schularten, in: Geographische Rundschau. 1970. S. 10 ff.
H. Hendinger, Lernziele und ihre Verwirklichung. In: E. Ernst 1971.
J. Hermann, Individualität und Typus in der Geographie und ihre Bedeutung für das exemplarische Unterrichten, in: Knübel 1960.
E. Hinrichs, Lehrbeispiele für den erdkundlichen Unterricht, 5. u. 6. Schuljahr, Braunschweig 1949.
G. Hoffmann, Psysiogeographie in der Oberstufe, in: Geographische Rundschau, 1968, S. 451 ff.
F. Jonas, Gedanken zur Didaktik der Oberstufenerdkunde, in: Geographische Rundschau, 1964 (auch in: L. Bauer, 1968, S. 382 ff.).
H. Kirrinnis, Kant-Aphorismen zur Bedeutung der Geographie, in: Geographische Rundschau, 1963, S. 64 ff.
H. Knübel, Exemplarisches Arbeiten im Erdkunde-Unterricht, Braunschweig 1960.
H. Knübel, Zum Lernziel des Erdkundeunterrichtes, in: Geographische Rundschau, 1970, S. 331.
H. Lösche, Gesichtspunkte für die Bewältigung der geographischen Stoffülle im Unter-, Mittel- und Oberstufenunterricht, in: Knübel 1960.
H. Louis, Über die Aufgabe des Erdkundeunterrichtes auf der Höheren Schule, in: Geographische Rundschau, 1962.
H. Newe, Der exemplarische Unterricht als Idee und Wirklichkeit, Kiel 1961.
P. Schäfer, Grundriß des Erdkundeunterrichts, Bochum (o. J.) (= Kamps Pädagogische Taschenbücher).
A. Schmidt, Der Erdkundeunterricht, Bad Heilbrunn 1972, 4. Auflage. (Zitiert nach der 2. Aufl. 1968 und nach der 4. Aufl.).
A. Schultze, Dreißig Texte zur Didaktik der Geographie, Braunschweig 1971.

A. Schultze, Das exemplarische Prinzip im Rahmen der didaktischen Prinzipien des Erdkundeunterrichtes, in: Die Deutsche Schule, 1959.

A. Schultze, Umwertung geographischer Räume (= Zum Verständnis des Erdkundlich-Fundamentalen), in: Die Deutsche Schule, 1965, S. 371 ff.

A. Schultze, Allgemeine Geographie statt Länderkunde, in: Geographische Rundschau, 1970, S. 1 ff.

E. Schwegler, Eine neue Konzeption des Erdkundeunterrichtes, in: Geographische Rundschau, 1968.

Source Book for Geography Teaching, Unesco, London 1965.

W. Sperling, Kind und Landschaft, Stuttgart 1965.

W. Sperling, Die Stellung und Aufgabe der Didaktik der Geographie im System der geographischen Wissenschaft, in: Geographische Rundschau, 1969.

W. Sperling, Didaktik der Geographie, Erdkundeunterricht, Exkursion, Heimatkunde, Schulgeographie (= Einzelbeiträge zu den genannten Stichwörtern in Westermanns Lexikon der Geographie), Braunschweig 1969 ff.

R. Völkel, Erdkunde heute, Frankfurt 1961.

A. Vogel, Der Bildungswert des Erdkundeunterrichts in der Volksschule, Ein Beitrag zu einem ganzheitlichen Erdkundeunterricht, Ratingen 1967.

M. F. Wocke, Heimatkunde und Erdkunde, Hannover 1962, 6. Aufl.

M. F. Wocke, Das Problem eines exemplarischen Erdkundeunterrichts, in: Die Deutsche Schule, 1962.

M. F. Wocke, Sieben Thesen zur Didaktik und Methodik des Erdkunde-Unterrichts, in: Unsere Volksschule, 1965, S. 286 ff.

M. F. Wocke, Der Bildungsauftrag der Erdkunde in der Volksschuloberstufe, in: Schulwarte, 1959, S. 74 ff.

F. Stückrath, Kind und Raum, München 1963.

F. Stückrath, Studien zur Pädagogischen Psychologie, Braunschweig 1965.

F. Stückrath, Das geographische Weltbild des Kindes, in: Westermanns Pädagogische Beiträge, 1958, S. 135 ff.

Nachträge zur 4. Aufl.

Ph. Bacon, Focus on Geography. Washington 1970

W. C. V. Balchin, Graphicacy, in: Geography, 1972, S. 285 ff.

J. M. Ball, J. E. Steinbrink, J. P. Stoltman, The social sciences and geographic education. N. York 1971

J. Barth, Curriculare Probleme in der Sekundarstufe I. In: Geographische Rundschau, 1972

L. Barth, Zur Systematisierung des Wissens im Geographieunterricht. In: Zeitschr. f. Erdk., 1964, S. 218 ff. (Berlin-Ost)

D. Bartels, Geographie an Hochschule und Schule, Vortrag beim Schulgeographentag 1972 (Ludwigshafen)

L. Bauer, Curriculum und Fachdidaktik. In: Kreuzer et al., 1974

Bibliographie zur Besonderen Unterrichtslehre. Teil 2: Politische Bildung, Geschichte, Erdkunde, Heimatkunde. Weinheim 1971

J. Birkenhauer und H. Haubrich, Das geographische Curriculum in der Sekundarstufe I, Düsseldorf 1971.

J. Birkenhauer, Lernzielorientierter Unterricht an geographischen Beispielen. – Beiheft 2 zur Geographischen Rundschau. 1972. Darin: Einführung: Lernziele und Operationalisierung. S. 2 ff.
„Situationsfelder" als ein Lösungsvorschlag des taxonomischen Problems. S. 58 ff.

J. Birkenhauer, „Am Verkehr teilnehmen" – Ein Vorschlag zur Hierarchisierung von Lernzielen. In: Geographische Rundschau 1973, S. 426 ff.
J. Birkenhauer: Didaktisch relevante Aspekte aus der Sicht der Psychischen Geographie. In: Kreuzer et al., 1974, S. 28 ff.
J. Birkenhauer, Aufgaben und Stand fachdidaktischer Forschung. In: Kreuzer et al., 1974, S. 96 ff.
J. Birkenhauer, Die Daseinsgrundfunktionen und die Frage einer curricularen ›Plattform‹ für die Geographie. In: Geographische Rundschau 1974
J. Birkenhauer, Zur Frage einer curricularen ›Plattform‹ für das Fach Geographie, in: Beiheft 1 zur Geographischen Rundschau, 1975
Debesse-Arviset, La géographie à l'école. Paris 1969
Dorn und Jahn, Vorstellungs- und Begriffsbildung im Geographieunterricht. Berlin (Ost) 1966
R. Geipel (Hrsg.), Materialien zu einer neuen Didaktik der Geographie. (Heft 1, München 1974)
N. Ginsburg, Tasks of Geography, in: Geography, 1969, S. 401 ff.
N. Graves, New Movements in the study and teaching of Geography, London 1972
G. Hard, C. Wißmann, Eine Befragung der Fachleiter des Faches Geographie. Rundbrief 1973/9
H. Hendinger, Lernzielorientierte Lehrpläne für die Geographie, in: Geographische Rundschau 1973, S. 85 ff.
W. Jahn, Perspektiven und Entwicklungstendenzen des Geographieunterrichts unter den Bedingungen des umfassenden Aufbaus des Sozialismus, in: Zeitschrift f. d. Erdkundeunterricht, 1964, S. 203 ff.
G. Keller, Autostereotype und Hetereostereotype britischer, deutscher und französischer Schüler, in: Schulwarte, 1972, S. 47 ff.
W. Jahn, Grundgedanken zum System der Fähigkeiten und Möglichkeiten der systematischen Fähigkeitsentwicklung im Geographieunterricht, in: Zeitschr. f. d. Erdkundeunterricht, 1970, S. 244 ff.
Kollegstufe: Der Erdkundeunterricht in der Kollegstufe (hrsg. v. H. Kistler). München 1974.
G. Kreuzer, L. Bauer, W. Hausmann, Didaktik der Geographie in der Universität. München 1974
R. Lehmann, Zur Entwicklung des Denkens der Schüler im Erdkundeunterricht, in: Zeitschr. f. d. Erdkundeunterricht 1963, S. 408 ff. (Berlin-Ost).
M. Long, B. S. Roberson, Teaching Geography. London 1972
H. L. Meyer, H. Oestreich, Anmerkungen zur Curriculumrevision Geographie, in: Geographische Rundschau, 1973, S. 94 ff.
New Thinking in School Geography. London 1972
W. Pollex, Ein Strukturschema für schulgeographische Inhalte. In: Geographische Rundschau, 1972, S. 484 ff.
Regional Geography, in: Geography, 1971, S. 206 ff.
H. Sanke, Die Länderkunde als Bestandteil der bürgerlichen Ideologie in der Geographie, in: Zeitschr. f. d. Erdkundeunterricht, 1958, S. 161 ff.
S. Schacht, Praxis der Lernplanung im Fach Geographie, in: C. Möller, Praxis der Lernplanung, 1974
H. Sperber, Erdkunde – Didaktik – Methodik (Didaktisch-methodisches Tatsachenlexikon des Erdkundeunterrichtes). Regensburg 1973
W. Sperling, Fachwissenschaft und Fachdidaktik, in: Kreuzer et al., S. 69 ff.
K. Sturzebecher, Raumvorstellung – bedeutsamer Intelligenzfaktor in der Schule, in: Die Dt. Schule, 1972, S. 690 ff.

P. H. Thomas, Education and the New Geography, in: Geography, 1970, S. 274 ff.

7. Umweltfragen

K. E. Fick, Umweltprobleme im Erdkundeunterricht, in: Die Schulwarte, 1973, Heft 6, S. 15 ff.
K. E. Fick, Naturkatastrophen im Erdkundeunterricht. o. J. o. O.
D. Meadows, D. Meadows, E. Zahn, P. Milling, Grenzen des Wachstums. (= ›Meadows-Report‹ des ›Club of Rome‹). rororo 6825, 1973 (Vgl. dazu den 2. Report des Club of Rome, verfaßt durch M. Mesarovic und E. Prestel, 1974)
H. Nolzen, Die Aufgabe der Schulgeographie bei der Behandlung von Umweltschutzfragen, in: Freiburger Geographische Mitteilungen. 1972, Heft 2, S. 25 ff.
D. Schmidt-Sinns (Hrsg.), Umweltschutz als fachübergreifendes Curriculum. Bonn 1974. (= Schriftenreihe der Bundeszentrale für politische Bildung, H. 99)

8. Programmierte Instruktion

G. Bahrenberg, H. Thomä und H.-W. Windhorst, Der Programmierte Erdkundeunterricht. = Schöningh-Arbeitshefte – Sonderheft. Paderborn 1973
W. Fregien, Plädoyer für flexible Programmierungsmodelle im Fach Erdkunde, in: Geographische Rundschau, 1969, S. 230 ff.
J. Hardmann, Das Tropenklima. 4 Hefte (Programme). Stuttgart o. J.
J. Hardman, K. Heim, H.-C. Poeschel, H. Riedmüller, Programmiertes Lernen im Erdkundeunterricht. = Der Erdkundeunterricht, Heft 9. Stuttgart 1969
Hilgard und Bower, Theorien des Lernens, Bd. II, Stuttgart 1971
H. Knübel, Programmierter Erdkundeunterricht, in: Geographische Rundschau, 1964, S. 366 ff.
H. Knübel, Dänemark, in: Geographische Rundschau, 1968, S. 65 ff.
H. Lehmann, Zur Entwicklung des Denkens der Schüler im Erdkundeunterricht, in: Zeitschrift f. d. Erdkundeunterr., 1963, S. 408 ff.
P. Pfeiffer, Einige Gedanken zur Programmierung von Unterrichtsstoff, in: Zeitschrift f. d. Erdkundeunterricht, 1965, S. 241 ff.
M. Reimers, Die Verwendung von Kurzprogrammen. Beispiel ›Klima des Oberrheinischen Tieflandes‹, in: Geographische Rundschau, 1969, S. 232 ff.
H. Riedmüller, Programmierung des Lernstoffes im Erdkundeunterricht, in: Geographische Rundschau, 1969, S. 227 ff.
H. Schrettenbrunner, In der Gesellschaft leben. Westermann-Programm, Braunschweig 1970. Vgl. ferner: Am Verkehr teilnehmen. H. Haubrich und H. Schrettenbrunner; = Sozialgeographie Stadt; H. Haubrich: Sich erholen.

9. Planspiele

G. Hoffmann, Einführung, in: Walford, 1972 (s. Waldford 1969)
H. D. Haas, M. Schröder, G. Schweizer, Die Anwendung von Planspielen, in: Geographische Rundschau, 1973, S. 444 ff.
H. Nolzen, Einfache Planspiele für den Erdkundeunterricht am Beispiel umweltbezogener Themen, in: Geographie und ihre Didaktik, 1974, Heft 3, S. 4 ff.
R. Walford, Games in Geography. London 1969. (Deutsch = Lernspiele im Erdkundeunterricht. = Der Erdkundeunterricht. Heft 14. Stuttgart 1973)
R. Walford, Operation Games and Geography Teaching, in: Geography, 1969, S. 34 ff.

J. Wittern, Zur didaktischen Einordnung von Planspielen als offen strukturierte Unterrichtsmittel. Das Beispiel ›Streit in Antalya‹, in: Geographische Rundschau, 1973, S. 439 ff.
J. L. Taylor und R. Walford. Simulationsspiele im Unterricht. Ravensburg 1974

10. Didaktik des Erdkundeunterrichts: Einzelfragen – Arbeitsmittel

L. Bauer, Die jugendlichen Entwicklungsstufen und die Folgerungen für den Erdkundeunterricht, in: Geographische Rundschau, 1965 (ebenfalls in: L. Bauer, 1968, S. 324 ff.).
A. G. Benzing, Blockbilder als Arbeitshilfen für geographische Exkursionen, in: Geographische Rundschau, 1963, S. 421 ff.
G. Cordes, Arbeitsmittel Luftbild. In: Neue Wege im Unterricht, 23. Bochum 1972.
K. E. Fick, Aktueller Erdkundeunterricht am Beispiel von Naturkatastrophen. In: Geographische Rundschau 1970.
K. E. Fick, Das geographische Lichtbild, Wandbild und Lehrbuchbild, in: Pädagogische Rundschau, 1967, S. 665 ff.
K. E. Fick, Wetter- und Klimakunde als geographische Arbeits- und Bildungsaufgabe. In: Pädagogische Welt, 24. Donauwörth 1970.
A. Haas, Anregungen für die Durchnahme eines Kausalprofils in der 9. Klasse, in: L. Bauer, 1968, S. 517 ff.
M. Hanisch, Zahl und Statistik im Erdkundeunterricht, in: Westermanns Pädagogische Beiträge, 1964, S. 223 ff.
H. Heumann, Handbuch der Unterrichtshilfen, Essen 1957 (darin: Arbeitsmittel S. 90 ff., Lichtbild S. 210 ff., Film S. 218 ff.).
E. Hinrichs, Der Globus im Erdkundeunterricht, in: Zeitschrift für Erdkunde, 1944.
H. Jäger u. a., Menschen in ihrer Umwelt – Studien zur Geographie. (Zum Beispiel: Ein norwegischer Bauernhof am Sognefjord).
J. Krämer, Die Einführung ins Kartenverzeichnis, in: Westermanns Pädagogische Beiträge, 1965, S. 309 ff.
J. Krämer, Einführung in das Kartenverständnis – aber wozu?, in: Westermanns Pädagogische Beiträge, 1966, S. 177 ff.
O. Lehovec, Ein Beitrag zur Verwendung von Lichtbildern im Unterricht, in: Film, Bild, Ton, 1960, S. 9 ff.
H. Mann, Vom Heimatkreis zur weiten Welt: „Reihe erdkundlicher Arbeitshefte", Bonn (Dümmler).
M. Mayer, Einführung in das Kartenverständnis – aber wie?, in: Westermanns Pädagogische Beiträge, 1964, S. 204 ff.; 1966, S. 75 ff.
P. Müller, Zum pädagogischen Standort der Erdkunde, in: Geographische Rundschau, 1969, S. 88 ff.
K. Odenbach, Phantasielandkarten, in: Zeitschrift für pädagogische Psychologie 44, 1943, S. 63 ff.
W. Popp, Wege zur Vorbereitung des Kartenverständnisses, in: Westermanns Pädagogische Beiträge, 1965, S. 466 ff.
M. Rauch, Bücher und Mappen für Erdkunde – kritisch betrachtet, in: Unterricht heute, 20, 1969, S. 27 ff., 113 ff., 153 ff.
Th. Rößler, Zahlen im erdkundlichen Unterricht, in: Geographische Rundschau, 1958, S. 304 ff.
A. Prüller, G. Schietzel, Die Eskimos, in: Westermanns Pädagogische Beiträge, 1956.

E. Schinzler zus. mit G. Glück, Der Lernerfolg bei Film, Dia und Textheft. In: pl 1972, 1.

H. Schrettenbrunner, Die ,,Reichweite", in: Geographische Rundschau, 1969, S. 214 ff.

A. Schüle, Die Hilfsmittel im Unterricht der Heimatkunde und Erdkunde. Mit einem Katalog, in: Die Schulwarte, 1968, S. 865 ff.

W. Sperling, Kindliche Luftbildnerei, in: Film, Bild, Ton, 1968, S. 10 ff.

W. Sperling, Einige psychologische und pädagogische Fragen der Einführung in das Kartenlesen und -verstehen, in: Der Erdkundeunterricht, Stuttgart 1970.

A. Stenzel, Die Thematik, geographischer Schulfunksendungen und das exemplarische Arbeiten, in: Knübel, 1960.

F. Stückrath, Televisuelle Erdkunde, in: Jugend, Film und Fernsehen, 1967, S. 59 ff.

D. Wetzel, Arbeitstechniken im Erdkundeunterricht, in: Festschrift O. Koppelmann, S. 48 ff.

Nachträge zur 4. Auflage

L. Barth, Das Merkbild im Erdkundeunterricht. 2 Teile. Berlin (Ost) 1960 und 1961.

L. Barth, Merkbilder für den Geographieunterricht. Berlin (Ost) 1969.

D. G. Bayliss, T. M. Renwick, Photograph Study in a Junior School. Geography, 1966, S. 322 ff.

J. Birkenhauer et al., Interdisziplinäre Zusammenarbeit sozialkundlicher Fächer bei der Planung und Durchführung schulpraktischer Studien (›Leben in der Stadt‹ mit einem Entscheidungsspiel ›Wir planen eine Wohnsiedlung‹). In: Zeitschr. f. Pädag., 11. Beih. Weinheim 1972.

J. Birkenhauer, Indien zwischen gestern und morgen. Hannover 1972.

G. Cordes, Das dreidimensionale (stereoskopische) Luftbild. In: Geographische Rundschau, 1973, S. 433 ff.

Cassube und J. Engel, Was leisten unsere neuen Schulerdkundelehrbücher? In: Lebendige Schule, 1971, S. 309 ff.

J. Engel, Afrika im Schulbuch unserer Zeit. Hamburg 1972.

W. Dorn und W. Jahn, Das System der geographischen Arbeitsmittel. In: Zeitschr. f. d. Erdkundeunterr. 1965, S. 255 ff.

B. Ehrenfeuchter, K. Horstmann, S. Lehmann, J.-U. Samel, Statistik im Erdkundeunterricht. = Der Erdkundeunterricht, Heft 4. 1966.

W. D. Engelhardt und H. Glöckel. Einführung in das Kartenverständnis. Bad Heilbrunn 1973.

K. E. Fick, Geographische Reisebeschreibungen im Unterricht der Erdkunde. = Der Erdkundeunterricht, Heft 7, Stuttgart 1968.

K. E. Fick, Das Lehrbuchbild im erdkundlichen Unterricht. In: Wocke 1973, S. 60 ff.

K. Fohrbeck, A. J. Wienand, R. Zahar, Heile Welt und Dritte Welt. Opladen 1971.

G. Fuchs, Zeitung und Erdkundeunterricht. In: Geographische Rundschau, 1970, S. 246 ff.

H. Haubrich, Deduktion und Operationalisierung von Lernzielen. In: J. Birkenhauer 1972 (Beih. 2, zur Geographischen Rundschau), S. 28 ff.

H. Haubrich, Die arbeitende Bevölkerung als Trägerin und Betroffene der Industrialisierung. Beispiel Japan. Beiheft 2/1974 zur Geographischen Rundschau, S. 52 ff.

E. Heyn, Lehren und Lernen im Geographieunterricht. Paderborn 1973.
Th. Hornberger, Zur Typologie des geographischen Films. In: Film, Bild, Ton, 1970, Heft 5, S. 5 ff.
G. Ketzer, Der Film im Erdkundeunterricht. = Der Erdkundeunterricht, Heft 15, Stuttgart 1972.
G. Ketzer, Der Super-8-Film, seine Entwicklung und Verwendung im Erdkundeunterricht als Arbeitsstreifen. In: AV-Praxis, 1974, Heft 11, S. 5 ff.
R. Knirsch, Freizeitlandschaft und Erdkundeunterricht. In: Westerm. Pädag. Beitr., 1970, S. 172 ff.
H. Krauss, Der Unterrichtsfilm. Donauwörth 1972.
D. Krumbholz, Zur Verwendung von algorithmischen Vorschriften im Geographieunterricht. In: Zeitschr. f. d. Erdkundeunterr., 1971, S. 459 ff.
M. Long, Research in Picture Study. In: Geography, 1961, S. 322 ff. Ferner: Handbook for Geography Teachers, 1964, The Teaching of Geography, in: Geography, 1964, S. 192 ff., The interest of children in school geography, in: Geography, 1971, S. 177 ff.
E. Meyer, Wie Bildungsfernsehen bildungswirksam werden könnte. In: AV-Praxis, 1974, Heft 9, S. 5 ff.
D. Milburn, Children's vocabulary. 1972, in: Graves, S. 107 ff.
S. Möbius, Reiseliteratur im Erdkundeunterricht. 1960. Berlin (Ost).
K. Rassmann, Die Wirkung eines zielgerichteten Einstiegs auf Verlauf und Ergebnisse des Erdkundeunterrichts. In: Unterricht heute. 1972, S. 498 ff.
W. Rhys, The development of logical thinking. In: Graves, 1972, S. 93 ff.
G. Ritter, Das Lichtbild im Erdkundeunterricht. = Der Erdkundeunterricht. Heft 12. 2. Aufl., Stuttgart 1972.
Th. F. Saarinen, Environmental perception. In: Bacon, S. 63 ff.
Th. Veness, The contribution of psychology. In: Graves, 1972, S. 75 ff.
M. F. Wocke, Film und Bild im geographischen Unterricht, Hannover 1973 (= Ergebnisse, Heft 22).

11. Geländearbeit – Experimentieren

K. Briggs, Fieldwork in urban geography. Edingburgh 1970.
Cole and Beynon, New ways in geography. (Mit Erläuterungen und Arbeitsbögen.) London 1968 ff.
Geography in Primary Schools (hrsg. v. Marchant). Sheffiled, o. J.
H. Hendinger, Erkundungsplan zum Thema „ Gesellschaft". In: Geographische Rundschau, 1965, S. 97 ff.
O. Lehmann, Das Experiment im Geographieunterricht. Berlin (Ost) 1964.
Perry, Jones, Hammersley, Handbook for environmental studies. 2. Aufl., London 1971.
K. S. Wheeler, Geography in the field. 2. Aufl., London 1970.
H. C. Wilks, Geography fieldwork. In: Geography, 1968, S. 387 ff.

12. Kontrolle des Lernerfolgs

P. Gaude, W. Teschner. Objektivierte Leistungsmessung in der Schule. Frankfurt 1970.
K. Ingenkamp, Die Fragwürdigkeit der Zensurgebung. Weinheim 1971 (= 1971 a).
K. Ingenkamp (Hrsg.), Tests in der Schulpraxis. Weinheim 1971 (= 1971 b).
R. Horn, Lernziele und Schülerleistung. Weinheim 1972.

G. Niemz, Objektivierte Leistungsmessung im Erdkundeunterricht. In: Geographische Rundschau, 1972, S. 102 ff.
G. Schanz, Der Einsatz informeller Tests im Erdkundeunterricht. In: Geographische Rundschau, 1973, S. 22 ff.
J. Wendeler. Standardarbeiten. Verfahren zur Objektivierung der Notengebung. Weinheim 1969.
Spada et al.: siehe Literatur 1, Nachträge zur 4. Aufl.

13. Erdkunde und Heimatkunde

R. Endres, Der Heimatbegriff der Jugend der Gegenwart, in: Geographische Rundschau, 1967.
H. Fiege, Der Heimatkundeunterricht, Bad Heilbrunn, 1967.
W. Grotelüschen, Heimatkunde im Verhältnis zur Erdkunde, in Geographische Rundschau, 1962, S. 479 ff.
W. Grotelüschen, Eduard Spranger und die Heimatkunde, in: Westermanns Pädagogische Beiträge, 1968.
J. M. Kern, Gelebte Welt des Kindes und Heimatkunde, in: Westermanns Pädagogische Beiträge, 1963, S. 373.
R. König, Heimat, Familie und Gemeinde, in: Schicksalsfragen der Gegenwart, Tübingen 1960.
F. Kopp, Heimatkunde, München 1959, 2. Aufl.
E. Lemberg, Umdenken in der Verbannung, Schriftenreihe der Bundeszentrale für Heimatdienst, 13, Bonn 1955.
W. Sperling, Heimatkunde im Verhältnis zur Erdkunde, in: Geographische Rundschau, 1963, S. 410 ff.
L. Bauer, Die Behandlung des Heimatraumes im Erdkundeunterricht des Gymnasiums, in: Geographische Rundschau, 1967.
E. Spranger, Der Bildungswert der Heimatkunde, Stuttgart (Reclam) 1952, 3. Aufl.

14. Erdkunde und Arbeitslehre

H. Abel, Im Vorraum der Arbeitswelt, in: Berufspädagogische Zeitschrift, 1960.
M. Bönsch, Mindestprogramm einer Arbeitslehre im 9. Schuljahr, in: Lebendige Schule, 1967, S. 326 ff.
K. E. Fick, Die Arbeits- und Wirtschaftswelt als geographische Bildungsaufgabe, in: Westermanns Pädagogische Beiträge, 1968, S. 658 ff.
R. Geipel, Industriegeographie als Einführung in die Arbeitswelt, Braunschweig 1969.
Klafki-Kiel-Schwerdtfeger, Die Arbeits- und Wirtschaftswelt im Unterricht der Volksschule und des Gymnasiums, Heidelberg 1964.
K. H. Ludwig, Die Technik im Eklektizismus des Faches „Arbeitslehre", in: Die deutsche Schule, 1968, S. 467 ff.
J Muth, Die Aufgabe der Schule in der modernen Arbeitswelt, Bochum 1968, 3. Aufl.
H. Roth, Technik als Bildungsaufgabe der Schulen, Hannover 1965.
K. E. Fick, Wirtschaftsgeographie und Arbeitslehre: Tendenzen und Probleme. In: Pädagogische Welt, 1974, S. 88 ff.

15. Berühmte Geographen des 19. Jahrhunderts

C. Ritter, Allgemeine Erdkunde, 1862.
C. Ritter, Einleitung zur allgemeinen vergleichenden Geographie, Berlin 1852.
A. v. Humboldt, Reise in die Äquinoktional-Gegenden des neuen Kontinents.
A. v. Humboldt, Ansichten der Natur.
A. v. Humboldt, Kosmos, II (S. 89).
Vgl. dazu folgende moderne Autoren:
E. Plewe, Untersuchungen über den Begriff der vergleichenden Erdkunde bis Carl Ritter, in: Zeitschrift der Gesellschaft für Erdkunde zu Berlin, 1932 (Erg.-Heft IV).
A. Vogel, Der Bildungswert des Erdkundeunterrichtes in der Volksschule, Ratingen 1967.

16. Allgemeines, Sonstiges

J. W. von Goethe, Gedenkausgabe, Hrsg. v. E. Beutler, Zürich, Bd. 16, S. 882.
A. Karsten, Vorstellungen von jungen Deutschen über andere Völker (= Heft 1 der ,,Stiftung für internationale Ländererkenntnis der Jugend").
A. de St. Exupéry, Der kleine Prinz, Bad Salzig–Düsseldorf, 1950.
Teilhard de Chardin, Der Mensch im Kosmos, München 1959.
A. Toynbee, A Study of History, 1946.
H. E. Wolf, Schüler urteilen über fremde Völker, Weinheim 1963.
R. Conradt, Empirische Erkenntislehre. Frankfurt 1973.
N. Luhmann, Legitimation durch Verfahren. Neuwied 1969.

Autoren- und Personenverzeichnis

Die kursiv gesetzten Zahlen beziehen sich auf Band 2.

Abler 20f., 27, 45, 55, 88, 94, 131
Adelmann 13, 35, 59, 157, 201, *54*, *67*, *94f.*, *104*
Aebli 47, 152, 175, *12ff.*, *15ff.*, *28ff.*, *68*, *86*

Bacon 20, 121
Bahrenberg 84, *38*
Balchin 109
Ball 20
Barrows 80
Bartels 50, 66f., 69, 86, 89, 94, 104, 116, 208, *46*
Barth 85, 117, 165, *99f.*
Bauer 25, 54, 116, 157ff., *184*
Bayliss 70
Beck 134f.
Becker 17
Berg 69
Bergius 164
Birkenhauer 23f., 38, 49, 52, 55f., 64, 69, 81, 85, 117, 121, 138, 142, 155, 164, 199, 203, *32*, *36*, *41*, *141*
Blankertz 24f., 29, 49, 52, 53f., 64, *38*
Bloom 53f., *125*
Bollnow 15, *13*
Bower *32*, *114*
Brezinka 17
Brook 85
Brügelmann 56
Bruner 39f., 141, *56*
Büdel 98
Bunge 85

Carnie 153
Carol 92f.
Chorley 94, 100f., 104, 115
Christaller 93
Comenius 43, 180, 182
Comte 119
Conradt 136

Cordes *78*, *79*, *90*
Correll 52, *14*, *32*, *51*
Cube 90, *32*
Czajka 116

Darga 172, *122*
Debesse-Arviset 145, 159
Derbolav 14
Döring *58*
Dorn 42, 45ff., *59*, *116*
Dorn-Jahn 85
Düker *60*

Ebinger 13, 43, 67f., 75, *103*, *109*
Ehrenfeuchter *109*
Endres 190
Engel 126
Engelhardt *90ff.*
Ernst 23, 49f., 54

Fick 29, 131, *68*, *71*, *77f.*, *82*, *110ff.*
Fischer 50
Flitner 14, 114
Flohn 98
Fohrbeck 127
Frank 52, *32*
Frey 24f., 53, *23ff.*, *26*
Fuchs *81*

Gagné 42, 53, 142, 164, *114*
Gaude 124ff.
Gaudig 67
Geipel 22, 28f., 38, 62, 150, 179f., 186, *21*, *27*, *110*
Gerstäcker *82*
Gieding 181
Ginsburg 131
Glöcke *90*
Glück *80*
Goethe 200
Gradmann 191f.

167

Grigg 69
Grigoryev 69
Grotelüschen 35, 57, 183
Grotelüschen-Schüttler 57, 59, 184

Haas 40, *103*
Haeckel 75
Haggett 20, 27, 45, 55, 85, 88 f., 94, 100 f., 104, 115 ff., 120 f., 205
Hanisch *108*
Hansen, J. 201
Hansen, W. 33, 142
Hard 19, 33, 36, 67, 78, 89, 94, 135, *104*
Hardmann *33 ff.*
Hassinger 66
Haubrich 24, 38, *79, 90, 121*
Hauck 133
Hausmann 15
Heckhausen 168
Hedin 82
Heimann 15, 17, 21, 41, 95, 139, *119*
Heimann-Schulz 120
Heipcke-Meßner 56
Hendinger 23, 31, 49, 57, 59, 83
Hentigs 27
Herbart 182
Herder 14, 106
Herrmann 52
Hesse-Manz 24
Hettner 190 f., 197
Heyn 120
Hilgard 32, 114
Hiller 56
Hinrichs 34 f., 88, 146 f., 157, 184, *83 ff., 89*
Hoffmann 54, 107, *42*
Hornberger 73
Huber 56
Humboldt 15, 69, 125, 183, *52*

Ingenkamp *123 ff.*
Inhelder 40, 141 f.
Itschner 196

Jaeger 35 f., 144
Jahn 42, 45 ff., 118, 133 f., 189, *59, 116*
Jannasch-Joppich *17 f., 21, 26*
Jensch 30
Jonas 116

Kant 14
Karsten 126
Keller 126
Kern 33, 144
Ketzer *72, 73 ff., 80*

Kirrinuis 14
Klafki 17 f., 21, 49, 113, *21, 45 f., 53*
Knirsch 143 ff., 159
Knübel 62, *36, 47, 52*
Kohl 87, 114
Kohlmann 132 ff.
Kolb 100
König 182
König-Riedel *11*
Kopp 16
Köppen-Geiger 98
Krämer *90*
Krause 190
Krauß *73*
Krebs 99, 205
Krüger 159
Krumbholz *59, 100 ff.*

Lauer 98
Lautensach 60, 69 ff.
Lehmann 52, 118, 176, *38, 56, 66*
Lemberg 181
Lempert 50
Lenin 119
Litt 181
Long 85, 144 f., 157, 168, *70 f.*
Lösche *52*
Louis 78, 98, 151
Ludwig 28
Luhmann 135

Mager 38, 53, *124*
Mann *96*
Manschot 31
Marx 119
May 146, 156, 161, *82*
Meadow 130 f.
Meyer 53 f., *25, 75*
Meyer, E. *21 ff.*
Meyer, H. L. 12, 25
Milburn 159
Möbius 82
Möller, Chr. 25, 49
Montessori *58*
Müller, P. 42
Muth 29

Neef 67, 71 ff., 86 ff., 89 f., 106 f., 119, 123, 127 ff., 192, 197 f., 203, 208
Newe *50*
Niemz *124, 128*
Nolzen 131, *40 ff.*

Obst 197
Oerter 150 ff.

Oestreich 12, 25, 53 f.
Otto 16 f., 22, 94 f., 158

Paffen 98
Passarge 66, 69
Paton 129
Pestalozzi 131, 182 ff.
Petersen 58
Petzelt 143
Pfeifer *38*
Philbrick 117
Philippron 192
Piaget 40, 141 f.
Pollex 209, *89*
Prüller-Schietzel 24, 82

Raßmann *122*
Rauch *110 f.*
Reimer *36*
Renwick *70*
Rhys 141, 150
Richter 115
Riedmüller *37*
Ritter 15, 76 f., *82*, 107, 131, 184, *71*
Roberson 85
Robinsohn 21, 24, *43*
Röhrs 15
Rössler *109*
Rostow 133
Roth 141, 164 f., 167 f., *17, 46, 119*
Ruppert 23
Ruppert-Schaffer 186, *35*

Saint-Exupéry 13
Sanke 85, 133
Schacht 49
Schäfer 37, 57, 59, 64
Schaffer 23
Schanz *124 ff., 127 f.*
Scheuerl *46, 50 f., 53*
Schildt *37*
Schinzler *75, 80*
Schleiermacher 14
Schmidt 110, 119, 156, 158 ff., 162, 176, *38, 41, 53, 83, 121 f.*
Schmidt, A. 12, 19, 64, 78, 109, *40*
Schmidt-Renner 133
Schmieder 100
Scholz 115
Schrettenbrunner 23, *35 ff.*
Schüle 60
Schultze 57 ff., 83, *55 f.*
Schwegler 42, 122
Schweitzer 82
Scott 82

Skinner 52, *32, 51*
Sočava 71, 80, 85, 88, 133
Spada 49
Sperling 34, 64, 67, 181 ff., 184, *79, 90 ff., 93, 114*
Spethmann 79, 197 ff.
Spranger 14 f., 180 ff.
Steinbeck 128
Stenzel *83*
Stöcker *21 ff., 24 f.*
Stoddart 69, 71 ff.
Stückrath 31, 34, 37, 58, 145 ff., 148 f., 152, 156 f., *12, 75, 86, 91*
Sturzebecher 109, 142

Tausch 60
Taylor *39**
Teilhard de Chardin 115, 132
Teschner *124 ff.*
Thomas 85
Thünen 92 f.
Toynbee 120
Troll 66 f., 71 f., 98, 107

Uhlig 71

Veness 145
Vogel 14 f., 24, 32, 57, 62, 76 f., 82, 110, 123 f., 132, 159, 175, 180 f., *24, 27, 50 ff., 55, 85*
Völkel 14 ff., 106, 119, 123, 126 f., *44*

Wagenschein 46
Waibel 93, *82*
Walford *39 ff.*
Walz *21*
Weinstock 14
Weischet 73
Wendeler *124 ff.*
Weniger 21
Werner 149 ff., *91*
Wetzel 60
Wilhelm 15 ff., 41, 64, 83, 90 f., 111, *43 ff., 51*
Wilhelmy 96
Wilkner *58*
Willmann 14
Wittern *38, 40*
Wocke 59, 115 f., 123, 127, 178 f., 180, 184 ff., 195, 203, *46, 54, 60 ff., 67, 71, 80, 83 ff., 104 f., 107*
Wolf 120, 126
Woodtli 14

Zielinski *106*
Zietz 47, 143 f., 151

Sachregister

Abgrenzung 116
Abhängigkeit, allgemein 119, 120, *54 ff.*, 102
– horizontal 14, 19, 113, 122, 131, 160, 185, *48, 53*
– monokausal 70
– vertikal 18, 127, 160, *48, 53, 102*
Abhängigkeitskette 134
Agrarlandschaft, Agrargeographie, Anbau 30, 47, 92, 125, 198 ff., 207, *106*
Aktualität, aktuell 35, 83, 161 ff., 167, *11*
Allgemeine Geographie 58 ff., 86, 99, 103, 158, *27*
Altersstufen s. Bildungsstufe, Stufengemäßheit
Anökumene 54
Anpassung 22, 198 f.
Anschauung, Anschaulichkeit, Veranschaulichung 111 f., 161 ff., 182 ff., 187, *62, 68 ff.*, 130
Anschauungsmittel s. Arbeitsmittel
Anthropogeographie s. Kulturgeographie
Anthropologisches Prinzip 35, 121, 145, 155, 158, 168, 208, *14, 22, 23*
Anwendung s. Transfer, Umsetzen
Arbeit (menschliche, im Raum) 119, 134
Arbeitsanweisung 22
Arbeitsaufgaben *64 ff., 93 ff.*
Arbeitsbuch *111*
Arbeitsfolgen, festgefügte 196, *14 ff.*, 29
Arbeitslehre 28 ff.
Arbeitsmappen *111*
Arbeitsmittel (Hilfsmittel, Unterrichtsmittel, Medien), allgemein 139, 166 f., 174, 202, *118 ff.*
– speziell *18 ff., 29, 37, 58 ff., 121 f.*
– u. Abstraktion *60 f., 87 ff.*
– u. situations- u. funktionsgerechter Gebrauch 202, *48, 68 ff., 96 ff., 102 ff., 133 ff., 143 f.*

Arbeitsphasen 29, *40 f.*
Arbeitsquelle *58, 92, 104, 110 ff.*
Arbeitsschulbewegung *13, 111*
Arbeitsunterricht 200, 202 ff., *10 ff., 21, 31, 49, 109, 135 ff.*
Arbeitsvereinigung, Arbeitsteilung 22, 26, 28, 31
Arbeitsweg, Arbeitsschritte 175, *15 ff., 18 f., 48, 58 f.*
Atlas, Karte (u. dgl.), allgemein 23, 110 f., 167, 185, 194, 206, *37, 63, 68, 84, 86 ff., 111*
– Arbeitsaufgaben *93 ff.*
– Bildkarten *62, 91,* 95
– Kartenarbeit *111,* 145, 148, 206, *14, 19, 60, 79, 80, 86, 92, 130*
– Kartenaufgaben als Einstieg *120*
– Kartenfibel *89*
– Karten, thematische *81, 91, 151, 173, 194, 196, 174, 187 ff., 92 ff., 102*
– Kartensymbole *87, 89*
– Kartenverständnis *152, 185, 86, 88 ff., 91 ff.*
– Kartogramm *109*
– Stempelumrißkarten *111*
– Symbolwert der Farben *89, 91*
Aufgaben, Aufgabenbewußtsein 14, 23 ff., 32 ff., 37, 40 ff., 57 f., 87 ff., 105 ff., 109, *14 ff., 18 ff., 48*
Aufriß *64*
Aufsicht *32, 62*
Auswahl (erdkundliche, länderkundliche) 82 f., 202 f., *43 ff.*

Ballungsgebiet, Ballungsraum 23, 26, 199, *69*
Begriff(sbildung) s. Grundbegriffe, Oberbegriffe, Vorstellungsaufbau
Behaviorismus 52

170

Beobachten 170, 173, 175, 185, 206, *12, 61 ff., 67 ff.*
Beobachtungsaufgaben *63 ff., 77 f.*
Bericht (Schilderung) 161, 179, *18, 80 ff.*
Bevölkerungsdichte 80 ff., 91, 112, 116, 167, 173, *14, 106 ff.*
Bevölkerungsentwicklung 20, 23
Beziehungen, Beziehungswissen 14, 32, 35, 41, 43 f., 62 f., 76, 93 f., 102 ff., 112 f., 179
Bild(er), Arbeit am Bild 148, 182, *18, 60, 66 ff., 76 ff., 88, 97*
– in Lehrbüchern 77, *110 f.*
Bildungsstufe, allgemein 113, *59, 70 ff., 77, 81*
– zweite 142 ff., 161, 166, 183, 205, *53*
– dritte 149 ff., 167, 205, *53, 141*
s. auch Stufengemäßheit
Bildungswerte 122 ff.,
s. Lehr- u. Lernziele
Biotop 72, 92
Blockdiagramm *14, 95, 103 f.*
Bodenhaushalt, Bodenkunde, Bodenbildung, Bodenverheerung 18, 73 ff., 128, *54, 64, 95, 122*

Charakterlandschaft s. Idealtableau
Chorologie, chorologisch 71
Curriculum(-forschung, -revision) 21, 29, 97, 176 f., *56 f.*

Daseinsgrundfunktionen s. Grundbereiche
Datenmatrix, geographische 100 ff.
Deduktion, deduktiv 25, 90, 169 ff., 176, 195, 200
Denken, allgemein 118, 150, 171, 205
– divergierendes, konvergierendes *59*
– geographisches s. Geographie
– jugendliches 169, 195, 201 f.
– räumliches s. Raum
– typisierendes *46*
Determinismus (u. dgl.) *18*, 77, 119, 172
Dia 166 f., 173, 175, *14, 66 ff., 76, 121, 133*
– Begleithefte *70*
– »Fernsehstunde« *67*
– u. Umsetzung *71 ff., 99*
Diagramm *19, 23, 37, 98, 102, 108, 110*
Didaktik 139, *118*
– didaktische Analyse 17 ff., *118*
– didaktische Matrix (Strukturgitter) 25, 27, 29, 54 ff.
– kategoriale Bildung 17 ff.
Dritte Welt s. Entwicklungsländer
Dualismus (-Streit) 86, 88

Dyname, Dynamik 79 ff., 116, 196 ff., *13, 47, 49, 54*
Dynamisches Verfahren, Länderkunde 79 ff., 127, 175, 196 ff., *11, 15, 17, 47, 49 f., 103, 141 ff.*

Eigenlektüre der Schüler *82*
Einmaligkeit, Eigenart, Andersartigkeit 78 f., 87, 112, 116, 127, 175, 194, *45, 50, 53 f.*
Einsicht, Einblick, Verständnis 35, 43, 78, 81, 98, 103, 119, 172, 187, 196, 200 ff., 205, 208, *21, 53 ff., 98, 106 ff., 141*
Einstieg 161, 202, *11, 37, 65, 82, 120 ff., 133*
Einzelbild 33, 35 ff., 160, 174 f., *83*
Elementar s. Exemplarisch
Elementarisierung 42, *48*
Emanzipation 49 f.
Entdeckungsgeschichte, Entdeckungsreisen *12*, 64, 156
Entscheidungskriterien 70, 78 ff., 83, 95 ff., 116, *26, 47 ff.*
Entwickelnder Impulsunterricht 204, *17, 20, 24, 133, 142 ff., 146 ff.*
Entwickelnd-fragender Unterricht *9 ff., 18*
Entwicklungsländer, Entwicklungshilfe 20, 28, 77, 92, 126, 188
Entwicklungsproblematik 124, 131, *40*
Erde, Erdbild (u. dgl.) s. Welt
Erde als Wohn- u. Erziehungshaus 77, 131
Erdkunde
– Abstraktion *59 ff., 83*
– als Gegenwartskunde 161, 176, *45, 48*
– als Lebensraumkunde 29, *18*
– als Lieblingsfach 147, 161, 193
– als Problemfach 28, 40 f., 121
– als Sammelfach 22
– »alte« 109 ff., 147, 176, *25*
– Experiment in der *66*
– im Kanon der Schulfächer *12*, 21
– langweilige 110, 154, 176, 193, *10, 25*
– pädagogischer Wert 14 ff., *10*
– Sachlogik der Lerninhalte 39, *48 ff.*
– Stellenwert 22 ff., *16*
– Tradition als Schulfach *12 ff., 15*, 63, 94 ff.
– u. Technik 156, 198 f.
– Verhältnis zur Geologie 121, 158, 170, 198, *19, 43, 94, 108*
– Verhältnis zur Heimatkunde 112, 180 ff.

171

- Verhältnis zur politischen Bildung 125 ff.
- Vielzahl der Arbeitsmöglichkeiten 24, 26 ff., 28
- vom Menschen aus 31 f., 35, 64, 77, 82, 88, 120 ff., 146, 155 ff., 166, *13, 18, 27, 48, 53 ff.*, *60*, *71*, *83*

Erkenntnisinteresse, gesellschaftliches 135

Erlebnishunger, Erlebnisunterricht 149, 166

»Erwachsenensehen« 33, 152, *71*

Erwähnungsgeographie 57, 194, *25 f.*

Exemplarisch, exemplarisches Prinzip (u. dgl.) 83, *47 f.*, *51 ff.*
- das Elementare *53, 55*
- das Fundamentale 44, *54 ff.*
- das Repräsentative 20, *45 ff.*, *51*
- das Typische 206, *45 ff.*, *51 f.*
- Katalog des Exemplarischen in der Erdkunde *48 ff.*, *53, 56*
- pseudoexemplarisch *50*

Fachdidaktik u. Fachwissenschaft, allgemein 16 ff., 21 ff., 63 ff., 90, 94 ff., 98 ff., 113 ff., 155, *20, 24, 43 ff.*, *47, 59*
- Erkenntnis der Sachstrukturen 16, *11 ff.*, *20, 47 ff.*, *59*
- Forschung 138, 159
- Geographie u. Erdkunde 63, 114, *20, 47*
- systematische 95 ff., 209

Fachvokabular 43, 47 ff., 179
s. auch Grundbegriffe

Fähigkeit, allgemein 23, *18 ff.*, *47, 58 ff.*, *107, 110*
- gliederndes Erfassen 144
- graphische 109, 123, *35*
- Hineinbegeben in fremde Lebensszenen 125 ff., *117*
- präzises Beobachten 150

Fahrplan, Kursbuch *65 f.*

Fallstudie 36, 136, 155, 157 ff., *112, 137*

»Falsche« Themen (Scheindominanz, Scheindynamik) 202

Ferne, Fremde 58, 126, 144, 157 f., 161

Fernsehen 31, *75*

Fertigkeiten 22, 150, 174, 186, 193, *12, 14, 18 ff., 34, 37, 58 ff., 92 ff., 107, 110, 115*

field-work *61 ff.*

Film 31, 156, 166 f., 178 f., 188, *18, 60, 72 ff., 121*

Fließgleichgewicht 72

Formal, funktional 93, 103

Formenwandel 69 ff., 75 f., 81, 99, 152, 172, 205, *18 f.*
- geographische Formel, »geographische« Streifen, Interferenzbild, Wandelkategorien 70 ff., 152

Fragehorizont, Fragestellung 31, 37, 80, 82, 153, 166, 184, *17, 54, 59 f.*

Frageimpuls *113 ff.*

Fragenschlüssel, geographischer 29, 208

Fremdwelterschließung 126, 150 f., 157 f., 166, 187

Frontalunterricht 20

Fundamental s. exemplarisch

Funktion, funktional 43, 59, 91, 93 ff., 99, 108, 125, *13, 48*

Gedächtnis(leistung) 111, 148, 154

Gefüge, Geflecht (u. dgl.) 23, 71, 81, 93 f., 103 f., 116, 118, 208, *31, 92, 97*

Gegenstand der Geographie 63 ff., 78, 87, 90, 102 ff., 109, *17, 20 f., 50, 54*

Gegenstand des Unterrichts 165 ff., 200 ff., *11 ff., 17, 29, 52, 110 ff., 118 ff.*

Gegenstände als »originales Material« *60, 65, 121*

Gemeinschaftskunde 28

Genese, genetische Methode (u. dgl.) 19, 106, 108, 170, 175, 188, *18, 69, 97*

Geodeterminismus s. Determinismus

Geofaktoren 68, 105 ff., 115, 197

Geographie
- als Beziehungswissenschaft 43, 102–108, 205
- bürgerliche 134
- geographisches Denken 106 ff.
- komplexe 99 ff., 103 ff.
- Modell 94, 100 ff.
- spezielle 99 ff., 103 f.
- Systematik 99, 105
- u. Forschung 94, 99 f.
- u. Geistes-, Naturwissenschaften 86, 105 f., *45*
- u. Geschichte 14, 106, 198, *13, 45*
- wichtige Aufgaben, Wert 63 ff., 73 f., 80, 87 ff.

Geographische Disproportionalität 133

Geographische Lage 71, 75 ff., 99, 116, 172, 206, 208

Geographisch-ökologische Lage 77, 81, 113, 132, 183, *19, 43*

Geographisches Koordinatensystem 100 ff.

Geographisches Milieu 133

Geologie 143, *94, 108*

Geo-Ökologie 71 ff.

Geosphäre 105
Geozonen 68 f., 101, 208
Gesamtbild, Gesamtfeld, Gesamtlage 39, 77, 81, 196, 22, 26, 28
Gesellschaft (Relevanz, Struktur) 21 ff., 23, 80, 87 ff., 119, 135, *43*
- gesellschaftliche Nutzbarmachung 23, 88, 119 ff., *129*
Gespräch, vorbereitendes *17, 28*
Gesteinssammlung *65*
Globus 32 ff., 35, *84 ff.*
Gradnetz 152, *85*
Grenzen des Wachstums 130, *48*
Großraumstaat 58
Grundbegriffe, Grundbegrifflichkeit 39–48, 60, 91, 115 ff., 142, 144, 148 f., 154, 159, 174, 178 f., *30, 34, 48, 63 ff., 100, 114, 139 ff.*
Grundbereiche, Grunddaseinsfunktionen 22, 28, 48, 55, 59 f., 75, 77, 156 ff., 186, 188, *34*
Grunddaten 111, 149, 185, *36, 47*
Grund- u. Hauptschwierigkeiten des Erdkundeunterrichts 40, 107 ff., 115 f., 144, 158 ff., 166, 194 ff., 200, 203, *10, 12 f., 18 ff., 31, 43, 98*
Gruppenunterricht 193, 196, 204, 207, *21 ff., 31, 43, 112, 137 ff.*
Gunst, Ungunst 18, 29, 117

Harmonie (Natur – Mensch) 120 ff.
Hausaufgaben *113*
Heimatatlas *95 ff.*
Heimatbegriff 189 ff.
Heimatkunde 13, 112, 140, 166, *11, 89*
Hierarchie (Lernziele u. dgl.) 39, 41, 49 f., 54, 101, 115, 159
Himmelsrichtung 79, 87 f., *91*
Höhendarstellung 87
Holismus 31, 36
Horizont 15, 91, 116
Humanökologisch, kulturökologisch 97, 120, 133

Idealtableau *76 ff.*
Ideographisch 36, 66, 71, 101, *46, 51 f.*
Induktiv (Methode, Prinzip, Verfahren) 165, 172 ff., 200, *13, 53, 62, 145 ff.*
Industrie(geographie) 28 ff., 103, 188, *14, 19, 54, 69, 95*
Information (als Unterrichtsproblem) *17, 22, 26, 32 f., 39, 92*
Intelligenzleistung 142 ff., 149 ff.
Intensität, Extensität 88, 92, 125, *19, 106*

Interesse, elementares, erdkundliches 11, 147, 154
- in den Bildungsstufen 143, 145 ff., 153 ff.
Interview 23, 27, *64 ff.*
Inwertsetzung 20, 54, 73 f., 80, 97, 99, 116 f., 121 f., *128, 133*
Isolinien 206

Jahr, landwirtschaftliches 30
Jahreszeiten *84*

Kanon 43, 66
s. auch Grundbegriffe, Grunddaten
Karte s. Atlas
Kartei 143, 186, 66, *105, 108*, 122
Kartenfibel 89
Kausalität (u. dgl.) 119, 143, *137, 141*
Kausalprofil 195, *14, 29, 102 ff.*
Kategoriale Bildung s. didaktische Analyse
Kindgemäßheit 17, 24, 34, 37, 57 ff., 67, 81 f., 140, 155 ff., 193, 195, *12, 22, 36, 43, 46, 56, 59 ff., 70 ff., 83, 89, 131 ff.*
- kindliches Sehen 33 f., 58
- kindliches Weltbild (u. dgl.) 24, 33, 144 ff., 149
- vorwissenschaftliches Denken 114, 143
Kind – Sachbezug *11 ff., 118 f.*
Klimadiagramm, Klimatabellen *14, 109, 137*
Klischee 126, 177, 185, 206, *105, 121*
Komplexität (u. dgl.) 40, 45, 81 ff., 87 f., 90 f., 115, 118, 144, 150, 154, 158, 162, 178 f., 192, 200, *14, 17, 26, 33, 35, 38, 50, 54, 98, 110*
Konflikt 20 f., 27, 49, 84, *39*
Konzentrische Kreise 13, 57, 182
Kräftespiel (u. dgl., s. auch Schichtenmodell, Geofaktoren) 71 ff., 102 ff., 109, 125, 127, 198
- Hauptkreuz 105 ff., 198
Kreativität 40
Kultur(geographie) 19, 22, 37, 81, 84, 86 ff., 99 f., *64 f.*
Kulturerdteil 19 ff., 54, 99 f., 117, 124, 131
Kulturlandschaft, Kulturraum 47, 60, 87 ff., 99, 116, 119, 126
Kulturökologie 76
Kulturtechnik 109, 179, *93*

Lage 32, 34, 77, 83, 151, *14, 19, 84, 86, 91 ff.*
s. auch geographische Lage

Lagegestalt 23, *14*, *84 f.*
Länderkunde, allgemein 31, 58, 60 ff., 78 ff., 83 ff., 89, 99 f., 122, 126 ff., 151, 156, 184, 204, *28*, *35*, *48*, *51*, *53*, *102 ff.*, *114*
- Deskriptionsaxiom 192, 198
- dynamische 79, 127, 196 ff.
- psychologisches Axiom 172
- thematische, »neue« 59 ff., 81 ff., 97, 151, *48*
- vergleichende 99 ff., 205 ff., *54*
Länderkundlicher Gang 57 ff.
Länderkundliches Schema 79, 166, 176, 190 ff., 198, 204, *22*, *25*, *27*, *35*, *102*, *129 ff.*
Landschaft, Landschaftsbegriff (u. dgl.) 18, 23, 64 ff., 76, 89 f., 99, 103, 106, 110, 115, 128, 172 f., *31*, *48*, *51 f.*, *54*, *60*, *67*, *69 f.*, *70*, *74*, *86*
Landschaftsgürtel, Landschaftszonen 35, 39, 58, 68 f., 72, 99 f., 112, 115, 150, 152, 158, 172, 174 f., 205 ff., *19*, *48*, *52*, *98*
Landschaftshaushalt, Landschaftsökologie, allgemein 18, 28, 72, 76, 92 f., 102, 107, 115, 118, 127 ff., 152, *44*
- Gesamthaushalt 72 ff., 75
- Modell 73, 92, 107
- Optimum 75, 119, 129
- Unterhaushalte 73 ff.
Landschaftsquerschnitt *103 ff.*, *121*, *135*
Landschaftsschädigung 23, 128
Landschaftssehen 33 ff., *73*
Landwirtschaft s. Agrarlandschaft
Lebensbedingungen 31, 113, 121
Lebensbezug 22, 47, 113, 154, 166, 188, 200
Lebensbilder, Lebensbereiche (Erdkunde vom Menschen aus) 31 f., *35*, *48*, *62*, *77*, *82*, 113, 145 ff., 156, 166, *48*, *56 ff.*, *71 f.*, *83*
Lebensraum, Lebenswelt (u. dgl.) 24, 27, 31 f., 49, 58, 113, 121, 147, 180 ff., *54*, *141 ff.*
Lebensverhältnisse 21 ff., 35, 80 f., 113, 183 ff.
Lehrbücher 177, 200, 204, *49*, *110 ff.*
Lehrgänge, Lehrwanderungen 185, *61 ff.*, *86*, *95*, *99*
Lehrpläne 136 f., *48*, *54 f.*, *60*
Lehr- u. Lernziele, allgemein 22 ff., 38, 41, 48 ff., 62, 66, 90, 122 ff., 193, 203, *57*
- affektiv 22
- instrumental 22 f., 111, 157, 174, 186, 193, *48 ff.*, *115*
- kognitiv 22 f., 43, *12*, *48 ff.*

Lehr- u. Lernziele der Erdkunde, allgemein 18 ff., 22 ff., 41, 114 ff., 118 ff., 122 ff., *35*, *49*
- Beziehungswissenschaft 102-108, 112
- Denkschulung 107 ff., *49*
- funktionale Zusammenschau 23, *68*, *96 f.*, *102*, *134*, *144*
- genuine Problemstellung 18 ff., 28, 32, 80 ff., 88, 106 ff., 194, 200, *12*, *14 ff.*, *18 ff.*
- geographische Bildung 77 f., 80 ff., 106 ff.
- geographische Betrachtungsweise 87 ff., 103 f., 106
- geographischer Fragenschlüssel 29 f.
- Grundeinsichten 18 ff., 60, 80 ff., 87 ff., 127
- Grundthemen, Problemgruppen 32 ff., 79 ff., 87 ff., 100 ff., 105 ff., 117, 120 ff., 127, 194, *48*
- kategoriale Bildung 17 ff., 59, *48*, *55*
- lexikalisches Wissen 15, 191, 193 ff., *15*, *22*, *26*
- Orientierung(swissen) 15, 123, *53*
- Weltbürger 14 ff.
- Welterwerb 32, 80 ff., 123
- weltkundig werden 15 ff., 32, 131
- Zusammenschau, Grundeinsichten (u. dgl.) 18 ff., 23, 32, 44, 77 f., 80 ff., 87 f., 105 ff., 116 ff., 118 ff., 195, 200, *48*, *50 f.*, *67*, *69*
Leistungswissen 39, 62, *53*
Lernerfolg, Lernkontrolle 51 f., *75*, *114*, *123 ff.*
Lernschritte 38, *10*, *33*, *42*
Lernschule 193, *25*
Lernsequenz 42, 50 ff.
Lernziele (s. auch Lehr- u. Lernziele)
- Analyse 36, 39, *56*, *66*, *72*, *74*, *111*, *114 f.*, *124*
- Hierarchie 49 ff.
- lernzielorientiert 48, 53, 97, 136
Lexikalische Methode 15, 191, 193 ff.
life geography 153
Lösungsstrategien (s. auch Problemlösen) 41 ff., 46, 50 ff., 55, 96, 142, 174 ff., 206 f., *14 ff.*, *21 ff.*, *35*, *48*, *53*, *86*, *88*, *100 ff.*
Luftbild 23, *75*, *78 ff.*

Mannigfaltigkeit 62 f., 68, 78 f., 102, 114 ff., 127, 162, 175, 194, 199 f., *24 f.*, *46*, *50*, *53*, *93*
Marxismus, Neomarxismus 85, 119, 132 ff.

Massenmedien 31, 33
Maßstab *14, 62, 78, 84, 88, 90 ff.*
Material, originales 186, *65*
Materialismus, didaktischer *54*
Mathematik-analoge Methode 42, 162, 164
Medien 31, 139, *58*
Mediengerechter Unterricht *81*
Medienverbund 79
Mehrfachantwort *37, 126*
Mensch u. Natur 23, 59, 88, 116, 119, 120 f., 128
Merkbild 52, 99 f.
Meßbares *19, 60, 64 ff., 106 ff.*
s. auch Topographie, Grunddaten
Methode, fachspezifische 28 ff., 40, 79, 82 ff., 87, *18 ff., 21, 31, 35, 48, 53*
Methodik 128, 139, 160, *47, 118*
Methodische Orientierung *118, 132 ff.*
Milieu u. Erdkunde 133 f., 182
– Mentalität u. Wirtschaftseinstellung 23, 75, 128
– primäres, sekundäres 73, 88, 119
– soziales 21, *141*
Mittelwertbildung 206, *64, 92*
Modell(bildung) 41, 78, 83, 89, 94, 100 ff., 105, 149 ff., 172, 187 f., *45, 48 f.*
Modelle (Sandkasten) *60, 87, 90*
Motivation 148, 153 ff., 162, 165 ff., 182, *11, 15, 32, 34, 37, 39, 79, 120, 133, 140*
Motive (Bilder, Dias) 71, 77
Muttersprachliche Bildung 167, 177 ff.

Nachhaltigkeit 33, 35, 45, 58, 90, 148, 167, 170, 174, 183, 194, 202 f., 206 ff., *12, 14, 20, 26, 28, 30, 32, 34 f., 37, 59 ff., 68, 74 f., 80, 83 f., 86, 100, 109, 111, 113, 119*
s. auch Lernerfolg, Überlernen
Nahen zum Fernen, vom 13, 57 f., 166, 182 f., 186 f.
Namenwissen s. Topographie
Naturgesetzlichkeit 87, 119
Naturkatastrophen 13, 121 f., 154
Naturraum, Naturlandschaft (u. dgl.) 18, 23, 38, 47 f., 59 f., 80, 86 ff., 99, 115 ff., 119 f., 187 f.
Naturschutz 129, 153
Nomothetisch 36 f., 76, 79, 84 ff., 89 ff., 99, 142 ff., 151 f., 183, 206, *48, 50 ff.*
Nutzung(szonen) 75, 88, 116, 119

Offenes Curriculum 56, 138
Ökologie (u. dgl.) 72, 75 f., 93, 99, 129, 186

Ökonomie, ökonomisch 71, 75, 87 f., 119, 127, 197
Ökosystem 71 ff., 120, 130, 208
Ökumene 54, 110
Operation, operativ (u. dgl.) 46 f., 51 ff., 90 f., 118, 134, 141, 152, 162 ff., 176, *12 ff., 26, 31, 36, 39, 68 ff., 99, 146 ff.*
Operative Arbeitsmittel 68 ff., 99, *104, 143 ff.*
Orientierung(swissen) 15, 34, 110 ff., 171, 193, 204, *15, 22, 26, 53, 92, 117 ff., 132*
Originale Begegnung 140, 165 ff., 172 f., 176, 184 f., 195, 200, *10 ff., 21, 60 f., 66 f., 74, 80, 86, 88, 131*
Orts- u. Lagebewußtsein 23, 34
Overhead-Projektor 81

Panorama(themen) *25, 27, 30, 44*
Phänomenologisch 175, 199, *13*
Phantasielandkarten *88 ff.*
Physiotop 92, 99, 103
Physische Geographie 86 ff., 99, *33, 63 ff.*
Planspiel *30, 38 ff., 114*
Politische Weltkunde 125
Possibilismus 18 ff., 89
Praxisbezug 44
Problemgruppen 116, *14, 48*
Problemländerkunde 62, 78, 81 f., 88, 151, 167
Problemlösen, Problemunterricht 37, 41, 78, 81, 83, 88, 142, 167, 172, 176, 204, *11 f., 14, 17 ff., 30, 37, 48 f., 59, 113 f.*
Produktenkunde 109 ff., 147
Profil 23, 149, 174 f., *14, 18, 63 f., 87, 100 ff., 132, 135, 139*
Programmierter Unterricht 83, 139, 204, *32 ff., 39*
Prozeß, prozessual 13, 23, 28, 84, 105 ff., 115, 197, 200, *14, 48, 107*
Psychologie 160 ff., *43*
– Entwicklungs- 140 ff.
– Ganzheits- 32
– Lern- 34 ff., 168, 175, 201, *12, 30, 32, 51, 56, 68*
– pädagogische 32 ff., 195, *11, 43*

Qualifikation s. Lehrziel, Lernziel
Quellenhefte 167, *81 ff.*
Quellentext *80 ff.*

Rampe 38, 41, 44, 62, 118, 159, 206
Raten, Vermuten 169 ff.
Raubландschaft 18, 120, 128

175

Raum, allgemein 22, 35, 38, 106 ff.
- geographischer 22 f., 34, 78, 107, 113 ff., 119, 198, *54*
- räumliche Vorstellung 34, 58, 115, 141, 144, 151, 183, *18 ff., 67 f., 86, 88, 91 ff.*
- räumliche Struktur als geographisches Objekt 35, 79, 83, 88, 103 f., 106 ff., 125, 197, *19, 48, 56*
- räumliche Veränderung 22, 29, 88, 107 f., 181, 190, 197
- räumliche Verbreitung 29, 81, 103, 107
- räumliches Denken 34 f., 106 ff., 111, 122, 141, *43, 69, 91 f.*
- Struktur 68, 72, 75, 83, 87 f., 103, 199
- u. Planung 20, 23, 28, 30, 88, 93, 153 ff., 186, *40, 48*
- u. regionale Ordnung, Gliederung 23, 35, 71, 88, 92 ff., 99, 107, 115, 145
- u. Sehen 34 f., 115, 151 ff., *67 f., 86*
- u. Wertwandel 20, 22, 28, 198 f.
- u. Zivilisation 20, 22 f., 87 f., 128 ff.
Reformpädagogik 9, *111*
Reichweite 29, 92, *64*
Reisebericht 14, *82*
Reizwortmethode 31, 148, 157
Relief 103 (s. auch Profil)
Reliktgeographie 82, 148
Repräsentative Sachverhalte 18, 85, *48, 121, 169*
Rezepte für den Erdkundeunterricht? 39, 41, 47, 91, 95 f., 102 f., 108, 115, 137, 165 ff., 193, 196, 203, *12, 49, 83 f.*
Richtlinien 38, 60 f., 85, 155, *49*
Robinson-Alter 144, 147, 149

Sammeln 147, *27, 29, 76*
Sandkasten 149, 151, *24 f., 83, 86 f., 90 f.*
Schaubilder *105, 108 ff.*
Schichtenmodell 105, 191
Schilderung 133, 177, *14, 18, 60, 80 ff., 111, 121, 135, 144*
Schülerreferate *28, 112, 129 f.*
Sekundarstufe I 142, 190
Skizze 23, 145, 152, 174, 185, *14, 19, 63 ff., 71, 96 f., 132, 143*
Sozialgeographie 22 ff., 97
Sozialkunde 28
Spiralcurriculum 39, 46 f., 97, *38*
Sprachfertigkeit 45, 149, 167
Staatenkunde 13, 110
Stadt s. Unterrichtsbeispiele
Steigungsregen s. Unterrichtsbeispiele
Stereobild *77 ff.*
Struktur, geographische 209 ff.

- Arten 68, 70, 72, 75 f., 87 f., 104, *55*
- Erkennen 68, 71, 83, 104, *17, 22, 45, 48 f., 56*
Stufengemäßheit 47, 140 ff., 36, 43, 56, 85, 118, 131
Symbole (der Karte) *89, 91*
Systematisierung 36, 58, 63, 91, 118, 164 f.

Tafel 162, *133, 148*
Taxonomie 25 ff., 53, 97, *125*
Tellurium *85*
Territorium 80, 133
Test(aufgaben) *124 ff., 128*
Text als Quelle *80 ff., 110 ff.*
Topographie 108 f., 111 f., 148 f., *14, 75, 96, 143*
Transfer 36, 41, 43 ff., 47, 62, 83, 118, 171 f., 185, 203, *14, 31, 37, 39, 46, 51 ff., 56, 112, 138*
Transparente *96 ff., 104*
Tupfengeographie 36, 58, 63, 91, 157, 164, *112*
Typenbildung, geographische 86, *69, 98*
Typenländer, Typenlandschaften 30, 37, *14, 48, 54, 95*

Überlernen *14, 21, 35, 114*
s. auch Nachhaltigkeit
Umsetzen, Umsetzung, allgemein 17 ff., 96, 108, 114, 140 f., 172, 204, *37, 59, 113 f., 117, 119*
- Medienumsetzung 175, 178, *14, 19, 37, 71, 83, 90 f., 96, 99 f., 102, 107 ff., 113, 117*
Umwelt(bedingungen), allgemein 12, 32, 35, 78, 114, 119, 123 f., 127, 146, 161, 182, 184, 187,
- fremde 35, 78, 103, 113, 126, 145 f., 150, 157 ff., 187
- heimatliche 29, 78, 103, 181 f., 186 f., *45, 65, 124, 133*
Umweltschutz 40
Unterricht als Prozeß 131 f., *119 ff., 133 f., 138 ff., 141 ff.*
Unterrichtsaufbau 162 f., 174, *10, 15 f., 21, 47, 133 ff.*
- Aufgabenstellungen *15, 18, 58 f.*
Unterrichtsbeispiele
- Ägypten 120, 156, 171, 173, 202, 206, *27, 46, 48*
- Belgien *9, 12*
- Fichte *18, 74*
- glaziale Serie 138, 140, 170, 173, 175, *86, 102*

- Höhenstufen 70, 196, *14, 20, 69, 99, 128 ff.*
- Huerta 33, 194, *48*
- »Inselbeispiel« 172, 206
- Island 199 f.
- Karst 18, 74, 128, 178, 188
- Luv u. Lee 44, 92, 118, *48, 94*
- Schichtstufenland 170, 173, 195, *86, 102*
- Schweiz 203, *14, 105*
- Stadt, Verstädterung (u. dgl.) 20, 28, 34, 60, 93, 153, 181, 188, 207, *19, 35, 37, 48, 64 f., 69, 94 f., 97, 107, 109*
- Standort(probleme) 23, 116, 125, 156 f., 170, 173, 186, 208, *14, 19, 94*
- Steigungsregen 43, 45, 91, 142, 144, 171, 206
- Wald 43, 187, 207, *19, 64, 107*
- Unterrichtseinheit *117, 129 ff.*
- Unterrichtsformen 139 f., 167, *9 ff., 56*
- Unterrichtsgespräch *9 f., 17, 20, 28 f., 33, 41, 74, 136*
- Unterrichtsprinzipien 13, 35, 38, *57 ff.*, 113, 166, 202 f.
- Unterrichtsschritte 162, *10, 119 f., 134, 146 ff.*
- Unterrichtsvorbereitung 194, 200, *117 ff., 131 f.*

Vektordiagramm 101 f.
Verabsolutierung von Methoden, Verfahren, Unterrichtsformen *18, 21, 56, 60, 120*
Verbalismus 48, 109 f., 148, 170, 176, 182, *14, 22, 60, 83*
Verflechtung, Verknüpfung (u. dgl.) 41, 48, 83, 105 ff., 113, 121 ff., 192, 194 f., 204 f., *55*
Verfügungswissen, Nutzwissen, Kernwissen 39, 62, 148, 188, *32, 139*
Vergleich 60, 111 f., 140, 161, 175, 179, 186 ff., 201, 205, *14, 18 f., 30, 46, 51, 65, 69, 83, 93, 107, 113 f., 138*
- als geographische Versuchsanordnung 206, *63 ff., 69, 107*

Verhaltensdispositionen (u. dgl.) 49, 130, *39*
Verkehr (u. dgl.) 23, 29, 59, 125, 198, 207, *36, 41, 48, 64 f., 95, 105*
Versorgung (Probleme, Energie) 20, 23, 30, *19, 105*
Vorstellungs- u. Begriffsaufbau 43, 170 f., 179, *68 f., 95*
Vorurteil (s. auch Klischee) 40

Warenkunde s. Produktenkunde
Wasser (u. dgl.) 18, 73 f., 125, 128 f., 153, *19, 105, 122*
Wechselbeziehungen 73 ff., 105, 107, 119 f., 150, 197 ff.
Welt 15, 35, 38, 57, 113, *45*
- als Bühne u. Horizont 14, 18 f., 28, 57, 82, 123, 154, *84*
- als ganze Welt 15, 32, 62 f., 75 f., 123 f., 131 f., 183, *50, 84 f.*
- weltkundig, Welterfahrung 15, 32, 123, 150
Weltmodell 20, 117
Weltwirtschaft 19, 35, 122, *54*
Wertfrage 147, 153 ff., *54*
Wiederholung, immanente 187, *110, 113*
Wirkungsgefüge, Zusammenspiel 68, 83, 104, 108, 116, 118 ff., 127, 150, 195, 197
Wortschatz 45, 167, 179, *70, 148*

Zahl (Statistik, Tabellen) 23, 167, 186, *60, 92, 104 ff., 107 ff., 121*
- absolut, relativ 92, *105*
- echte geographische, sprechende 112, 167, *22, 104 ff., 108*
- Fremd-, Heimatzahlen *105, 108 ff.*
Zeichnen 23, 31, 146 f., 185
Zeitung(sbericht) 23, *14, 81, 121*
Zentralität (Funktion, Ort) 83, 92
Zukunft(srelevanz) 20 ff., 30, *48*
Zusammenhang, Zusammenschau s. Lehr- u. Lernziele, Wirkungsgefüge, Gefüge, Raum

PÄDAGOGISCHER VERLAG SCHWANN

H. J. Apel
Theorie der Schule in einer demokratischen
Industriegesellschaft 1974

B. Bernstein
Studien zur sprachlichen Sozialisation ³1974

B. Bernstein (Hrsg.)
Sprachliche Kodes und soziale Kontrolle 1975

B. Bernstein / W. Brandis / D. Henderson
Soziale Schicht, Sprache und Kommunikation 1973

J. Birkenhauer / H. Haubrich
Das geographische Curriculum in der
Sekundarstufe I 1971

J. S. Bruner
Der Prozeß der Erziehung ³1973
Entwurf einer Unterrichtstheorie 1974

F. W. Busch
Familienerziehung in der sozialistischen Pädagogik
der DDR 1972

K. Danziger
Sozialisation 1974

E. Durkheim
Erziehung und Soziologie 1972

PÄDAGOGISCHER VERLAG SCHWANN

PÄDAGOGISCHER VERLAG SCHWANN

E. Eichberg
Vorschulerziehung in der Sowjetunion 1974

G. W. Ford / L. Pugno
Wissensstruktur und Curriculum 1972

R. Fricke
Über Meßmodelle in der Schulleistungsdiagnostik 1972

H. G. Furth
Piaget für Lehrer 1973

D. und G. Gahagan
Kompensatorische Spracherziehung in der Vor- und Grundschule ³1974

G. R. Grace
Der Lehrer im Rollenkonflikt 1973

A. Hearnden
Bildungspolitik in der BRD und DDR 1973

M. Herbig
Differenzierung durch Fächerwahl 1974

G. G. Hiller
Konstruktive Didaktik 1973

H. G. Homfeldt
Stigma und Schule 1974

PÄDAGOGISCHER VERLAG SCHWANN

PÄDAGOGISCHER VERLAG SCHWANN

A. Hopf
Lehrerbewußtsein im Wandel 1974

K. J. Klauer
Das Experiment in der pädagogischen Forschung 1973
Methodik der Lehrzieldefinition und
Lehrstoffanalyse 1974
Revision des Erziehungsbegriffs 1973

K. J. Klauer u. a.
Lehrzielorientierte Tests ²1974

H.-J. Kornadt
Lehrziele, Schulleistung und Leistungsbeurteilung 1975

D. Lawton
Soziale Klasse, Sprache und Erziehung ³1973

K. Mannheim / W. A. C. Stewart
Einführung in die Soziologie der Erziehung 1973

E. Neuhaus
Reform des Primarbereichs 1974

S. B. Robinsohn (Hrsg.)
Curriculumentwicklung in der Diskussion ²1974

R. W. Tyler
Curriculum und Unterricht 1973

PÄDAGOGISCHER VERLAG SCHWANN